Lisa Selin Davis

**Tomboy: The Surprising History and Future of Girls Who Dare to Be Different**

# 男の子みたいな女の子じゃいけないの？

## トムボーイの過去、現在、未来

リサ・セリン・デイヴィス

上京恵［訳］

原書房

男の子みたいな女の子じゃいけないの？

目次

はじめに　5

**第一部　ピンク／ブルーという分断の誕生　19**

第一章　ところで、トムボーイって何？　21

第二章　トムボーイ？　オーケー！　なよなよ男？　とんでもない！　43

第三章　スポーティ・スパイス、トムボーイを蹴っ飛ばす　61

第四章　ジョーに捧げる歌　81

**第二部　トムボーイがトムボーイのように行動する理由　99**

第五章　両方の世界のいいとこ取り　101

第六章　トムボーイは生まれ？　育ち？　117

第七章　お姫さま期の終わりにご用心　139

第八章　トムボーイはなぜ男子の服を着るのか　153

第九章　ピンクとブルーの育児　171

## 第三部　成長したトムボーイ　193

第一〇章　思春期が来たらトムボーイはどうなるか　195
第一一章　昔はトムボーイ、今は大人のレズビアン　205
第一二章　言葉の戦い――トムボーイ、それともトランスの男の子？　221
第一三章　二分法を打ち破る　251
第一四章　もう〝トムボーイ〟という語は退場すべきか？　269

結び　281
訳者あとがき　304

原注　iv
参考文献　xviii

アレックス、エナ、そしてアシーナへ

「最も正常な少女は〝トムボーイ〟である。この分別ある時代において、その数は増加している。〝トムボーイ〟は健全な若者であり、紛れもない人間なのだ」

——シャーロット・パーキンス・ギルマン、『女性と経済』

# はじめに

## トムボーイの出現

最初はネクタイとボタンダウンのシャツだった。

三歳のとき、娘はクリスマスにその組み合わせを欲しがった。娘がどこからそんなことを思いついたのか、私たちにはまったくわからなかった。私も夫もTシャツとジーンズで仕事に行っていたのだ。でも私の母が、孫娘のために白いシャツとクリップ留めの紺色のネクタイを〈ターゲット〉で買ってくれた。その後間もなく、葬儀のためかユダヤ教の成人式バル・ミツヴァーのためかは覚えていないが、夫がブレザーを着るのを見たとき、娘はあんぐり口を開けた。まるで空に二重の虹がかかったのを見つけたかのように。

「それ何?」娘は尋ねた。「あたしも、そんなの欲しい」

私の継母は、弟が子どもの頃着ていた真鍮ボタンつきの赤いポリエステル製ブレザーをまだ持っていた。母がその組み合わせに、〈バイ・バイ・ベイビー〉で買ったソフト帽を足してくれた。ジャーン!誰も見たことがないほど最高にカッコいい三歳児のできあがり。いわばミニサイズのアニー・ホール、あるいはパティ・スミス。

服装が変化するのと同時に、遊び方もほかの幼稚園児とは少し違ってきた。お姫さまごっこは楽しんだ――ただし、娘が演じるのは警官か王室の犬だった。男の子とも女の子とも遊んだけれど、男の子と遊ぶほうが多かった気がする。四歳になる頃にはスポーティでたくましくなっていて、髪の毛をショートカットにしたがった。「エリスみたいにして」と、幼稚園で仲良しの男の子を引き合いに出した。

周囲の幼い女の子の多くは、見かけも遊び方も互いに似通っていた。髪を長く伸ばし、ワンピースを着、ごっこ遊びでは女性の役を演じる。ピンク色やキラキラを好み、ハロウィーンにはスパイダーマンではなくシンデレラになりたがる。紛れもない左翼のフェミニストである私は、現代の少女らしさを特徴づけるバービー人形やピンクの持ち物を避けてきたため、多くの女の子が通るとされる〝お姫さま期〟を娘が回避したことに安堵した。〝お姫さま期〟は冒険より外見を、行動より魔法を、自信より自意識を強調するように思えたからだ。

それでも、たいていの女の子はいくら両親が反対してもそういうものに魅せられることを知っている私としては、娘が関心を示さないのを不思議に思い――率直に言うと心配し――、仲間外れにならないか、性別違和があるのか、といろいろ考えた。とはいえ、キャラメル色の巻き毛がなくなるのを残念に思いつつも娘には好きな格好をさせ、好きな遊びをさせていた。そのうち、娘の〝違い〟は実際には〝強み〟だと思えてきた。男女両方の友達ができたし、よその親たちはネクタイを締めて消防士の帽子をかぶった娘を可愛いと褒めてくれた。

娘には妹がいる。私は下の子に対して、より甘く、より手をかけていた。下の子は昔ながらの女の子らしい持ち物、ピンクのキラキラしたワンピース、バービー人形を好んだし、私はそういったものを持たせた。一方、上の子はショートカットで男の子の服装をし、男の子の友達の一団を引き連れ、落ち着いた様子で小学校へ行きはじめた。最初はトイレの問題が起こった（今でもある）。ほかの子たちは、娘が間違ったトイレに入っていると言い張ったのだ。娘が女の子だということを、なかなか認められない子どももいた。何人かには、私たちの決まり文句となったフレーズ、「女の子はどんな格好をしても、どんな行動をしてもかまわない」を教え込まねばならなかった。それでも、彼らが娘を理解して受け入れるようになるまで長くはかからなかった。皆わかってくれたのだ。

一年生のある日、帰宅した娘は、自分はトムボーイだと宣言した。「それって、髪の毛が短くてスポーツが好きな女の子のこと」娘は満面の笑みをたたえて、同じクラスの誰か（誰なのか私はいまだに知らない）が教えてくれた定義を伝えた。

トムボーイ？　そんな言葉も、考え方も、私の頭にはみじんもなかった。

でもその語を耳にしたとき、一九七〇年代のことが思い出された。私は幼少期を主にニューヨーク州北部、ジョージア州、マサチューセッツ州西部という三箇所で過ごしたが、そこで通った学校やよく遊んだ運動場には多くのトムボーイがいた。私自身はトムボーイではなく、フェミニストの母が持たせてくれなかったバービー人形を欲しがり、裕福な女の子たちのおしゃれなフリルつきワンピースに憧れていた。けれど、髪の毛はショートカットにして、たいていはストライプのタートルネックとコーデュロイのズボンという服装だった。ほかの女の子たちもそうだった。男の子たちも。

子ども時代に好きだったテレビ番組や映画にもトムボーイはいた。『大草原の小さな家』のローラ・インガルス。『ファクツ・オブ・ライフ』のジョー・ポルニアツェック――革ジャンを着、強気な物言いをし、自分のバイクを修理する。世界一カッコいい女の子として知られ、ストレートの女の子でさえジョーには恋心を抱いたものだ。『若草物語』（講談社、古田勝江訳、二〇〇八年、その他多数）のジョー・マーチから『アラバマ物語』（暮しの手帖社、菊池重三郎、一九八五年）のスカウト・フィンチに至るまで、アメリカの人気文学のヒロインは皆トムボーイだった。

男の子にも女の子にも愛されるこうしたトムボーイたちは、早熟で、はっきりと物を言い、ジェンダーに関する暗黙の、あるいは明確なルールには無頓着だった。彼女たちの多くには男っぽい愛称がついていた。前述のふたりのジョーや、カーソン・マッカラーズ著『結婚式のメンバー』（中央公論社、渥美昭夫訳、一九七二年）のフランキーなどだ。彼女たちは女性らしいファッションを拒んだ。というより、ファッションと呼ばれるものすべてを拒んだ。活発で、主に（少なくとも時々は）男の子と遊んだ。そして男の子のような遊びをした――つまり、野球から木登りまで、アメリカ社会が男性的と分類した遊びを好んだ。一般的な女の子と異なる行動をしたことで、興味深く複雑な存在になった。だからこそヒロインになったのだ。

実のところ、かつてトムボーイは人気の的だったため、それほどトムボーイ的でなかったであろう成人女性の多くが自分も昔はトムボーイだったと主張するようになった。一九七〇年代初期のある調査では、女子大生の実に七八パーセントが、小さいときトムボーイだったと答えた。[1]もっと最近の研究では、成人女性の三分の一から半数が子ども時代にトムボーイだったと答えている。以前の調査より大幅に減ってはいるが、それでもかなりの数字である。[2]〝トムボーイ（tomboy）〟という語は英語以外の四〇以上の言語で用いられており、別の四〇以上の言語にもそれに相当する単語がある。フランス語では〝garçon manqué〟（失敗した／失われた／欠けている男の子）、ドイツ語では〝wildfang〟（小さないたずらっ子／飼い慣らされた野生動物）。[3] 金正恩《キム・ジョンウン》の妹、金与正《キム・ヨジョン》は「愛らしいがトムボーイ的なところがあった」[4]とされている。

数多くの有名女性、大物女性がトムボーイの過去を公表してきた。ジャネット・ジャクソン、キーラ・ナイトレイ、エヴァ・ガードナー、マルチナ・ナブラチロワ、リース・ウィザースプーン、ジョーン・コリンズ、ロビン・ロバーツ、ヒラリー・ロダム・クリントン、コンピューターのプログラムを書いた初の女性ジーン・ジェニングス。皆、少女時代はトムボーイだったと言っている。「私もヴァネッサもいわゆるトムボーイだった。つまり、クリケットをし、岩に登り、木登りをし、服に気を使わないと言われた、などだ」とヴァージニア・ウルフは述べた。[5]

シェールは気味悪いほど長年衰えない容姿を、トムボーイの過去のおかげだと言った。「ワークアウトは必要よ。だけどありがたいことに、私は昔からトムボーイだったから、運動は苦にならないの」二〇一八年、彼女は『ピープル』誌にそう語った。おそらく世界一女らしいドリー・パートンもトムボーイだった。ベリンダ・カーライルも。ジュリア・チャイルドも。ルピタ・ニョンゴも。

私が子どもだった七〇年代には、トムボーイはあらゆるところにいたようだ。髪をポニーテールかショートカットにし、ジーンズをはいてTシャツを着、野球をし、膝小僧をすりむき、手を泥だらけにした、元気な女の子。私のような子どもは、皆の中ではまったく目立たなかっただろう。ところが二〇一五年には娘の周りにトムボーイはほとんどいなかったため、その単語は私の記憶からすっかり消え去っていた。

この語が再び現れたとき、私はあえて批判しようともしなかった――スポーティで独立心のある少女を表すのになぜ〝ボーイ〟という言葉を使うのかと疑問に思うのは、もっとあとになってからだ。女の子を自認しているがショートヘアーやスウェットパンツを好む子どもに、どうして特別なラベルを貼る必要があるのか、と私の中の一部分はいぶかしく思った。けれど、娘の好みや違いを理解するのにその語が役立ったのは事実である。何かに名前をつけると安心が得られる。分類学のおかげで心理的不安が解消できるのだ。「そうか、この子は単なるトムボーイなんだ」と私は思った。

しかし本書を執筆する中で、〝単なるトムボーイ〟などというものは存在しないことがわかってきた。そのフレーズに込められた価値観や非難――性差別、同性愛嫌悪、トランスジェンダー嫌悪、「最終的に女らしい異性愛のシスジェンダー（生まれたとき決められた性とジェンダー自認が一致している人）の女性になるとき通過する段階である場合に限りトムボーイは正常である」との考え方――が見えるようになった。子ども時代にトムボーイだった人が成長後に持つようになる性的指向《セクシュアリティ》やジェンダー自認は多種多様であることを、私は学んだ。そして、このように男女の境界線を無視したり踏み越えたりする特権を持っていたのはシスジェンダーの女の子だけであることも学んだ。トムボーイの男の子版である肯定的な用語はない。〝sister〟に由来する〝sissy〟ではなく、〝Nancy boy〟［どちらも〝女々しい男〟〝なよなよ男〟といった意味］でもない。また、思春期を過ぎても男らしさを持ちつづける女性を指す肯定的な表現も歴史上存在しない。トムボーイが容認されたのは、私たちが男らしさを称賛しがちだから、そしてトムボーイは女の子なので無害だと考えてきたからだ。男の子の〝なよなよ期〟がカッコいいと考えられることはめったにない。トムボーイは成長過程の一段階と考えられることが多いのに対して、男の子の女っぽい行動が同様の一段階だと見なされることはほとんどない。

しかし、私がそういうことを理解するには長い時間を要した。私の理解が変化しはじめたのは、三年生だった娘が六カ月在籍していた放課後プログラム担当の教師が、迎えに来た私を呼び止めたときだった。「ちょっと確認したいんですが」教師は言った。「お子さんは男の子だと思われたい女の子ですか？　それとも、女の子と思われたい男の子ですか？　どっちなんでしょう？」

「娘は女の子です」私は答えた。教師は納得しかねているようだった。「女の子はどんな格好をしても、どんな行動をしてもかまわない」という考え方は、子どもより大人にとって理解しがたいものだったらしい。こういう状況は何度も繰り返されるようになっていた。大人が娘のジェンダー自認を尋ね、娘の返答に疑いを抱く（多くのトランスの子どもはこうしたことに日常的に遭遇するのだろう――彼らは自分の体を、自分が何者であるかを示す〝証拠〟として用いられないのだ）。こうしたことは医師の診察室で、教室で、野球場で、何度でも起こった。長いあいだ娘のことを知っており、気を使って寛容であろうとする大人が、そういう態度を取る。小児科の感じのいい看護師はほとんど毎回、新しい代名詞が欲しくないかと娘に尋ねた。学校の優しい教師や教頭や校長は、男子用更衣室で着替えたくないかと娘に尋ねた。

多くの意味で、これは素晴らしいことだ。非常に大きな文化的変化である。陸上選手ケイトリン・ジェンナーがカミングアウトしたのは二年以上前だが、『タイム』誌はこれをトランスジェンダーの転換点だと宣言した。トランスジェンダーの高校生ギャヴィン・グリムは、トイレに関する差別的な方針について自分の通うバージニア州の学校当局を訴えた。トランスの大人や子どもの存在は世間で大きな話題として取り上げられる。子どもに男女どちらの代名詞を使ってほしいかと尋ねるのは進歩だ。ジェンダー自認を確認してほしいというトランスの権利や人権に対する意識が強くなっている証拠であり、そのことは私も手放しで支持している。

だが逆に、大人が娘のジェンダー自認について尋ねたり疑問を抱いたりするのは、なんとしても子どもを特定の箱――新しい箱ではあっても、やはり箱は箱――に押し込めようとする気持ちの表れだと感じられるし、その根底には男女の二分法やジェンダーのステレオタイプがあるように思える。シヨートヘアーやスウェットパンツやスポーツは基本的に男の子のものという考え方は、二〇一七年にも健在だった。そう考える大人たちに悪気はなく、責めることはできない。ショートヘアーでスウェットパンツをはいて男の子と遊ぶ女の子は、非常に少なかったのだ。世界有数の活発なＬＧＢＴＱ＋コミュニティを有する、民主党支持者の多いこの都市の中でもきわめて民主党色の強い地域においてすら。多くの人はようやく、ジェンダーをひとつのスペクトル、つまり多種多様なものを含む幅広い領域と見るようになった。とはいえ、幼い子どもたちは二分法の考え方に従うことが多い。

放課後の教師との会話を伝えると、娘は平然とした顔を向けてきた。「こういう格好をする女の子がもっと増えて、普通になればいいのに。そしたら大人も戸惑わなくなるよね」。私は娘の知恵に感心し、ぎゅっと抱きしめた。しかしこのことをきっかけに、さらなる疑問が湧いてきた。なぜ最近では娘のような格好をする女の子が非常に少ないのか？　娘は自らをトムボーイだと宣言したが、これは二〇〇〇年近くのあいだ世の中でよく見られたタイプである。完全に絶滅したわけではなく、人々の頭の中にまだ残っていたからこそ、二年前に六歳児が私の子どもを表現するのにこの用語を思いついたのだ。それでも私の幼少期と比べると、メディアでも遊び場でもトムボーイは確実に激減していた。こういう人間は、なぜもはや理解されなくなったのか？　トムボーイたちはいったいどこへ行ったのか？

私は二〇一七年に娘の体験を『ニューヨーク・タイムズ』紙の特集ページで考察し、おおいに議論を呼んだ。批判（第一二章で詳述）に応える意味もあり、ジェンダー一般、特にトムボーイについての研究を始めた。ほどなく、私が幼かった一九七〇年代、八〇年代のクラシックなトムボーイの衰退は、トランスの子どもたちが世間に注目されるよりずっと前に始まっていたことが判明した。その衰退は、さまざまな文化的変革が収束したビッグバンに端を発している。抑制のない資本主義、生殖技術の進歩、同性愛嫌悪、アンチフェミニストによる反発、出生率の低下、子ども向けテレビの規制緩和、〝ガール・パワー〟の台頭。そうした数々の力が集まって、今日の〝幼少期の過度なジェンダーによる意味づけ〟の時代を形作ってきた。あらゆる品物、活動、服、玩具、色、性格を、男性的・女性的のどちらかに分類するということだ。とりわけ子どもに関して男・女のカテゴリーは人為的に窮屈なほど狭められている。しかし〝男性的〟・〝女性的〟という語の意味は固定的ではない、と私は考える。調べていくうちに、そんな過度に限定的なカテゴリーが、子どもにとってきわめて大きな社会的・心理的な意味を持つようになったことがわかってきた。

今、その狭窄に、待ち望まれていた爆発が取って代わろうとしている。ノンバイナリー［ジェンダー自認が男女のどちらにも当てはまらないこと］やジェンダーフルイド［ジェンダー自認が固定せず流動的であること］といったアイデンティティが生まれ、出生証明書にF（女）やM（男）でなくXをつけるようになり、消費者が玩具や服から男子用・女子用というマークを取り除けとメーカーに要求することが増えている現在、ジェンダー革命が起こりつつある。また、毎年二〇〇〇人に一～一〇〇人（元になる統計資料や定義により異なる）の割合でインターセックスの赤ん坊が生まれている。生物的構造や染色体の構成が男女どちらかにぴったり当てはまらない赤ん坊である。[6] そういう赤ん坊の親が、子どもの体が伝統的な男か女に見えるよう手術を受けさせろというプレッシャーを受けることは減っている。そうした手術を違法とする州もある。こうして、生まれつき、あるいは生物学的な性《セックス》に対する我々の考え方は、ジェンダーについての考え方——性に関する文化的な関連づけや期待、人が自分をどのように表現するか、その人がジェンダー表現に基づいてどのように扱われるか——が発展するのに伴って、幅が広がりつつあるのだろう。

　ところが、現代は性別披露パーティ［二〇一〇年代から流行している、胎児の性別を披露するパーティ］の時代でもあり、キャンディからペン、玩具、服まで子どもに関するあらゆる品物が男女用に分けられてピンクかブルーで包装されている。多くの意味で、幼少期は昔と同じく、場合によってはそれ以上に、男子と女子の二分法によって規定されているのである。

　私はこの激変の中にあって、トムボーイがジェンダーに関して何を教えてくれるのかを見出したいと思った。我々の文化は、男子か女子か、男か女か、男らしいか女らしいか、そのどれでもないかそのすべてか、などが何を意味するのかという問題に取り組んでいるところだ。私は社会学者、生物学者、人類学者、神経科学者、心理学者、歴史家、シェイクスピア研究家、服飾デザイナー、ジェンダーセラピスト、さまざまなセクシュアリティやジェンダー自認の人々、八歳から八〇歳までのトムボーイたちと話をし、主に三つの質問をした。それが本書における各部のテーマになっている。

・ピンク／ブルーの分断はどうして生まれたのか、トムボーイはその中でどういう位置づけにあるのか。
・子どものトムボーイはどういう動機によって、その分断線の両側に足をかける、あるいは分断線を越えるのか。
・そうしたトムボーイは成長するとどうなるのか。

私はさまざまな研究や体験談の中に、身体的に活発で、自らの筋肉を誇り、自信を持ち、男女を問わず遊び相手にし、伝統的に女らしい玩具も男らしい玩具もどちらも受け入れるトムボーイたちに共通の物語を発見した。彼らは、ある研究者の言葉を借りれば、平等主義者なのだ。[7] 思春期になると、そういうよく似たトムボーイたちの物語は、非常に多様な成人期へと枝分かれしていく。トムボーイに関して私たちが既に知っていると思っていたものを再考察することによって、ジェンダーの多様性をよりよく理解し、よりよく評価できるようになることを願っている。

多くの人は、〝男の子（boy）〟・〝女の子（girl）〟は単なるジェンダーや社会的アイデンティティだと感じており、〝男性（male）〟・〝女性（female）〟のようにホルモンや染色体や身体構造と関連づけて考えない。つまり、それらの言葉は生物学上の性すなわちセックスではなく、セックスの社会的な意味すなわちジェンダーを意味しているのだ。だが本書では、特に断りがない限り、〝男の子〟・〝女の子〟を、私が調べた研究や話を聞いた研究者のほとんどが用いたのと同じように用いている。〝生まれたときに男あるいは女と性別を決められた者〟の短縮形である。トムボーイを自認する人の中には生まれたとき女性とされなかった人もいるし、トムボーイを名乗る人の中には自らを女の子と考えていない人もいる、ということを示している。

ジェンダーは論じるのがきわめて難しい話題である。それはスペクトルかもしれないが（この考え方にすら反対する人もいる。すべてを包括するのではなく、男性と女性という両端を決めてそのあいだに線を引くことになるからだ）、個々の点の集まりで成り立っており、各自がジェンダーを自分独自の点という立場から見ている。私が話した学者、医師、各分野の権威といった専門家は、ひとりずつが異なる意見を持ち、それを裏づける充分な研究を行っていた。素人たちも、身をもって経験したことから知見を得て、同じくらいしっかりした意見を持っていた。ジェンダーに関する信念体系はひとりひとり異なっているが、彼らは自らの考えに全面的な自信を持っていた。何十年、何世代にもわたって、専門家たちは新しく互いに相いれない真実を見出し、そのたびに、ジェンダーやセックスやセクシュアリティに関して知るべきことはすべて知ったと宣言してきた。しかし過去の専門家のほとんどの知見は、今なお論議を呼んでいる。ジェンダーに関して私が見出した疑う余地のない真実はたったひとつ、それは複雑だ、ということである。

過去二世紀のあいだにジェンダーについての理解が変化したことは、子どもをどう育てるか、子ども用品をどのようにピンクとブルーに分けるかに重大な影響を及ぼした。私の目標は、特に親たちに、男の子や女の子の〝正常さ〟についての思想がどこから来たか――子どもはこの二種類だけだという思想をどこで身につけたのか――を考えてもらい、社会がそうした思想をどうやって永続させているかを理解してもらうことだ。

トムボーイは消防士（fireman）、いや消防隊員（fire *fighter*）の帽子をかぶった幼く可愛い女の子の場合もある。限定的な規範に――時には大きな反発を受け、時にはあまり咎められることなく――反抗する過激なジェンダーの戦士、作家カーリーン・ペンドルトン・ヒメネス言うところの〝ジェンダー・ヒーロー〟の場合もある。大人によってどう分類されるかには無頓着で、単に本能に従ってしたいことをしているだけの場合もある。男の子、女の子、インターセックス、トランス、ノンバイナリーなどありとあらゆる子どもが、自分の性を探究して表現することができるとしたら？　私たち皆が、昔からトムボーイが持っているのと同じ自由を持ち、同じようにジェンダーの自由を宣言できるとしたら？

トイレや二分法に関する議論が行われるずっと前から、トムボーイたちは、理論家の言う〝ジェンダーを実践する〟ためにはさまざまな方法があることを示してきた。トムボーイたちは、ジェンダーの魅力、謎、複雑さを観察するための場を提供しているのである。

# 第一部　ピンク／ブルーという分断の誕生

# 第一章　ところで、トムボーイって何？

「あの子は優しい！　あの子は野蛮！　あの子は謎！　あの子は子ども！
あの子は頭痛の種！　あの子は天使！　あの子は女の子！」
——リチャード・ロジャース、
『サウンド・オブ・ミュージック』より『マリア』

このプロジェクトに取りかかって最初にしたのは、〝トムボーイ〟という語に〈グーグル〉のアラートを設定することだった。娘が一年生のとき新たな呼び名をつけられて帰宅した際、私はその単語自体についてはあまり考えなかった。考えたのはそれが喚起したものだ。破れたオーバーオールかショートパンツをはいたスポーティな幼い女の子、膝をすりむき、髪の毛はくしゃくしゃ、男の子と野球をし、上半身裸で通りを走ったり野原を駆けたりする。おそらくは自信たっぷりで胸を張り、強気な物言いをし、おとなしくて受け身でワンピースに身を包んで慎ましくすべきだというジェンダー規範などちっとも気にしないか、そういうルールは自分に当てはまらないと考えて独自のルールを作る。私は、若き日のクリスティ・マクニコルやジョディ・フォスターが演じた子どもを思い浮かべた。

ところが、幼い女の子に言及したメールはほとんど届かなかった。来る日も来る日も、ロシア版リアリティ番組『フロム・トムボーイ・トゥ・レディ』シーズン三の総括や、『レディット（Reddit）』や『フォーチャン（4chan）』といったウェブサイトでチャットするゲーマーたちによるホットなアニメのトムボーイのアバターがどっさりと送られてきた。インスタグラムには二八〇万以上の #tomboy の画像があり、その大半は中性的なモデルや女優、長い髪の女性同士のキス、スニーカーと革パンツ姿でレッドカーペットを歩くクリステン・スチュワートなどの写真だった。

ジェンダー汎用の下着メーカー〈トムボーイX〉への言及もあった。この会社はトムボーイを、「元気いっぱいで、時には騒がしい女の子」で、「立ち上がること、目立つこと、声をあげること、人前に立つことを恐れない」と表現している。私の経験によれば、ユニセックスな子ども用ボクサーブリーフを見つけるのは難しい。でも残念ながら、〈トムボーイX〉はその名前のもとになった小さな女の子向けの商品は扱っていない。

〈フェイスブック〉には何十ものトムボーイのグループがあるが、そのほとんどはタイや中国、フィリピンなどアジアの国々のブッチ［男役レズビアンのこと］、時にはトランスジェンダーの集まりだった。"THAT'S MY TOMBOY PHILIPPINES"、"Femmes and Tomboys"、"TOMBOYS LOVE GIRLS" のそれぞれに数万人のメンバーがいる。"Tom suay" はタイ語で「美しいブッチ」を表す。

だが、"Tomboys just being Tomboys" というグループにはメンバーが五人だけで、投稿はひとつもなく、写真は浅黒い肌の少女が舌を突き出している一枚だけ。子どものトムボーイが見られるソーシャルメディアはこれのみだった。

幼い女の子に関する現代の言及が受信トレイに届くことはあっても、それはほぼ例外なく、自分の娘をトムボーイと呼ばないでという母親のブログだった――現代の女の子が一般にそのように呼ばれているという証拠は、私にはほとんど見つけられなかったのだが。書き手たちはこの用語を時代遅れで無礼だと非難し、スポーティではきはきした女の子用に別のカテゴリーを設けるのは女の子の正常な状態が不活発で静かであることを示唆している、と指摘した。なぜ、ジョーやパンキーやスカウトのような女の子を表すのに〝boy〟という語を使って、それが男の子のより劣った形態、女の子のより よい形態だと暗示せねばならないのか?

一方〝トムボーイ〟という語は、トランスの人々に対して彼らの中核的ジェンダー自認が正しくないと告げるために用いられることもある。誰かを「単なるトムボーイ」だと言ったときは「あなたがトランスだとは思わない」と暗に告げているのかもしれない、ということだ。

そんなわけで、さまざまな場面に登場するこの単語は、欠陥、誤用、悪用だらけなのである。今だけでなく、昔からずっと。

## 〝トムボーイ〟という語の簡単な歴史

トムボーイの〝トム〟の部分はおそらく一二世紀の中世英語、〝少年タイプ〟を意味する〝thom〟から来ている。「雄猫」の〝tomcat〟、「雄七面鳥」の〝tom turkey〟と同じである。そして〝ボーイ〟は文字どおり〝男の子〟。一五五六年に生まれたとき、この語は特別騒がしい男の子や、思春期前の有

ジョセフィン・ポラード、『少年少女のいたずらやおふざけ（Freaks and Frolics of Little Girls and Boys)』（未邦訳）より [New York: McLoughlin Bros, 1888]

害な男らしさを意味していた。

ほどなく意味は変化し、性欲が男並みの好色な女性を表すようになった。一六五六年には、暴れん坊の男の子のようにふるまう女の子を表すようになっており、その定義が定着した。ただし最初の二〇〇年ほどのあいだ、これは侮蔑的な言葉だった。しかし一八〇〇年代半ば、南北戦争前のアメリカにおいて、〝トムボーイ〟は侮辱から誇りの言葉に変化しはじめた。

多くの意味で、南北戦争後に急拡大したマスメディアや出版業界が、トムボーイの近代的な概念を生み出して普及させたと言える。働くのではなく学校に通う中流階級の子どもはどんどん数を増しており、メディアはそんな子どもたちに本を供給した。子どもたちは〝子ども時代〟

と呼ばれるこの新たな時空間を享受した。こうした本は男の子や女の子に、どうふるまうべきか、ふるまうべきでないかを教えた。誕生した婦人雑誌や児童文学は、男女それぞれにとってどういう状態が文化的に正常であるかを世間に示した。

読書よりコマ回しに興味を持ついたずらな男の子や虚栄心が強すぎる女の子の物語に交じって、おしとやかでおとなしくてお行儀よく慎ましくしなさいと言われたら「いや」と答える女の子の物語もあった。[1] アメリカのメディアや文化において、こうした女の子はトムボーイとして知られるようになった。ヴィクトリア時代の成人女性、主に中流階級の白人女性は、〝真の女性らしさのカルト〟、時には〝家庭的カルト〟と呼ばれるジェンダー役割によって強く束縛されていた。家にとどまって子どもの世話をし、敬虔さ、清廉さ、家庭的な性質、従順さを磨くことに励む（事業やロマンスにも励む場合もあったが）女性こそ理想だとする考え方である。しかしそうした女性たちの娘の中には、母親になればおとなしくなると期待されていたとしても、子どものうちは男の子とスポーツをするといった野蛮な〝男らしい〟ことをする者もいた。

誕生したときから、〝トムボーイ〟は賛否両論ある言葉だった。一九世紀に初めてトムボーイがもてはやされたとき、メディアはトムボーイという状態《トムボーイズム》の長所と短所を論じた。Newspapers.com のアーカイブだけでも、トムボーイに触れた箇所は二万二〇〇〇以上ある。[2] トムボーイは粗野で危険だと言われることもあり、専門家は、女の子を男の子と平等だという有害な考えによって育てたり、男の子と一緒に教育したりしてはいけないと述べた。その最も大きな危険とは？　勉強は子宮から血液を吸い取るのだ。

最も大きな可能性は？　それは一八九一年、サンフランシスコの『モーニング・コール』紙の記事で巧みに述べられている。「アメリカのトムボーイ――彼女はしばしば男たちが敬愛して崇拝する女性になる」。トムボーイは女性の最も重要な力と考えられているもの、すなわち生殖力を失うと考える人がいた一方で、トムボーイであることでその力が強くなると考える人もいた――トムボーイは非常に健康で魅力的な女性、生殖に最も適した女性に成長する、という考えである。

トムボーイズムを応援したのは筋金入りのフェミニストだ。L・V・Fという作家が一八五八年に書き、広く重刷されている、『我々の娘たち――トムボーイ』という論説がある。この作家は母親たちが覚えておくべきことを提唱した。「（前略）運動の制限、虚弱さ、脆弱な神経、そして何よりも目的のない無意味な人生が、息子たちの才能を引き出して名声を高めることをしないのなら、そういったものが娘たちの才能を引き出して名声を高めるはずもない[3]」。つまり、娘もいろいろな意味で息子と同じように扱われるべきだ、と考えはじめた人々がいたのである。

## ジョーが皆の考えを変える

トムボーイが文化的に肯定されるようになった原因は、E・D・E・N・サウスワースが一八五九年に発表しておそらくアメリカ初のベストセラーとなった『隠された手（*The Hidden Hand*）』（未邦訳）などの、トムボーイ文学の誕生である。いたずら好きのトムボーイの孤児キャピトラ・ブラックを主人公とするこの小説は、児童文学界を揺り動かした。反骨的で自立心旺盛な、多くの場合、母親のいない女の子の物語が次々とあとに続いた（母親の不在が、彼女たちがトムボーイ的であることの説明として利用された）。彼女たちは社会のはみ出し者で、同じくはみ出し者の女々しい男の子の仲間だったが、ヒロインでもあった。ほどなく西洋では、馬を乗り回すトムボーイが登場する男の子向けの本が数多く登場した。

一八六八年にルイーザ・メイ・オルコットの『若草物語』が世に出るやいなや、ジョー・マーチは国じゅうの女の子の心をとらえ、想像力をかき立てた。女の子向けに――自分の姉妹以外にはあまり女の子を知らず、そのほかの知っている少数の女の子は嫌いだ、と公言した女性によって――書かれた初期の本、ジェンダーに反抗的な自らの人生に基づいたオルコットの小説のヒロインは、いたずら好きというだけではなく、最高に頭がよくて機転の利く女の子だった。ジョーはたまにジェンダー役割に不服従だとして非難されることもあったが、ほとんどの読者はマーチ家の姉妹四人の中で彼女を最も愛した。

こうした本ではたいてい、トムボーイは最後には女らしくなり、男性に嫁がされる。文学批評家はこれを「トムボーイの馴化《じゅんか》」と呼ぶ。ジョーですら、かなり年上のベア先生と結婚する（これはオルコットの本意ではなかった。彼女は、ジョーを嫁がせろという読者や出版社のプレッシャーに屈したのだ）。要するに、文学において、トムボーイという状態が標準から逸脱した永続的な習性として描かれることはあまりなかったのである。

実際のところ、人々が半世紀にわたって話題にしたトムボーイズムとは、特別異常な状態ではなかったと思われる。『アメリカのトムボーイ　一八五〇〜一九一五年（*American Tomboys, 1850-1915*）』（未邦訳）を著した歴史家レネ・センティレスが一九世紀の女の子の日記を調べた結果、多くが狩りをし、フェンスを飛び越え、木登りをしていたことがわかった。「女の子の父親、兄弟、おじたちは、狩りや魚釣りをするため喜んで彼女たちを森に連れていき、さまざまな試合に参加させた」[4]とセンティレスは書いた。

　ローラ・インガルス・ワイルダーは自伝『大草原のローラ物語――パイオニア・ガール』（大修館書店、谷口由美子訳、二〇一七年）でこう書いている。「姉のメアリーが言ったとおりトムボーイだった私は、女の子を率いて男の子のゲームに加わった。アンチオーバー、プルアウェイ、プリズナーズベース、ハンドボールなどをした。私たちが上手なのを見た男の子たちは、一時間後には野球に参加させてくれたし、夏の残りの期間は野球をして過ごした」[5]

　ローラは出版界のスターであるという点で例外的な存在だが、それを除けば彼女は平均的なアメリカのトムボーイであり、男の子や一部の女の子がすることをしていただけだった。

　一九世紀にも、女の子が男の子のように行動することに反対する人はいたものの、一般的にはトムボーイズムは正常だと考えられていた。そのひとつの理由は、一九世紀の大部分におけるジェンダーとセックスとセクシュアリティの西洋での理解のされ方にある。それらは同じものと考えられていたのだ。男の子は異性愛者であるシスジェンダーの男性に成長し、女の子は異性愛者であるシスジェンダーの女性に成長する、と思われていた。だから、子ども時代のトムボーイズムは、思春期になれば身につく自然な母性本能にとってなんら脅威ではない。女の子に定められた自然な進路――立派な妻そして母になること――をトムボーイズムが妨害することはないし、するはずがない、という考え方である（同性愛というセクシュアリティ——セックスとは異なるセクシュアリティ——という概念がより一般的になるにつれて、やがてそれは変化することになる。詳細は後述）。

だが、それは真実ではなかった。トムボーイであることで進路が変わる女性もいた。自由という考え方によって育てられたトムボーイの世代が成長すると、多くが〝新しい女（New Women）〟となった。独立精神を持つ、初期の女性権利論者である。こうした初期のトムボーイの一部は、あとに続くフェミニストたちのために道を切り開いた。一部の批評家が危惧したように、いわば庇を貸されたトムボーイたちは母屋を取ったのだ。

エリザベスとエミリーのブラックウェル姉妹やサラ・ジョセフィン・ベーカーなど、アメリカ初の女性医師になった者もいた。男女両方の役を演じたシャーロット・クッシュマンなどの大女優、禁酒運動家フランシス・ウィラードや〈アメリカ赤十字社〉設立者クララ・バートンなど初期のフェミニスト、オピニオンリーダー、婦人参政権論者もいた。誰もが、自分たちが幼い頃から例外的存在であったことの証拠として、トムボーイの日々を誇らしく好意的に振り返った。センティレスは一九世紀後期から二〇世紀初頭にかけてのこれら女性偉人の伝記を数多く読み漁り、取り上げられた女性はひとり残らず子どもの頃トムボーイだったと主張していることを見出した。彼女たちの一部にとって、自分たちが例外的存在だったことは欠点から利点に変わり、彼女たち自身は除け者から開拓者に変わったのだ。

子どもに用いられたトムボーイという語がどれだけ論争を呼んだにせよ、成人女性は時間をさかのぼってその語を喜んで自らに用いたのである。

## 優生学、女の子っぽい《ガーリー》女の子たち、そしてトムボーイたち

小説でのトムボーイは、将来の素晴らしい妻、母親、女性として見られることもあったが、対極に位置する女らしく虚栄心がありわがままでガーリーな女の子に対抗するヒロインと見られることもあった。[6] 文学において、両者はしばしば対立させられた。色白で金髪の上品でガーリーな女の子と、色黒に日焼けした黒髪の粗野なトムボーイ。

実際、こうした初期に描かれたトムボーイにおいて、人種は重要な要素だった。彼女たちはほぼ例外なく白人だが、たいていは黒髪で小麦色の肌だった。トムボーイはアフリカ系アメリカ人やアメリカ先住民といった有色人種のステレオタイプ的特徴を負っていた。一種の文化的借用である。センティレスが述べたように、トムボーイは「インディアンにならずにインディアンを演じることができた」。〝ポカホンタス〟という名前は〝トムボーイ〟と訳せる、とする本まであった（現在の翻訳では、この言葉は〝いたずらっ子〟という意味だとされている）。[7] 一例として、『隠された手』の結末でキャピトラ・ブラックはおとなしくなり、結婚してキャピトラ・グレイソンとなる。彼女は女らしくさせられたのみならず、黒（ブラック）から灰色（グレー）へと薄められた。これは、白さや伝統的な女らしさと、黒さや男らしさが、支配階級や作家たちの頭の中でどのように絡み合っていたかを示している。実のところ、一九世紀のトムボーイズムは、当時の白人中流階級にとっての大きな課題——白人を産み育てること——と結びついていたのだ。

97

This little girl's name is Pocahontas.

That is a pet name her father gave her. It means tomboy, for Pocahontas likes to run and play — yes, and she turns handsprings and somersaults, just as the Indian boys do.

Her father is a great chief and often goes away to war.

But he is very fond of Pocahontas.

He pats her head and says, "My dear little tomboy."

INDIAN PRIMER — 7

少女の名前はポカホンタス。

それは父親からもらった愛称で、トムボーイを意味している。ポカホンタスは走ったり遊んだりすることが好きだから——そしてインディアンの男の子がするのと同じように、とんぼ返りや宙返りをするから。

彼女の父親は偉大な酋長で、しばしば戦いに赴く。

しかし彼はポカホンタスをおおいに気に入っている。

彼は娘の頭を撫でてこう言う。「私の可愛いトムボーイ」

T.K.

アメリカで白人の出生率は減少していた。一〇キロ以上にもなる窮屈な腰当て《バスル》やコルセットやペチコートで身を固めたおしとやかな中流階級の白人女性は、虚弱さという究極の女らしさを求めていた。だが、それは生殖にとってあまり望ましいことではない。一八七三年のある新聞記事は、親たちは「娘が〝トムボーイ的〟な傾向を示したらそれを許すべきである。（中略）娘が望めば、馬に乗り、馬車を御し、船を漕ぎ、泳ぎ、走り、フェンスによじ登り、木登りをするのを許そう。彼女は将来の良好な健康のための基礎を築いているにすぎないのだ[8]」と述べている。

良好な健康とは〝今はトムボーイ、のちには白人の子どもを無事に産み出す畑〟を意味する符丁だ。『トムボーイ　文学史と文化史（*Tomboys: A Literary and Cultural History*）』（未邦訳）の著者ミシェル・アバーテはトムボーイイズムを「中流・上流の白人女性の健康を増進するために（中略）適切な衛生状態、日々の運動、着心地のいい服、健康にいい栄養に重きを置く行動規範[9]」と呼ぶ。

一九世紀には、トムボーイイズムは白人の特権の一形態である白さと結びつけられており、アメリカ人の女の子という集団に容認される行動の範囲を再定義して広げていた。記録に残されたアメリカにおけるトムボーイの歴史の大部分は、白人トムボーイの歴史である。一九世紀や二〇世紀初頭のアフリカ系アメリカ人向け新聞でこの語が使われることはめったになく、一九五〇年代まで白人向け新聞でこの語が有色人種に用いられることも少なかった。それが登場するようになったのは、スポーツにおける人種差別が撤廃されはじめ、テニス選手アリシア・ギブソンのようなアフリカ系アメリカ人女性プロスポーツ選手が台頭するようになってからだ[10]。トムボーイを研究する心理学者、社会学者、生物学者の大半は白人女性で、トムボーイ研究の被験者の大部分も白人である。そのことが研究を複雑化――あるいは過度に単純化――している。
ジェンダーにとって何が典型的かは、人種や階級や地域などにより異なる。屋外を走り回って活発に運動する人生を送る一九世紀の都会の裕福な白人の女の子にとって、トムボーイであることは特権だった。一方、屋外での過酷な肉体労働に携わることは、田舎の貧しい、あるいは奴隷にされた女の子にとって、自ら選択したものではなかった。そうした〝男らしい〟行為に従事する女の子がトムボーイと呼ばれたり、自らをそう呼んだりすることはなかっただろう。そんな伝統的な男らしさという側面は、強制されたものだったからだ。

## 真にアメリカ的なトムボーイ

だが選択可能な女の子たちにとって、トムボーイズムはどんどん一般的な選択肢になっていった。一九世紀末には、女の子が〝男の子〟のことをするのは普通になっていたため、かつてトムボーイに反対し、その後持ち上げた雑誌や新聞や本は、〝トムボーイ〟を死語だと宣言した。一八九八年に『ハーパーズ・バザー』誌で発表されて全国の新聞で転載されたある記事は『トムボーイの消滅』という見出しをつけ、トムボーイを「骨董的な単語」と呼んだ。

「トムボーイは完全に消滅した」と記事は述べた。「最高の状態にある現代アメリカの女の子とは、元気で健康で陽気で素直な子どもである」[11]。アメリカ社会の大部分は、トムボーイをはみ出し者として描くことをやめ、特別に分類する必要もないほど当たり前の存在と見なすようになった。木登りや野球ができて男の子とそこそこ平等に扱われる世界に生まれた小さな女の子をトムボーイと呼ばないでおこう、とメディアは提唱した。彼女たちは〝真にアメリカ的な女の子[12]〟と呼ばれるべきなのだ。

だがその当時でも、批評家たちはこの語に関して繰り返し起こる難問に直面していた。非常に多くの女の子が〝男の子のように〟ふるまっているため新たな分類が必要なのだとしたら、そもそもそういう行動や活動や性質は男の子のものなのか？　木登り、野球、フェンスの飛び越え、独立心、自信に満ちた態度が、単に文化的な意味にとどまらず生物学的な意味で〝男性的〟だとする考え方は、いったいどこから来たのか？　禁酒運動のリーダーたるフランシス・ウィラードにしても、トムボーイの女の子として、お人形遊びよりも走ったりソリ滑りをしたりスケートをしたりするほうが好きだったのだ[13]。逆に、発達心理学の創始者G・スタンレー・ホールは、一九世紀の終わりには六歳未満の男児の実に八二パーセント、六歳から一二歳まででも七六パーセントが、お人形遊びを好んでいたと推計した[14]。

トムボーイの意味は、男の子と女の子で正常の基準が異なる二分法に完全に依拠している。トムボーイとは、境界線を越える女の子、男の子のような行動や遊びや服装をする女の子、男の子に典型的な服や人々や玩具や活動に引きつけられる女の子につけられる名前だ。しかし男の子や女の子にとって何が典型的かということ自体、常に揺れ動いている。かつて口笛を吹いたり自転車に乗ったりするのは男の子だけができること、すべきことだったし、一〇〇年前アメリカ人の男の子はワンピースや小公子的な派手なレースのスーツを着、のちにはピンク色を身につけた。今はどんな女の子でも口笛を吹けるし、ピンクを着るアメリカ人の男の子はごく少数、レースやワンピースを着る男の子はさらに少ない。境界線のどちら側に何があるかは固定的でなく、同じく〝トムボーイ〟の定義も固定的ではない。

## では、〝トムボーイ〟とは何か？

トムボーイを自認する三年生の一卵性双子ディランとエリーに、その言葉がどういう意味かを尋ねたとき、ふたりは定義するのに苦労した。

「ええっと、ガーリーな女の子じゃなくて、お人形遊びをしなくて、うーんと、ピンクのワンピースを着なくて、もっと男の子っぽい服を着る人かな。スポーツをする人。普通の女の子じゃない人」エリーは言った。

「女の子だけど、服とか行動がそれっぽくて、行動は違うかな、スポーツみたいなのが好きな人」ディランは言った。「男の子っぽい」とは言えなかった。その表現を省いたことがルールの曖昧さを証明しているのを、ディランは知っていた。

だが、そのルールとは何か？

《トムボーイとは男の子と遊ぶ女の子か？》文学に登場するジョー・マーチからスカウト・フィンチに至るトムボーイのほとんどは、性的緊張のない友情で結ばれている男の子と走り回る。ジョーと親友ローリーのように、弱虫の男の子とトムボーイは親しく交わる除け者同士として描かれる。

だが実生活では、多くの（すべてではないが）トムボーイは一匹狼ではなく、男の子とだけ遊んだり男の子がやるようなことだけをしたりするわけではなく、男女両方の友達と交わって遊ぶ。男の子・女の子という世界の外側にいる暗い存在というよりは、ベン図の重なった部分のように両方に含まれ、ふたつの世界を行き来できる。ただし、非常に男の子側寄りになるトムボーイもいる。

《トムボーイはスポーツをする女の子か？》 単純な答えはイエスだが、それだけが唯一の基準ではありえない。女の子のスポーツがどれだけ許容されるかは、時代により変化してきたからだ。一九世紀の女の子の一部にとって野球は比較的一般的な娯楽だったが[15]、二〇世紀にはそれほどでもなくなった。一九七二年に教育改正法第九編が可決された二年後の一九七四年まで、女の子はリトルリーグから締め出されていた。教育改正法は政府から資金援助されるスポーツなどの教育プログラムでの性による差別を禁じた――『ニューヨーク・タイムズ』紙によれば、彼らは「〝社会の風向き〟に屈した」のだ[16]。それまで、スポーツをする女の子は二七人にひとりだった。現在では五人のうちふたりである。しかし今でも、野球をする女の子はきわめて少ない。

《トムボーイは男子向けの服を着るショートヘアーの女の子か？》 一八〇〇年代、男の子も女の子も、トムボーイすら、ほとんどは六歳で学校へ行くようになるまで髪を長く伸ばしてワンピースを着ていた。ジョー・マーチは婦人服を着たが、それはほかに選択肢がなかったからだ。だから一九世紀には、外見上、年長のトムボーイをほかの女の子と区別するものはほとんどなかった。唯一違いがあるとしたら、フェンスを飛び越えたり悪ふざけ《トムフーラリー》（この語に〝トム〟が入っていることに注目）をしたりしてワンピースやスカートが裂けて汚れていたことだろう。トムボーイがそういうことをしている一九世紀の絵は数多くある。

一九七〇年代には、男の子も女の子も同じようにボーイッシュな服を着ており（理由は後述）、男女ともショートヘアーが一般的だった。ところが最近では、小さな女の子のショートヘアーはとても珍しく、反発を招くこともある。二〇一七年、ショートヘアーの女の子から成るサッカーチームが、彼女たちを女の子だと認められない大人や子どもから嘲られた。[17] 同じ年、ネブラスカ州のあるチームのショートヘアーの女の子についても同様の〝誤解〟が起きた。そういった女の子の存在を正常とす

ジョン・ジョージ・ブラウン、『ザ・トムボーイ』一八七三年

る、あるいは説明する〝トムボーイ〟という語を、批判者が知らなかったからかもしれない。[18]

《トムボーイは伝統的な男らしさを受け入れる女の子か、それとも伝統的な女らしさを拒絶する女の子か？》研究者たちが発する中でもきわめて大きい疑問のひとつは、トムボーイは女の子的なものを拒否しているのか、それとも男の子的なものを付け加えているのか、というものだ。一九七三年、精神科医タスミヤ・サギールとイーライ・ロビンズはトムボーイズムを、「男の子と一緒にいて男の子の活動を好むこと」、そして「女の子の活動や女の遊び相手をひたすら嫌悪すること」と定義した。だが研究者たちがトムボーイを自称するあらゆる子どもを調べるようになると、定義ははるかに広くなった。一九八四年、心理学者パット・プラムとグロリア・コーワンはトムボーイを自認する女の子たちを調査し、「自称トムボーイたちは伝統的に女らしい活動を拒絶しているのではない。活動のレパートリーを広げて、伝統的に性区別された活動もそうではない活動も行っているのだ」（傍点は著者）と記した。

トムボーイをグループに分ける研究者もいる。〝永遠の〟あるいは〝男性的〟（多くのトムボーイが自らの男らしさを捨て去る思春期を過ぎても決して譲歩しない）トムボーイと、〝一時的な〟あるいは〝女性的〟（ワンピースから男子の服へ、木登りから上品な女らしい態度へ、と比較的気軽に行き来できる）トムボーイである。

非常に男らしいトムボーイもいれば、それほどでもないトムボーイもいる。だが私は、トムボーイにはふたつだけではなく、かなり多くのタイプがあると思う。二〇一二年に行われたある調査の被験者は、「あなたはトムボーイですか？」という質問に、「微妙です」とか「はい、でもぎりぎりです。

むしろ自分の飼い犬に似ています。つまり雑種です」といった答え方をしている。[19]

私と夫はよく、六年間完全に男の子のような格好をして女の子よりも男の子とよく遊ぶ娘——〝永遠の〟トムボーイ——と、娘の友人で、一年生のときスポーティで自信たっぷりで男の子とも女の子とも同じくらい遊んでいたマデリーンとの、違いと思われるものに注目した。マデリーンは飾りをつけないおかっぱ頭で、時々ワンピースを着ており、私たちの考える〝一時的な〟トムボーイだった。

しかし現在、娘はピンクのメッシュが入ったロングヘアーで、多くの女友達がいる。そしてマデリーンは五年生になるとき髪をベリーショートにし、もっぱら男の子と遊ぶようになった。子どもたちは往々にして、幼少期を通じて男らしさと女らしさのあいだを行き来する。彼らにはそれができる特権、支持、そして自由がある。生涯を通じて同じようにする大人も多い。

《トムボーイズムは人種と関係しているのか？》先に触れたとおり、トムボーイの定義は人種や階級や地域によっても変化する。例を挙げよう。一九七〇年代にブルックリンの公営アパートで育ったアフリカ系アメリカ人のトムボーイ、リサにとって、その呼び名は保護を意味した。「ワンピースでもなんでも、女の子に見えるものは全部嫌いだった」彼女は言う。荒れ放題の建物のレンガには、貧困、暴力、困難、構造的な人種差別が組み込まれていた。「みんなトムボーイだった。誰がいちばん大きな声で叫べるか、みたいな。誰がいちばんボス犬みたいに獰猛になれるか、とか。だってブラウンズビルじゃ、そうしないと生き延びられないから」。トムボーイであることにより、リサはほかの女の子や男の子に、自分にちょっかいを出すなと告げて力を示したのだ。「あたしたちにとって、トムボーイはサバイバルって意味なんだ」

一九五〇年代にシカゴ郊外で育った白人トムボーイのスーザンにとって、トムボーイは人気を意味した。トムボーイの友達と一緒に小川でカエルを取り、ジーンズ（当時はまだあまり受け入れられないものだった）をはき、できる限り多くのスポーツをした。人形は嫌いだったが、ドールハウスは好きだった。三年生のとき、親友の男の子を地面に組み伏せた。「あれはあたしにとって、最高の瞬間だった」スーザンは言う。それでも、その男の子はスーザンの友達であることをやめなかった。それどころか、彼女はいっそう人気者になった。

これらはふたつの例にすぎず、人種的観点からとらえたトムボーイズムのすべてを包括しているわけではない。しかも、トムボーイズムは多くの意味で文化横断的な現象である。アバーテが書いているように、「トムボーイ的な若い女性がアメリカ文学や文化のあらゆる時代、ジャンル、局面で見られるのと同じく、国じゅうのほぼすべての人種や民族の集団で見られる」[20]。プリンセス・ノキアから俳優プリヤンカー・チョープラーまで、多くの有色女性が誇らしげに自らをトムボーイだと公言している。

トムボーイがなんであろうと、人がそれをどのように定義しようと、好もうと好むまいと、二〇〇年近くのあいだトムボーイはきわめて重要な語、重要な考え方だった。行動、性格、服、活動、玩具、色など、何かを男の子のものと女の子のものに分けるときは必ず、好みが片方だけに当てはまらない人々が存在する。片方からもう片方へと飛び越していきたい人々も存在する。トムボーイは、ある種のふるまいを容認して正当化し、女の子たちが本来なら閉ざされていたであろう子ども時代のあらゆる領域に踏み込むことを可能にする、意義深いカテゴリーである。トムボーイは、境界線の両方に足を置き、時には飛び越える（少なくとも反対側を訪れる）多くの女の子に名前を与えた。多くのトムボーイは、ほかの人が境界線をまたいだり無視したり飛び越えたりするのを容認するという意味で寛大（liberal）であり、ジェンダーの制約から免れているという意味で解放されて（liberated）もいる。ジェンダーにおける平等主義者で、ピンク／ブルーという分断線の両側にあるものを受け入れることが多い。

私が知りたいのはこういうことだ——誰がそういう線を引き、男の子と女の子、男らしさと女らしさを、相いれないものとしているのか？　それは時代とともにどう変化してきたのか？　もし〝トムボーイ〟という語や考え方に問題があるのなら、それははるかに大きな問題の兆候だ。子ども時代を過度にジェンダーで意味づけされるという問題である。

---

**エリザベス**

それは九歳のときだった。ほとんどすべてのトムボーイに降りかかる不幸、自分が実は男の子と完全に平等じゃないと悟る転換点。母は言った。「シャツを着なさい」

私の胸はまだ全然ふくらんでいなかったけれど、カンザス州のこの地域のほかの母親たちは噂をしはじめていた。両親は心の広いフェミニストだった。父は私が幼いとき〈トンカ〉のトラックを買ってもくれた。私はそれをおもちゃとしても、そして自分を表現する手段としても、大切にした。なのに、両親は同調圧力に屈してしまった。

私は猛烈に腹を立てた。それまで私は、男の子たちの一団や数人の女の子たちと一緒にシャツも着ず自転車で近所を走り回っていたのだから。リトルリーグには入れず――当時女の子は入団を許されなかった――子ども時代の終わりが差し迫っているという過酷なプレッシャーが感じられた。私の選択肢は限られていた。男の子には全面的な自由があり、女の子にはない。それには本当にイラついた。

時々はショートヘアーでジーンズをはいて、男の子みたいな格好をしたけれど、いつもというわけではなかった。幼い頃から、私のトムボーイらしさが現れるのは行動や態度だった。男の子みたいに、体を動かすこと、声をあげること、騒がしくすることが好きだった。私のヒーローは、ドラマ『ハッピーデイズ』に出てくる口の悪いロック歌手レザー・トスカデロ。私の態度、格好やふるまい方は正常な範囲内として容認されていたとはいえ、自分では反逆者だと思っていた。人は私をトムボーイと呼んだけれど、批判されているとは感じなかった。むしろ誇らしかった。そんな呼び名がついたのは、自信のある落ち着いた態度を示して、木登りや野球をしていたからだ。

でもそのときも、ダブルスタンダードは感じていた。私はすごく女っぽい男の子と一緒に学校へ行ったけれど、その子はひどくいじめられた。いやがらせばかりされた。子どもの頃のそういうバッシングは、トムボーイは認められても彼みたいな男の子は絶対に認められない、という意味だったと思う。

# 第二章　トムボーイ？　オーケー！　なよなよ男？　とんでもない！

「一般に認められるルールは、男の子にはピンク、女の子にはブルーです。理由は、より明確で力強いピンクは男の子にふさわしく、よりデリケートで上品なブルーは女の子が着るとより可愛くなるからです」

――〈アーンショー子ども用品〉一九一八年

（Smithsonianmag.com より[1]）

「この映画にはどうしてトムボーイばっかり出てくるの？」娘が尋ねた。一九七六年の『フリーキー・フライデー』のオリジナル版を見ていたときのことだ。主演のジョディ・フォスターと友人たちは、チューブソックス［スケーターソックスとも呼ばれる踵部分のない靴下］と運動靴を履き、Tシャツを着ていた。

「トムボーイとは限らないわ」私は答えた。「一九七〇年代や八〇年代の初め頃には、女の子は皆こんな格好をしていたから」。確かに非常に女らしい少女ファッションもあった。〈ガニーサックス〉のワンピースや〈ランツ〉のレースのネグリジェは、私の子どもの頃の憧れだった。でも多くは、『フリーキー・フライデー』に出てくる女の子たちみたいな服を着ていた。

男の子の多くはマッシュルームカット。女の子はドロシー・ハミルのようなショートカット。つまり同じ髪型だったのだ！　一九八〇年の映画『リトル・ダーリング』では、トムボーイの象徴的存在クリスティ・マクニコルと恋人を演じるマット・ディロンは同じTシャツを着て同じジーンズをはき、髪型も同じ肩までの長さのフェザーカットだった。私が話した、一九七〇年代や八〇年代初頭にトムボーイだった人の多くは、自転車を乗り回したり気ままに暴れたりして一部の研究者が〝女の子の少年期〟と呼ぶものを過ごしたのは自分たちだけではなかった、と言った。現実の生活でもメディアでも、トムボーイは一般的だった。

一九七〇年代のユニセックスの服［ブラス顎紐つき帽子と〈ドクター・ショール〉の靴］を身につけた著者と仲間たち

トムボーイのイメージを表すものできわめて有名なのは、一九八一年の〈レゴ〉の広告である。登場するのはジーンズとストライプのシャツ姿の女の子。長い赤毛をおさげにし、自分で作ったカラフルなブロックの作品を持っている。キャッチフレーズ「そのままが素敵」や宣伝文句はまったく性別に触れておらず、プラスチック製のブロックで性別を表現することもしていない。

使用許諾取得済。c2019 The LEGO Group. ［注意：本書内のすべての情報は著者が収集・解釈したものであり、LEGO グループの意見を表してはいない］

一八〇〇年代のトムボーイ最盛期――野球や木登りをしてワンピースを着たトムボーイが、一八五八年に表現されたように「熱心で、なんにでも真剣に取り組み、衝動的で、目をキラキラさせ、陽気で、心優しい、〝女性〟という種の生きた現実の標本」[2]として賛美された時代――から、私が育った一二〇年後のトムボーイの最盛期まで、時代はまっすぐ進んできたかのように思える。

だが実際のところ、セックス、ジェンダー、セクシュアリティについての理解は二〇世紀を通じて絶えず進化を続けており、それが子どもの服装や遊び方を変化させてきた。ヴィクトリア時代のトムボーイ期から、トムボーイが復活した一九七〇年代までには、長い期間がある。そのあいだに我々はピンク／ブルーの分断を生み出し、子どもの幼少期をジェンダーで二分しはじめたのだ。

## 男の子はみんな機械いじりが好き、女の子はみんなおままごとが好き

一九二〇年代まで、アメリカの六歳未満の子どもは性別にとらわれない幼少期を送っていた。『ピンクとブルー　アメリカで男の子と女の子を見分けるもの（*Pink and Blue: Telling the Boys from the*

*Girls in America*)』（未邦訳）を著した歴史家ジョー・B・パオレッティによれば、アメリカ人の赤ん坊は男も女も白いワンピースを着ていたという。たいていの服が手作りだった時代には、それが実用的で、手入れしやすかったのだ。女の子も男の子も、多くがリボンやひだ飾りやレースのついたさまざまな色のワンピースを着、小学校に上がるまで髪を切らなかった。ファッションライターは、二、三歳の男の子がワンピースを卒業してキルトとブラウスに移行するのはいいけれど五歳になるまでズボンをはくべきではない、と助言した。女の子はワンピースの上からオーバーオールを着ることがで

WEARING APPAREL
THE STRONGHOLD "AMERICAN GIRL" OVERALL
Healthy girls, like healthy boys, are rough on clothes.
We are sorry for the mothers who must wash and mend; we are sorry for the fathers who pay the bills; we are sorry for the little ones who cannot play for fear of soiling their clothes.
Protect your little girl's clothing with a pair of "American Girl" overalls, and let her have a good time.
"American Girl" overalls are made of special double-and-twist blue denim, have turkey-red shoulder-straps, pearl buttons, one pocket, and are cut extra wide to accommodate the skirts.
If your dealer does not keep them, write to
BROWNSTEIN, NEWMARK & LOUIS
Manufacturers of
LOS ANGELES, CAL.
STRONGHOLD OVERALLS

子ども服
ストロングホールド〈アメリカン・ガール〉オーバーオール
　健康な女の子は、健康な男の子と同じく、すぐに服を汚します。
　洗濯や繕い物をしなければならないお母さんはお気の毒。代金を支払うお父さんもお気の毒。服を汚すのが心配で遊べない子どもたちもお気の毒。
　お嬢さんの服を〈アメリカン・ガール〉のオーバーオールで保護して、思いきり遊んでもらいましょう。
〈アメリカン・ガール〉のオーバーオールは特製の二重撚りブルーデニム製。トルコ赤の肩ストラップとパールボタンつき。ポケットはひとつ。スカートをたくし込めるよう幅広に作ってあります。
　お近くの販売店にない場合は、以下にご連絡ください。
カリフォルニア州ロサンゼルス、ブラウンスタイン・ニューマーク・アンド・ルイス
ストロングホールド・オーバーオール
『ザ・ランド・オブ・サンシャイン　南カリフォルニア・マガジン』誌

きた。男の子がズボンをはき、女の子がワンピースを着るのは、もっと大きくなってからだった。

同様の傾向は子どもの遊び道具にも見られた。二〇世紀初頭の玩具の広告は「ターゲットとなる子どもの性別にはまったく触れておらず、性別を示唆するものもほとんどなかった」。玩具のジェンダー二分法の歴史を研究する社会学者、エリザベス・スウィート博士はそう語った。ピンクの三輪車は売られていなかったのだ。

小公子風スーツに身を包んだ少年たち——ザズル提供［クリエイティブ・コモンズ使用］

なぜか？　セックスとジェンダーとセクシュアリティはすべて同じものと考えられていたからだ。一八〇〇年代半ばにドイツで生まれた〝ホモセクシュアル〟という言葉は広まっておらず、誕生時に決められた性別とは別の概念としてのジェンダー自認は、まだ西洋で一般的な概念になっていなかった。人々の頭の中でジェンダーとセクシュアリティは結びついていたので、大人は小さな子どもを将来の男性や女性——やがて性的な存在になる者——として考えることを望まず、そのため性差を重視しなかった。ゆえに、子どもが何を着るかは性別でなく年齢によって決まっていた。

　しかし、その後変化が訪れた。一九世紀末から二〇世紀初頭にかけて性科学や通俗心理学が盛んになり、その教えを広める出版業界やマスメディアが成長しつづけた。一八九七年、英語で書かれた同性愛に関する初の医学書、ハヴロック・エリスの『性倒錯（*Sexual Inversion*）』（未邦訳）が出版された。有名になりつつあったジークムント・フロイトは、子どもは大人になる過程で〝心理性的〟段階を経る、早期の経験や家族が人の性格や気質を形作る、と主張した。セクシュアリティはセックスとは別のものと見られるようになった。つまり、男性が男性に魅力を感じる場合もある、ということだ。もちろん、同性愛的な〝行動〟は以前から存在していた。だが、そういう行動を研究する人々によって名前がつけられ、明確なひとつの分類となった。社会的カテゴリーとしての〝同性愛〟である（この分野を広めた人々は、女性に魅力を感じる女性というカテゴリーにはそれほど興味を持たなかった。しかし、やがてそちらにも目を向けることになる）。

　このセクシュアリティの〝発見〟の鍵は、その起源に関する考察だった。同性愛は生まれつきでなく育ちの結果だと考えられたのである。そのため、男の子を女らしいものに近づけすぎるとゲイになるとされた。それはアメリカ社会の本流にとって受け入れがたい、恐ろしい結末だった（少なくとも初期の性科学者カール・ハインリッヒ・ユルリクスは同性愛を人間の自然な行動だと考えたが）[3]。当時の児童心理の権威G・スタンレー・ホールは、男の子・女の子という明確なジェンダー役割を絶対的なものと考え、男の子は早くからストレートの男性になることを学ぶべきだと主張した。

　そのためにはどうすべきか？　小さな男の子に男性のような格好をさせ、男らしい遊びをさせて、どうすれば男性になれるかを教えるのだ。区別をより明確に、より早期に示されれば、男の子は男らしい役割を身につけて〝異常な〟女々しさを回避し、その結果、同性愛に走ることはなくなるだろう。レースやひだ飾りやリボンや花など、かつて性別に関係のなかったものは男子の服からはぎ取られ、その代わりにスポーツ、乗り物、男性、クマや犬といったより〝男らしい〟動物などのイメージが付加された。二〇世紀の最初の四半世紀が経過した頃には、男子の服としてワンピースやスカートやフリルはもはや許されなくなっていた。女の子は、レースや花柄の世界に留め置かれた。華奢なもの、きれいなもの、複雑なもの、手芸に関係するものなどはすべて、女らしさと結びつけられるようになり、男の子は二度とその世界に足を踏み入れようとしなくなった。子どもは、大人のジェンダー役割に沿って育てられた。

　玩具も、子どもが将来大人になったときジェンダーに沿うふるまいができるようにさせるものになった。「男の子はみんな、機械いじりやモノ作りが好きです」スウィートが発見した一九二五年の広告はそのように述べる。「エレクターセット［建築現場の組み立て玩具］を使えば、男の子はそんな興味を満足させて、特別な努力なく精神的に発達することができます。（中略）工学の基礎を学べるのです」。一方、こういう広告もあった。「お母さん！　これこそ女の子にとって本当に実用的なおもちゃです。女の子はみんな、おままごと、お掃除、お母さんの仕事をするのが好きなのです」[4]

　トムボーイがレズビアンになるのを懸念する人もいた。だが、前世紀にトムボーイズムはしばしば良好な健康と結びつけられ、メディアでもてはやされ、育児の理想的な形態だと見られていたため、初期の児童心理学者の多くはトムボーイズムを正常、さらには望ましいとまで考えた。トムボーイ用の遊び着は依然として容認され、販売されており、『グッド・ハウスキーピング』誌は一九一二年、トムボーイを「アメリカ人少女の新しい――身体的だけでなく精神的にも道徳的にも新しい――タイプ」[5]として歓迎した。同じ年、ボーイスカウトに対応するものとしてガールスカウトが誕生した。ただし、ロープを結ぶよりも正しいテーブルセッティングのほうに重点が置かれていた。

トムボーイはオーケー、でも男の子を女々しくさせるようなものは？　とんでもない。

## ピンクが男の子の色だったとき

最初のうち、子ども時代をジェンダーで二分して、男の子が過度に女らしくなったりゲイになったりするのを防ぐという目的において、色は重要な要素ではなかった。子どもには依然としてあらゆる色が用いられた。だがそれも、一九二〇年代後半には変化しはじめた。染色技術の進歩により、多くの消費財や服や玩具が多様な色で売られるようになった。それには、以前は作り出すのが難しかったピンクも含まれていた[6]。

色はアイデンティティや自己表現の要素になった。端的に言うと、モノを通じて自己を表現するには、充分なモノと、そのモノを買うための充分な金が必要となる。社会が活気にあふれていた一九二〇年代、第一次世界大戦のあと働く女性が増え、アメリカ人がより多くの金を得て消費できるようになるにつれて、買うものもジェンダーによって色分けされるようになっていった。とはいえ、どの色が男女のどちら向けかについて、まだ決着はついていなかった。

一九二七年に『タイム』誌に掲載された表は、どの色が男子向けでどの色が女子向けかがデパートにより異なることを示していた。〈フィレーン〉はピンクを男子向けの色だとし、〈ベスツ〉や〈マーシャル・フィールズ〉も同じだった。〈メイシーズ〉、〈ワナメーカーズ〉、〈ブロックス〉はピンクを女子向けの色だとした。カトリック教徒は聖母マリアの絵から、明るい青色を女の子と関連づけた。[7] フランス人はパステルピンクから女性を、アメリカ人は子どものバラ色の頬を連想した。意見の一致は見られなかった。

二〇世紀前半、ピンクとブルーは赤ん坊の色として男女どちらにも用いられた。男の子はまだピンクのドレスシャツを着ていたし、カップケーキにピンクのアイシングをしても将来同性愛者になると懸念されることはなかった。女の子はピンク以外にもさまざまな色が許されていた。しかし一九五〇年代、ドワイト・D・アイゼンハワー大統領夫人でピンク狂のマミー・アイゼンハワーが、ピンクの舞踏会用ドレス、ピンクの内装、いわゆる〝マミーピンク〟の当時流行のバスルームを引っ提げて現れると、ピンクは女性を連想させることが増えた。一〇代の人口が増加するにつれて、〝ピンク＝女子用〟という考えが急速に広まった。ピンクは、女性という大きな集団のメンバーにも、それに属さない男の子たちにも、強い印象を残すようになった。後年、アイオワ大学のフットボールチームがビジターチームのロッカールームをピンク色に塗ったのも、ピンクが女性をイメージさせたからだろう。[8]

## モノ＝性

ベビーブーマーは、ほぼすべての子どもが男女用に分けられた服を着て育ったアメリカ最初の世代となった。そのことは、彼ら、ひいては私たちが、男の子・女の子がどんな外見で何を着るのが正常だと考えるかに関して、深い意味を持っていた。

ほとんどの子どもは、二歳になるまでに自分を男か女かに分類するようになり、三歳にもなれば、文化や両親や仲間から学んだそういったカテゴリーに、ジェンダーによる期待やステレオタイプを結びつける。二〇世紀半ばには、三歳児でも自らの性やほかの子どもの性を服によって識別することができた。カテゴリーを区別できるようになり、カテゴリー同士は平和的に共存するものでなく互いに対立するものと位置づけていくに従って、子どもたちは仲間の行動を監視しはじめる。世代が進むにつれ、とりわけ中流階級や個人消費が増加するのに合わせて、性とモノとの関連づけはより強く、より重要になっていった——大人にとってだけでなく、子ども、特に男の子にとって。これは、ピンクが好きなせいでいじめられた男の子を持つ親なら、誰もが知っていることだろう。

一九二〇年代には、多くの心理学者がセックスとセクシュアリティを別々のものととらえるようになった。つまり、男だから・女だからということが、どちらの性に魅力を感じるかを決定づけるわけではないという認識だ。やがてその理解は深まっていった。一九五〇年代半ばには、インターセックスの人々（生殖器官が男や女の典型的な定義に当てはまらない人々）を研究する心理学者は、生物学的な性別が明確でなくとも彼らは男女どちらかに応じた行動や話し方をし、ジェンダー自認を行っている、と述べた。こうしたことが、ジェンダー（文化的な期待や規範、ふるまい）をセックス（生物学的な分類）と分離した。セクシュアリティはこの両者からも分離された。研究者は〝ジェンダー役割（gender role）〟という語を造った。それは、誕生時に決められた性別に基づいて社会が我々に期待すること、適切だと考えること、を意味している。とはいえ、ジェンダー役割が文化的な影響を受けたものであると理解されるようになったからといって、その役割から逸脱した人が非難されないというわけではなかった。

一九五〇年代と六〇年代、トムボーイはまだポップカルチャーにおいて大きな役割を占めていた。本や舞台や映画の登場人物、たとえば『ウエスト・サイド物語』のエニボディズや『アラバマ物語』のスカウト・フィンチなどは、おおいに愛されていた。『ニューヨーク・タイムズ』紙は「〝トムボーイ〟期は自然」という見出しのついた一九五〇年の記事で、七歳から一〇歳までの女の子がおてんばなのは正常であり、「女の子は、時には男の子と同じくらい騒がしく汚く生意気でもかまわない」[9]のだ、と親たちを安心させた。注目すべきは、そういう性質は一〇歳になれば消えると想定されていたことだ。思春期を過ぎても境界線を越えて男らしさの領域に足を踏み入れるのは、この正常で自然な段階に含まれないのである。トムボーイが認められるかどうかは、彼女たちが断念して、境界線をまたぐところから踏み越えるところまで行きすぎないかどうかにかかっていた。〝永遠の〟トムボーイ（男らしすぎる者、適切な時期にトムボーイズムからちゃんと撤退して青年期や成人のジェンダー役割に従うということをしない者）は批判され、病気とされることすらあり、〝異常な〟ブッチだと言われた。しかし、マスメディアが懸念を示す対象は、まだ男の子と成人女性のほうだった。

この時代、色や服や玩具がますますジェンダーによって二分されるようになっていったことには、別の重要な役目やメッセージがあった。南北戦争中や第一次世界大戦中と同じく、第二次世界大戦中も女性は男性の仕事をするようになり、〝リベット打ちのロージー〟［第二次世界大戦中に工場や造船所で働く女性全般を指す］時代に自由を味わった。フェミニズムを経験したのだ。戦後、彼女たちは力の弱い状態に戻るよう命じられ、そのためにはどうすべきかを教えられねばならなかった。

歴史家パオレッティは五〇年代の雑誌『ペアレンツ』に、娘を良妻賢母に育てるにはどうすればいいか、娘が「深刻なハンディキャップを負った大人」にならないためにはジェンダー役割をどう強調すればいいかを母親たち――その一部はリベット打ちのロージーのタイプ――にはっきりと教える記事を、いくつも発見した。フラッパー時代［女性がミニスカートをはきショートボブにして自由奔放に行動した一九二〇年代］に女性が男性化したあと、一九五〇年代に婦人服が曲線を強調した女らしいものになったのもうなずける。そこには、女性は自分の領域に戻ってその立場にとどまるべきだ、というメッセージが込められていたのだ。

そしてトムボーイは？　本や映画にギジェット（作家フレデリック・コーナーによる小説の主人公の女の子）やスカウトのような女の子たちが登場し、トムボーイはまだ容認されていたものの、以前ほど女の子の最良の生き方として称賛されることはなかった。やがて、トムボーイの運命は再び変化する。フェミニズムの第二波とともに復活するのだ。

## フェミニズムと反性差別育児

一九六〇年代と七〇年代、性革命、カウンターカルチャーの台頭、フェミニズム、ジェンダー役割への疑問と拒絶とともに、トムボーイは再び表舞台に立つことになった。成人女性にとって、かつてトムボーイだったと主張するのは、時間をさかのぼって制約的な期待を拒絶することを意味した。一九七〇年代に七八パーセントもの女性が子どもの頃トムボーイだったと答えた理由のひとつは、それによってフェミニズム的な考え方を表現できたからだ。そう主張することによって、社会が彼女たちを押し込めている低い障壁を自分たちは乗り越えている、もしくは昔から乗り越えていた、と述べていたのである。

著者所有

　ベビーブーマーは、ジェンダーで二分された子ども服で育った最初の世代、本当の意味で最初にピンク／ブルーの分断を味わった人々だった。しかしその一部は、押しつけられたジェンダーによる階層化をはねつけようとする、カウンターカルチャーの生みの親となった。〝反性差別育児〟を行った人々もいた。ジョー・マーチがデビューした一八〇〇年代半ばにも議論されたものだが、女の子は男の子と平等に扱われて彼らの世界に足を踏み入れる権利がある、という考え方だ。ジェ

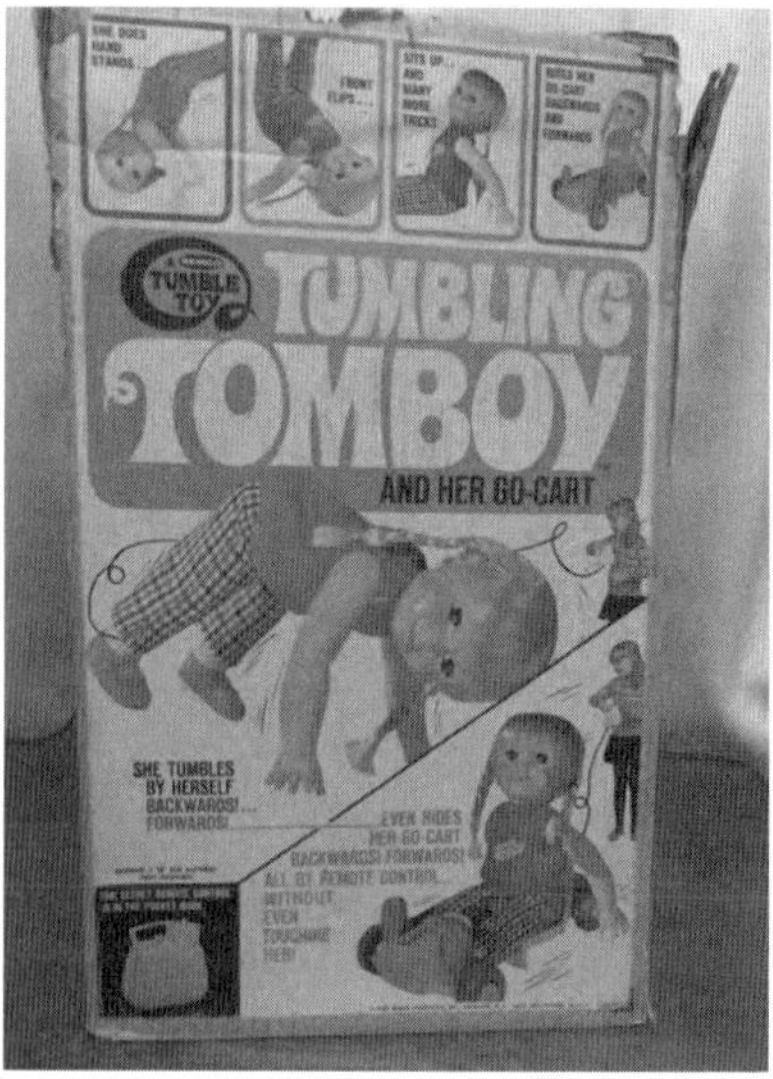

著者所有

ンダー役割を拒むよう娘を育てるのは、意図的にトムボーイの世代を育てることだった。パオレッティはこう書いた。「一九七〇年代半ば、フェミニストの親の目標は、女の子の服から伝統的な女らしさをひとつ残らずはぎ取り、理想的な小さなレディをトムボーイに変えて、女の子に力を与えることだった」[10]

　そのイデオロギーは消費者市場にも浸透した。パオレッティによれば、一九七〇年代の〈シアーズ〉カタログ（スウィートいわく「二〇世紀の〈アマゾン〉」）は男女児向けに多くのスタイルの服を販売したが、ピンクの幼児服はほとんどなく、男子用と女子用のサイズ対応表が掲載されていた。小さな女の子は境界線を越えて男の子の世界に入っていいということを示すのに、これ以上明白なメッセージがあるだろうか？

　玩具も同じパターンをたどった。スウィートの研究によれば、七〇年代、そうしたカタログで男女どちらかだけに向けた玩具は二パーセント以下だったという。女の子が医師やパイロットの格好をした玩具の広告は数多くあった（バレエダンサーや看護師の格好をした男の子はいなかったが）。さまざまな色をした科学玩具や室内玩具が売られ、広告では男の子と女の子が一緒に作業したり遊んだりしていた。

人形はまだ多くあったが、バービー人形にもトムボーイの一群が登場した。〈マテル〉が七〇年代に発売したおしゃべりぬいぐるみには、赤毛のショートヘアー、緑のオーバーオール、オレンジと赤のストライプのシャツという姿のトムボーイがいた。トッパー・ゴーゴー人形のシリーズには、そばかすだらけの汚れた顔をしてくしゃくしゃの服を着、野球帽をかぶったトムボーイの野球選手がいた。〈レムコ〉のでんぐり返しトムボーイは格子柄のズボンをはいた金髪でポニーテールの女の子だったが、一九六〇年代後半にはアフリカ系アメリカ人版も登場した。白さと密接に絡み合ったメディアや玩具のトムボーイの世界では珍しい存在である。だが〈マテル〉が一九七〇年代に発売したハニーヒルの仲間たちシリーズには、多様な人種の女の子がいる。ほとんどはズボンをはき、ギターからハンドバッグまで種々の付属品を持っていた。

そしてもちろん、あの有名な〈レゴ〉のトムボーイの広告がある。広告業界では珍しい女性のクリエイティブディレクター、ジュディ・ロタスの頭脳の産物だ。「当時私には幼い娘がふたりいた」ロタスは話す。彼女は〈レゴ〉本社で担当者と相談するためコネチカット州に行くたびに、腕いっぱいに〈レゴ〉のブロックを抱えて帰り、娘たちはそれでいろいろなものを作るだけでなく完成した作品を誇らしげに母親に見せた。ロタスは、このキャンペーンで行こうと〈レゴ〉を説得した。自分でブロックを組み立て、誇らしくそれを見せている子どもの姿。

だがロタスは、広告で女の子を大きく扱わせるのに苦労した。「男の子だけじゃありません」彼女は〈レゴ〉の幹部に言った。「女の子もするんです」。それを知っていたのは、自分の家で見ていたからだ。娘たちは男の子と同じくらい〈レゴ〉のブロックに熱中していた。

ロタスは広告で男の子と女の子を同等に扱うべきだと強硬に主張するのと同時に、子どものモデルには自分の服を着てくるように言った。そうして現れたのが、一九七〇年代と八〇年代のトムボーイの象徴となった、あの女の子である。彼女の服装は、小さな女の子の大多数がしているようなものだった。キャンペーンの別の広告には、ラベンダーのオーバーオールとピンク色のタートルネックを着ている女の子もいたが、子どもの服のほとんどは男女兼用であり、子どもたちの作品も性別とは関係なかった。

私の幼少期、私を含む多くの子どもがジョディ・フォスターやクリスティ・マクニコルのような格好をしていた理由のひとつは、〝男子用〟の服は手に入りやすく、議論を呼ばない選択肢だったことだ。トムボーイは奨励されていたし、服は手軽だった。玩具にも、少女期の幅広い経験を表現しようと試みたメディアにも、トムボーイはいた。露出度が高くハイヒールを履いたブラッツ・シリーズの人形をひと目見れば、後年それがいかに変化したかがわかるだろう。

こうしたジェンダー化の波が起こったり引いたりした様子を振り返ってみると、戦争と経済が大きな役割を演じたように思われる。一八〇〇年代半ばの南北戦争中と戦争後、女性が経済的に大きな力を持つようになったとき、トムボーイズムの最初の大きな動きが起こった。第一次大戦後にはフラッパー運動が花開き、解放された女性たちのために、より男っぽくてコルセット不要の衣服が登場した。第二次世界大戦は、リベット打ちのロージーの活躍を促した。それぞれの戦争中、景気は悪く、男性が戦争に赴いているあいだ女性が男性の役割を請け負った。戦争がフェミニズムを生んだのだ。そして、フェミニストの子どもたちはしばしばトムボーイとして育てられた。

ところが二〇世紀後半、経済に金が流れ込み、中流階級が台頭すると、多くの品物がジェンダーで二分された。それはふたつの目的をかなえた。二倍のモノを売ることと、女性を元の位置に押し戻すことだ。トムボーイ時代が終わるたびに、子ども時代はそれまでになかったほどジェンダーによって二分された。一九九〇年代は子ども時代を最も極端にジェンダーで意味づけする時代となった。

## キャサリン

彼女は自らをジミーと呼んだ。

一九一〇年代にトムボーイだったキャサリン・ヘプバーンは、髪を丸刈りにし、兄弟の服を着、自分が男の子だったらよかったのにと思った。なぜなら「男の子ばっかり楽しんでいると思ったから」[1]。〝ジミー〟なら、当時男の子だけが持つ特権を手にすることができた。

キャサリン（ケイト）は、女性がズボンをはくのが一般的、あるいは合法になるずっと前からズボンをはいていた。当時、異性の服装を身につけること、「自分の性のものではない服を着て人前に出ること」、「男性に変装すること」は犯罪で、女性（そして逆のことをする男性）はズボンをはいている罪で逮捕される可能性があり、実際に逮捕されることもあった（「自分の性のものではない服」を着ることを禁じたオハイオ州の一八四八年の法律が撤廃されたのは、一九七四年のことだった[2]）。

有名になってからも、ケイトは大胆にもジーンズ姿でセットに現れた。スカートをはかせるため更衣室からジーンズが持ち去られたら、それが返却されるまで仕事を拒んだ。一九五一年、ロンドンのクラリッジス・ホテルの支配人に、女性はロビーでスラックスをはいてはいけないと言われたときは、従業員通用口を通った。

ケイトはタフで独立心旺盛なキャラクターを演じることで知られていた。『パットとマイク』のプロルファー、『人生の高度計』の飛行士。映画監督たちはしばしば彼女に、もう少し穏やかで女らしくするよう注意した。男性とのラブシーンに関する彼女の考え方について、監督ジョージ・スティーヴンスはかつて、「背筋をシャンと伸ばして立ち、目と目を合わせて、力強く話すこと」[3]だと言った。

彼女は決してジミーやトムボーイ的性質を完全には放棄せず、思春期前の活発さを維持していたかのように思える。そういう活発さゆえに、人は彼女を、魅惑的だがよそよそしく、冷淡で女らしくなく、優しくて不器用、人を引きつけ、当惑させ、威勢がよく、きわめて異色、偶像でありながら偶像破壊者だと感じていたのだ。彼女は「自立したアメリカ女性の守護聖人」[4]だった。

多くの人は、思春期になったとたん、ジェンダー役割に従うようになる。尖鋭的なトムボーイも例外ではない。だがケイトは、子ども時代トムボーイだった多くの人と同様、そんなジェンダー役割に価値を見出さなかった。「私は女性として生きてはこなかった。人間として生きてきた」一九八一年、彼女はバーバラ・ウォルターズに語った。「自分がどうしてもやりたいことをやってきただけ」[5]

# 第三章　スポーティ・スパイス、トムボーイを蹴っ飛ばす

「彼女は九〇年代の世界のパワーガール
ダウンタウンでスウィングする粋なやつ」
——スパイス・ガールズ、『ザ・レディ・イズ・ア・ヴァンプ』

「小さな女の子は姿を見せてもいいけど声をあげちゃいけないと思う人もいる
だけど私は思う、〝束縛なんてクソくらえ！《オー・ボンデージ・アップ・ユアーズ》〟と」
——X‐レイ・スペックス、『オー・ボンデージ・アップ・ユアーズ』

四九ドルというセールの値段につられ、就学前の子どもにiPadを与えた近所のジョーンズ家に後れを取るなというプレッシャーに屈して、私は当時五歳と七歳だった娘たちにキンドル・ファイアを二台購入した。広告のとおり、セットアップは非常に簡単だった。ログインし、子どもたちの誕生日を入力し、そして……性別を入力する。

ジェンダーから独立した子どもを育てる、あるいは育てようと努めている人なら誰でもわかるように、「お子さんの性別は？」というのは困難、不愉快、あるいは厄介な質問になりうる。私はいつも、「どうして知りたいの？」という選択肢がプルダウンメニューにあればいいのにと思う。

キンドルが質問してくるのは、その答えに応じて〈アマゾン〉がユーザーにアプリ、ビデオ、書籍を勧めたいからだ。「男の子」と答えれば、勧められるのはスポーツをテーマにしたものや濃い色のものばかり。「女の子」と答えれば、カーマインローションの瓶の中身を画面にこぼしたかのように、あらゆるアプリがピンクに染まり、魔法のようなおとぎ話的テーマが現れる。トムボーイという選択肢があれば、きれいなマゼンタ色になり、行動と魔法がいい感じに混合されただろうに。

私は〈アマゾン〉に苦情を言ってフィルターを外させようとしたものの、努力は無駄に終わった。自分の子どもをピンク色やお姫さま的なものから遠ざけたいわけではない。私はピンクが好きだと思っている――独自の好みを持つという私の能力に、文化的条件づけがどれほど影響を与えたか、定かではない）。私の望みは、選択肢を制限したりジェンダーで二分したりするのをやめさせること、あらゆる子どもにバスケットボールでもピンクのキラキラでも持ちたいものを持たせることだ。

それが、どうしてこれほど困難になったのだろう？

## さまざまな力の集結

ジェンダー役割は弾力的で、世代を経るごとに、押しのけるたびにさらに強い力で跳ね返ってくる。

ベビーブーマーは完璧にジェンダーで二分された子ども用の服や玩具で育った最初の世代であり、彼らの一部は大人になって自らの子ども時代のジェンダーで二分された体験を拒絶したものの、彼らの子どもたちはアメリカの歴史上最も過度にジェンダーで意味づけされた世代を育てることになった。

たくさんの文化的・経済的変化がぶつかり合って、この過度なジェンダーによる意味づけという大爆発を起こした。アンチによるフェミニズムへの反感や、保守的なレーガン大統領時代が、反性差別育児やフェミニズムを排除した結果、ガール・パワーが生まれた。これは一九七〇年代の景気後退が終わって「欲は善なり」という一九八〇年代に入ったのと、時を同じくしている。同時に、〈ウォルマート〉や〈ターゲット〉など、〝大衆店《ノーブラウ》〟と呼ばれるタイプの小売業が大きく発展した。こうした小売りチェーンは、都会や田舎の中流階級・労働階級の人々に、よりよいデザインの服を提供した。かつて衣服で女らしさを表現するには多額の金が必要だった（そのため私の子ども時代、〈ガニーサックス〉のワンピースは欲しくても手に入らなかった）が、今は非常に女らしい品物があらゆる階級の子ども向けに売られており、あらゆる人が女らしいファッションを安く手に入れられる。このことは、ガーリーな女の子とトムボーイの境界線を引き直した。かつて、ガーリーな女の子は裕福で色白、それに対してトムボーイは貧しくて色黒だった。たとえば、『大草原の小さな家』の非常に女らしく裕福なネリー・オルソン対貧しいトムボーイのローラ・インガルスがそうだ。だが今や、どんな女の子でも女の子っぽくなれた。

ビデオゲームの流行と子ども向けテレビの規制緩和の結果、番組の体裁を整えた長時間の玩具やビデオゲームの広告が放送されるようになった。『ヒーマン』『ケアベア』『マイリトルポニー』などだ。

玩具メーカーは、映画に奪われていた少年少女層を取り返すことを迫られていた。

　こうしたことはすべて、出生率の低下とともに起こった。メーカーはなんとしても、お下がりを阻止して服や玩具を売るための新たな方法を考えねばならなかった。リユースを食い止めるのに、ピンク／ブルーの分断は理想的だった。一九八七年、男の子を育てるための初の一般書、『男の子の本（*The Little Boy Book*）』（未邦訳）が出版されると、メディアや出版業界は、どんな製品でも男女別にすればずっと売れやすくなることを知った。ほどなく『女の子の本（*The Little Girl Book*）』（未邦訳）もあとに続いた。一九九二年に出版されて爆発的ヒットとなった『ベスト・パートナーになるために男は火星から、女は金星からやってきた』（三笠書房、大島渚訳、一九九三年）は、ジェンダー役割に関する古い考え方に新たな素材を提供した。男性と女性は異なる星から来た、というものだ。一種の商業的ジェンダー本質論が市場を支配するようになった。我々は平等かもしれない、どちらも素晴らしい惑星から来ている、けれども我々は本質的に異なっているため異なるモノを買わねばならない、というわけだ。

　この時期起こったさまざまな変化のひとつに、出生前検査が一般的になり、親に胎児の性別がわかるようになったことがある。徹底的にジェンダーで二分された道が、親の目の前に突如現れたのだ。親は生まれ来る子どもの部屋をピンクかブルーに塗り、ジェンダーで色分けされた玩具や服を揃える。子どもは誕生前から、過度にジェンダーで意味づけされた世界に入るのである。赤ん坊の性を発表してすぐさま正しく周知させることが一般的になり、義務にもなった。

　歴史家ジョー・B・パオレッティは、一九八〇年代後半、生まれたばかりの女の子が耳にピアスの穴を開ける割合や、赤ん坊用ヘッドバンドやバレッタを用いる割合が増加したことを突き止めた。一九八五年、〈ラヴス〉は、それぞれ少し異なる位置にパッドを入れた、女児用のピンクの紙オムツ、男児用の青い紙オムツを売り出した。過度にジェンダーで意味づけすることは育児に関する考え方の一部になったが、それは一〇〇年前とは正反対の考え方だった。ごく普通の、どこにでもある考え方となり、モノを売るにはうってつけだった。

一九二〇年代は男の子をシスジェンダーの異性愛者に成長させる玩具や衣服を生み出すことが目論まれ、一九七〇年代はトムボーイを生み出すことが目論まれ、今度は、女の子のすることや買うものはすべて女子用とマークをつけて男の子がそれに近づかないことが目論まれた。玩具や衣服に続いて、ピンクの自転車、ピンクのキーボード、ピンクのペン、ピンクのあらゆるモノが登場した。これらは明らかに、そして完全に、女子向け、女子専用として売られた。我々は〝ピンク全面禁止〟から、女の子の徹底的なピンク化・〝男の子立入禁止〟の国へと移行した。社会学者エリザベス・スウィートによると、九〇年代半ばは第一次・第二次世界大戦の中間時期と同じく、〈シアーズ〉カタログのおよそ半分がジェンダーで二分された玩具で占められていたという。

## 〝ガール・パワー（Grrrl Power）〟対〝ガール・パワー（Girl Power）〟

女の子のピンク化は、イギリスの女性ポップグループのスパイス・ガールズによって象徴され、具現化され、強められた。スパイス・ガールズはメラニー・ブラウン（〝スケアリー・スパイス〟）、メラニー・チズム（〝スポーティ・スパイス〟）、エマ・バントン（〝ベイビー・スパイス〟）、ジェリ・ハリウェル（〝ジンジャー・スパイス〟）、ヴィクトリア・ベッカム（〝ポッシュ・スパイス〟）で構成された、一九九四年にデビューしたグループである。彼女たちは性格も人種（ひとりだけだが）も能力も異なるアンバランスな集まりだったが、湯気の出るほどのホットさは同じくらい有していた。

ビートルズ以来最も成功したイギリスの音楽グループであるスパイス・ガールズのデビューアルバム『スパイス』は、三一〇〇万枚以上を売り上げた。彼女たちはスローガン〝ガール・パワー（Girl Power）〟を広めた。それはスパイス・ガールズが出した初の本の題名でもあり、彼女たちのグッズや衣装にもこの語はよく登場した。ただしこの語の起源はフェミニストのパンク界で〝ガール・パワー（Grrrl Power）〟と表された語で、美しさや適切な女性らしいふるまいの重要性を否定するものである。[1] なんたる皮肉！

多くの人が、切っても切れない絆というメッセージ（「私の恋人になりたいなら、私の友達と仲良くならなくちゃ」）を送るスパイス・ガールズは若い女性に力を与えたと思った。スパイス・ガールズは門戸を開放してくれると考えたのだ。「スポーティで女性でいることもできるし、非常に女の子っぽくて同じように女性でいることもできる」と、イリーナ・ゴンザレスという作家は述べた。彼女は熱心なスパイス・ガールズのファンとして育ったが、トムボーイではなかったという。スパイス・ガールズは彼女に、「女だという理由で自分自身に満足する」ことを教えた。スポーティ・スパイスは伝統的なトムボーイ風の存在で、トムボーイ的な要素を保ちつつ性的な対象となることは可能だ、と女の子たちに教えた。可愛く女らしいトムボーイの誕生である。

しかし、ガーリー・ガール・パワーというスパイス・ガールズのブランドは、非常に性的な特徴づけをされ、非常に商業的な、きわめて女らしい美しさとは切り離せなかった。彼女たちが売っていたのは商品だけではなく、女性の能力開花《エンパワーメント》という野心的なブランドもだが、フェミニズムという語はあえて用いなかった――スパイス・ガールズを愛するゴンザレスのような人たちは、決してその恐ろしい用語を使わなかった。ガール・パワーは、力強く、魅力的で、自信たっぷりで、しっかり化粧をしたガーリーな女の子と、彼女たちが買うガール・パワーと銘打った大量の商品を意味する符丁になった。それは、文字どおりにも比喩的にも、ガーリーな女の子たちのために包装された、女性のエンパワーメントだったのだ。

教育改正法第九編の可決後、公教育において女の子は男の子がすることすべてを合法的にできるようになり、いわば別々だが平等という商業原理が社会に浸透して、男子用のものの女子版が登場するようになった。そこには〝パワー〟も含まれており、多くの人々はそれを進歩と受け止めた。女の子は、男のような格好や行動をしなくても男の子の領域に入れるようになった。今や女の子は、女らしさを犠牲にすることなく、たくましく、自立して、スポーティで、頭がよくなることができた。しかしそれは、後退でもあった。ガーリー・ガール・パワーとはトムボーイズムから性別の曖昧化という要素を取り去ったものであり、女らしい領域にとどまれ、あなたの最大の強みは可愛らしさだ、とパワフルな女の子たちに告げているのである。文学教授ミシェル・アバーテが言うように、この新たなモデルは「野球でなくソフトボールをし、髪を短く刈り上げるのではなく長く伸ばしてポニーテールにする若い少女[2]」によって具現された。

このピンクピンクした力のパッケージにさらに付け加わったのが、ディズニーのお姫さま玩具や服のラインナップだ、とペギー・オレンスタインは『プリンセス願望には危険がいっぱい』（東洋経済新報社、日向やよい訳、二〇一二年）で述べる。このラインナップは二〇〇〇年に誕生するとたちまち三億ドルもの売り上げを記録し、全米の小売業者はこのピンク化ビジネスが無尽の金脈だと知った。二〇〇六年には売り上げは三〇億ドルに達し、[3]現在はその何倍もになっている。今や、コンピュータタブレットから歯磨き粉まであリとあらゆる品物が、ジェンダーで色分けされたラインナップを提供されている。どうやら、このジェンダー二分法というものは、あらゆるところにありながら目に見えないように思われる――子どもの頃にあったユニセックスの三輪車と現代のお姫さまピンク版を比べるまで、私はこのことにまったく気づいていなかったのだ。

女性がガラスの天井に頭を打ちつけつづけ、水漏れパイプ（女性が科学や技術の仕事からドロップアウトすること）を非難し、女性の低い自尊心や摂食障害や『スナップチャット』のフィルターに煽動された美容整形手術といった伝染病がはびこっているあいだも、メーカーはガーリーであれというメッセージを忍び込ませて男っぽいあるいはトムボーイ的な女の子を排除した品物を作り、親はそれを買った。トムボーイのメディア露出は減り、トムボーイを描いたりトムボーイ層にアピールしたりする玩具はあまり売られなくなった。

ガーリー・ガール・パワーは、スポーティ・スパイスを愛する人々をはじめとして、多くの女の子に刺激を与えた。だがそれは、多くの子どもを置き去りにもしたのだ。

## ピンクの〈レゴ〉

ジェンダーによる二分は平等という名のもとに行われ、女の子に〝男子向け〟とされていた活動をするよう促した。そして彼女たちに、ピンクと紫のシグナルを通じて、「ねえ、君たちだって、いつか〈グーグル〉での仕事に結びつくような趣味を持っていいんだよ」と告げている（ただし〈グーグル〉でリーダー的な役割を果たしている女性はまだ二四パーセントにすぎない[4]）

ジェンダー平等な玩具広告のきわみとして有名になってから三〇年後、〈レゴ〉もこの変遷に加担し、一九九〇年代初頭にピンクと紫色のブロックを追加した。そして二〇一二年にはフレンズのシリーズを売り出した。エリザベス・スウィートによれば、〈レゴ〉は、女の子には女子向けの遊びの欲求や興味があると確信したという[5]。

フレンズは多様な人種から成る、頭が大きくて体が小さい女の子――ミニチュアのスパイス・ガールズ――の一群で、ピンクだらけの寝室で暮らし、馬小屋やハート形の箱を持っている。「この子たちは音楽、科学、スポーツ、自然、芸術を愛している」という触れ込みだが、それは玩具を見ただけではわからない。ハートレイク・ニュースバンのシリーズ（製造中止）の広告コピーは、女の子は「世界最高のケーキの大ニュースを取材して」それを放送できるよう準備すると述べた。そのあとは「エマがカメラの前でいちばん素敵に見えるよう化粧台につかせ」ねばならない。

それに対して、〝男子用〟〈レゴ〉セットには警察の〝指令センター〟、マスターフォールズの組み立てキット、ウォータースライダー、スーパーヒーロー、ヘリコプターなどがあり、化粧台はなかった。〈レゴ〉のフレンズは、組み立て玩具というよりむしろ人形とドールハウスだった。両者が高める能力は異なっているが、それらがともに高めるのは〈レゴ〉の大きな収入だ。売り上げは会社の予測を上回り、フレンズは二〇一八年における〈レゴ〉のベストセラーになり、販売開始以来市場でのシェアを伸ばしつづけている。[6]だから〈レゴ〉製品で遊ぶ女の子は増えているけれど、基本的にそれは男子用ほど知育的ではない。残念ながら、〈レゴ〉は私が申し込んだインタビューを断った。この不平等と、それがもたらしうる影響についてどう考えているか（そして近いうちにフレンズ製品に男の子を登場させるつもりがあるかどうか）を訊きたかったのだが。

影響は確かに存在する。玩具やその玩具での遊び方によって、子どもたちがどんな能力を養い、どんな人間になるかが、大きく違ってくるのだ。一二六の玩具を評価した二〇〇五年の調査では、男子用玩具は「暴力的、競争的、刺激的、いくぶん危険」なのに対して、女子用玩具は「身体的な魅力、愛情こまやかな世話、家事能力」に関係していたという。[7]男子用玩具は探究心や問題解決能力や自立心を養う。特に〈レゴ〉のブロックは空間認識能力や微細運動能力を養うことで知られている。だが〈レゴ〉のフレンズは？　それほどでもない。女子用玩具やゲームはそういったことが制約されがちだ。ただし、コミュニケーションや育児という大切な能力を育む傾向はある。

男の子は女の子より空間認識能力が優れている、男女の脳には生まれつき異なる能力が備わっている、という研究や言い伝えがある（詳細は後述）ことを考えると、なんと興味深いだろう。典型的な女の子に比べて、男の子と遊んだり男の子が時々するような遊びをしたりする女の子――たいていはトムボーイ――は、仕事の世界への備えがよくできており、独立心や勇気など我々が男らしいと誤って考える性質を伸ばすのに有利な立場にあると思われるのだが。

一方、男の子に目を移してみると、彼らが近づくことのできないまったくの情緒的な世界が存在する。子どもの物質的な世界が過度にジェンダーで意味づけされた結果、そういう世界には近づこうと試みるだけでも危険だと感じてしまうのだ。玩具の区別化は、本来あらゆる子どもが学べるはずの、空間認識能力から感情的知性までのさまざまな知能の発達を制限してしまう。誕生時に決められた性によって能力を制限したり定めたりする必要はないのに、実際にはそうなってしまう場合が多い。ジェンダーのステレオタイプに基づいて子どもに玩具を売るのは効果的だが、子どもにとって望ましくはない。

作家ローリー・デイは、一九八一年のオリジナルの〈レゴ〉の広告に登場したトムボーイ、レイチエル・ジオルダーノを見つけ出した。彼女は現在アメリカ北西部で自然療法の医師をしており、ふたりはクラシックな〈レゴ〉のシリーズからフレンズのシリーズへの変化を嘆いた。ジオルダーノはデイに話した。「一九八一年、〈レゴ〉のブロックは単純でジェンダー中立的だった、子どもの創造力がそのメッセージを生み出した。二〇一四年は逆になった。おもちゃが子どもにメッセージを伝えている。このメッセージは、気味悪いほどジェンダーを強調している」[8]。ジオルダーノは、〈レゴ〉のような玩具や、子ども時代にジェンダーによる区別がなかったことが、彼女の創造性や科学指向を形作って医学の道に進ませてくれた、と考えている。

ＴＥＤｘトーク［無料で配信されるプレゼンテーションイベント］の『ジェンダー不適合の子どもの育児』で、ミシェル・ユーローは二〇一六年の『ボーイズ・ライフ』誌と『ガールズ・ライフ』誌の表紙を並べた画像を示した。『ガ

クレジット：ミシェル・ユーローの TEDxUltica トーク、『ジェンダー不適合の子どもの育児』からのスクリーンショット

ールズ・ライフ』誌には可愛いブロンドの少女が写っているが、おそらく「女の子は人間が好き」というステレオタイプによるものだろう。載っている記事は、ファッション、可愛さに目覚めること、ファーストキス、理想的な髪、オールAの取り方など。『ボーイズ・ライフ』誌の表紙はさまざまなモノのモザイクだ。「男の子はモノが好き」というステレオタイプである。「君の将来を探求しよう」タイトルにはそうある。「宇宙飛行士？　芸術家？　消防士？　シェフ？　どうしたらなりたいものになれるかを教えよう」

女の子が低い自尊心や摂食障害で悩み、より多くの男の子が宇宙飛行士や消防士になるのは、当然の成り行きではないだろうか？

## 生まれつきの性質とは？

二〇世紀の子ども用玩具のジェンダー二分法におけるこうした急速な変化が消費者の要求によるという証拠はほと

んどないものの、子どもや親が熱心にその変化を支持していることは、売上高という形ではっきり示されている。メーカーも親も、自分たちは子どもが望むものを与えていると明確に信じている。そして、それがうまくいっているのだから、やはり子どもたちもそれを望んでいるはずだし、そういう欲求は生物学的なものに違いない、と考える。〈アマゾン〉の広報担当者ロビン・ハンダリーは、キンドル・ファイアでのジェンダーによるフィルタリングについて尋ねた私の質問に答えて、こう書いた。「［フィルタリングの］背景にあるのは、子どもが好きなコンテンツを簡単に見つけられるようにするという考え方です」

ハンダリーによれば、〈アマゾン〉は本からアプリからビデオに至る二万のコンテンツを〝男子向け〟と〝女子向け〟に分けているわけではない。「新着・人気カテゴリーは、その年齢層のほかの男の子や女の子が過去にフリータイム・アンリミテッドの中で選んだものに基づいて提案を行っています。フリータイムの担当者が男女の振り分けを行っているのではありません」

つまり、女子向けフィルターの前面に置かれているものは、女の子たちが既に選んだコンテンツなのだ。「そして、子どもたちがフリータイム・アンリミテッドのサービスを利用するとき、目に入るコンテンツは個人の好みに合わせたものになります」とハンダリーは書いている。女の子がピンクを、男の子がブルーを選ぶことが増えれば増えるほど、アルゴリズムによってピンク＝女子、ブルー＝男子と分類されていく。アルゴリズムは販売のためにデザインされているのかもしれないが、それは消費者の選択に補強されている。いわばクリックされるたびに予言が自己成就するのだ。ジェンダーと色との関連づけが強くなればなるほど、指向は明確になっていく。

しかし、たとえば人形が好きなのは女の子だけというのは神話にすぎない。G・I・ジョーは、バービー・シリーズのケン人形で――こっそりと、なぜならそれはいけないことだと学んでいるから――遊ぶ男の子のために作られた。[9] あらゆる男の子が機械いじりやモノ作りを好きなわけではなく、あらゆる女の子がままごと遊びを好きなわけでもない。実際、歴史的にほとんどのトムボーイは両方を好んでいた。トムボーイが〝男子向け〟の玩具や衣服が好き、というわけではないのだとしたら？トムボーイは単に、誤解や悪意によって〝男子向け〟とされている玩具が好きなだけではないのか？そうしたモノの売り方が、我々が先天的だと思い込んでいるジェンダーの差異を強めていて、本来片方に属するわけではない玩具をどちらか片方に分類しているのでは？

ピンクとワンピースと女らしさが結びつけられるようになったのは最近なのに、ピンクはより繊細な色でブルーはよりたくましい色、女の子がピンクを好きなのは先天的な性質、男の子たちは生まれつき〈レゴ〉のブロックが好きだし、それは染色体や生殖器官の産物、と人々は本気で信じている。こうしたモノが伝えるメッセージを、我々は子どもたちに押しつけ、社会全体で受け入れ、ジェンダーによる色分けを信じ、世間一般で流行しているものと自然な生物的なものとを混同している。

トムボーイズムのたどった歴史は、何が男の子・女の子にとって正常で自然だと見なされるかは文化の産物であって変化しうる、ということを教えてくれる。ある行動を社会の中で見ることが一般的になれば、それは自然だと思えてくるけれど、それが最も理にかなった行動だとは限らない。時には、一般的であればあるほど正常と見なされ、自然だと思えるようになるのである。

## 均一性から多様性へ

つい最近まで、ジェンダーで二分されていない子ども用品を見つけるのは難しかった。家庭用品のウェブサイトで子ども用の寝具を探すなら、必ず性別を選ばねばならなかった。女子用〈ゴールドフィッシュ〉のクラッカー、男性用キャンドル、女子用ソックス、男子用バブルバス。

だが、希望的で有益な変化が起こりつつある。消費者が、性別で特徴づけない玩具や衣服を提供しろと反撃するようになったのだ。とはいえ、多様性を称賛したり検討したり論議したりするようになった現在でも、幼い男の子の集団内部、幼い女の子の集団内部には顕著な均一性が見られることが多く、両集団のあいだにはそれがあまりない。それに寄与しているのはお手軽なファストファッションかもしれない。裕福な親でさえ〈オールド・ネイビー〉の五ドルのセール価格に引きつけられる結果、非常に多くの子どもたちが同じような格好をすることになる。小さな女の子はロングヘアーで、ポケットのないぴったりしたレギンスをはき、ワンピースを着ることが多い。スニーカーはたいていピンクか紫で、ラメやハートの飾りがついている。小さな男の子の多くは短髪で、抑えた色合いのスポーツウェアを着る。この流行はほぼ全米で見られるものの、例外もある。ロサンゼルス、ポートランド、ベイエリア、シアトルなどアメリカで最もリベラルな場所、ジェンダーの多様性が認められ、それを促進しようという努力が協調して行われている場所だ（意外なことに、私が話した多くの人は、この点においてニューヨーク市は一歩遅れているという私の経験にうなずいた。ピンクが好きでワンピースを着たあるシスジェンダーの男の子は、彼の両親が言うところの反友好的な環境のせいで、ブルックリンの学校を退学した。のちに彼らはニューヨーク市教育局を訴えた[10]。

もちろん、どこにでも例外はある。だが今日、小さな女の子が男子向けの服を着たり、髪を短くしたり、男の子と遊んだり、男子向けに売られた玩具で遊んだりすると、浮いてしまうことが多い。私の子どもやインタビューした子どもたちは、いろいろと心ない言葉を浴びせられている。調べていく中で、ピンクやお姫さまが好きな男の子、野球やフィギュア（人形）が好きな女の子の話は数知れず聞いた。私自身、バービー人形（少なくとも人形を壊すこと）もレスリングも好きな娘ふたりの母親だ。なぜ、すべての子どもに、あらゆる玩具や活動の可能性の門戸を開かないのか？

多くの子どもはこの文化的硬直性に影響を受けている。「みんな、女の子から長い髪とピンク色を連想するみたい」八歳のトムボーイ、エリーは言った。「あたしの髪の毛は短いし、ピンクは全然着ない。みんな、あたしのことを男の子だと思う。でも、それって失礼だよね。女の子だって髪の毛を短くしていいし、ええっと、男の子の服を着たっていいと思うんだ」

そういうときどう感じるか、と私は尋ねた。「いつも人に『え、この子は女の子？』みたいに思われるのって、腹が立つ。なんか大事件みたい」

彼女の双子の妹、トムボーイのディランの反応は違っていた。「別に平気だよ。ちょっと腹が立つのは、君は髪が長いから女の子だね、髪が短いから男の子だね、みたいに人が決めつけること。決める前に訊いてきたりしない。それに、トイレの標識はいつだって、女の子はワンピース、男の子はズボンだし。あと、学校の男子トイレの壁は青色で、女子トイレの壁はピンク」

トムボーイが、ジェンダーの境界線の両側へ自由に行けると感じる平等主義者になるのはよくあることだが、ほかの子どもたちにもそう感じさせることはできる。二〇一八年に行われたある調査では、四歳から七歳までの子どもに、ジェンダーのステレオタイプに沿った玩具で遊ぶ子どもたちや、ステレオタイプに沿わない玩具で遊ぶ子どもたちの画像を見せ、その効果を検証した。[11] 一方の画像グループでは、女の子が自動車でうれしそうに遊び、男の子が女児向け玩具マイリトルポニーで楽しく遊んでいた。別の画像グループでは、その逆が行われていた。その後子どもたちは、工具セットや人形といった玩具は男子用か、女子用かと質問された。ステレオタイプに反する画像を見た子どもたちは、玩具をあまり男女別に分けようとせず、異性の子どもたちと遊びたがることが増えたのである。玩具の容器に男女両方を描いて、ジェンダーは二分されるというメッセージを取り除けば、子どもたちの遊び方は変化し、より幅広くなるだろう。

うれしいことに、おそらく消費者マインドに最も強い影響を与えている〈アマゾン〉は、ジェンダー平等に取り組んでいる。「私たちはジェンダーにかかわりなくあらゆる子どもが自らコンテンツを発見することを強力に推進しています」二〇一九年、〈アマゾン〉の広報担当者はそう書いてきた。「既に、フリータイムの子どものプロフィール設定から必須項目として性別を除外する方針を進めています」

## キャスパー

いつも、兄からのお下がりのパーカーとだぶだぶのジーンズを身につけていた。たいてい、親は気にしなかった――私が好きなように自己表現するのを許してくれたし、どんなおもちゃで遊ぶかを強制しなかった。たまに、結婚式みたいに家族の特別なイベントがあると、ワンピースを着るように言われたし、そのときは親と衝突した。でもだいたいの場合、親は私を受け入れてくれた。私の服装や遊び方を説明する言葉があったから――私はトムボーイだった。

しばらくは私も納得していた。でも、私の周囲でトムボーイだと自称するほかの女の子や、文学や映画でトムボーイと呼ばれる女の子は、私とは似ていなかった。トムボーイには二種類あるみたいだった――私みたいに、女らしい服や行動がどうしようもなく耐えられないほど不愉快で感情的に我慢できないトムボーイと、女であることにほぼ満足しているトムボーイ。そういうトムボーイたちも流行に反抗してステレオタイプを拒否していたけれど、生き方は根本的に違っていた。〝トムボーイ〟という言葉によって安心、自由を与えられていた。でも私は、そういうものを得られなかった。

自分とトムボーイの女の子とのあいだに感じていた違いを表すのに適切な言葉がなかったから、私はそれを見つけようとした。私の奥深くには、〝女の子〟という呼称は正しくないと告げる何かが根差していた。それはジェンダーのステレオタイプとは全然関係なかった。私という存在の根幹にかかわるものだった。だけど周囲の人たちは、「いや、君は単なるトムボーイだよ。単にそういうものなんだ。それ以外ではありえない。これが君を説明するラベルでなくちゃならない、だってラベルはそれしかないんだから」と言うばかりだった。

それは二〇〇〇年代の初頭で、トランスの子どもという概念や現実は、イギリスの私が住む地域にはまだ入ってきていなかった。「君は単なるトムボーイだ」みんなそう言った。「単なるトムボーイだ」と言い張った。その言葉は私を攻撃する武器になった。

思春期が近づくと、私は自分には男の子の名前があると言うようになり、男子トイレに入り、男の子だと思われても否定しなくなり、境界線を越えてほかのトムボーイが踏み込もうとしない領域に入り込みはじめた。ほかのトムボーイは多数派に同調して女らしくなっていき、周囲の大人はまだ私を単なるトムボーイだと言い張りつづけていた。それはある時期だけのもので、いずれ終わるんだ、と。

成長して、トランスの人々について知ったのは、何年もしてからだった——自分がトランスであって〝単なるトムボーイではない〟と知ったのは。このフレーズは私にとってすごく重要だったから、二〇一八年に出版した自伝のタイトルにもなった。

# 第四章　ジョーに捧げる歌

「ジョー：ブレア、黒いアイライナーを借りていい？

ブレア：いいけど、ソフトブラウンのほうが、それほど安っぽく見えないんじゃないかな。

ジョー：バイクに使うんだ、こすって傷つけちゃったから。

あんたの化粧品って、なんでも隠してくれるから好都合」

――テレビ番組『ファクツ・オブ・ライフ』一九八四年より[1]

ジョーはすべての人に愛されるキャラクターだ。黒髪、不遜な態度、上流社会の拒絶、承認欲求の欠如によって、彼女は全米の女の子にとってトムボーイのヒロインだった。

南北戦争後のアメリカにおけるトムボーイの概念を定め、広め、正常化してきた、『若草物語』のジョー・マーチの話をしていると思われるかもしれない。『若草物語』は絶版になったことがなく、少なくとも四本の映画、オペラ、ブロードウェイの劇、日本のアニメシリーズになった。ジョー・マーチは初期のフェミニストや女性作家の世代を鼓舞して、自分の頭で考えて自ら道を切り開くよう促した。

しかし、今私が話しているのは一九八〇年代のシットコム、『ファクツ・オブ・ライフ』に登場するジョー・ポルニアツェックのことだ。ジョー・Pはふたつに結んだ髪を頭のうしろで太いポニーテールにまとめ、革ジャンを着、ハロウィーンには映画『イージー・ライダー』のピーター・フォンダに扮し、自分でバイクを修理する、お嬢さま学校の奨学生である。ジョーの宿敵は、豊かなブロンドの髪をフェザーカットにしてタイトな〈ジョーダッシュ〉のジーンズをはいた、裕福で非常に女らしいブレア・ワーナー。この番組では、色黒で貧しいトムボーイ対色白で金持ちのガーリーな女の子という昔ながらのテーマが明確に押し出されている。ブレアがいちばん好きだという女性に、私は生涯でひとりしか会ったことがない。

一九八〇年に『ファクツ・オブ・ライフ』第二シーズンでジョーが加わったとき、私は八歳だった。その時代の映画やテレビには、パンキー・ブリュースター［同名のテレビ番組の主人公］からビリー・ジーン（一九八五年の映画の主人公であり、テニスのスター選手のほうではない。彼女も重要人物ではあるが）まで、ジョーに限らず多くのトムボーイが登場していた。たとえば、どちらもテータム・オニールが演じた、一九七三年の映画『ペーパー・ムーン』のアディ・ロギンスや一九七六年の『がんばれ！ベアーズ』のアマンダ・ウルリッツァー。ロマンティック・コメディ映画『恋しくて』でメアリー・スチュアート・マスターソンが演じたワッツはショートヘアーでドラムを演奏し、革ジャンと革のショートパンツ姿だったし、一九九一年の『フライド・グリーン・トマト』では、マスターソンはトムボーイでレズビアンのイジーを演じた。それ以前にメディアに登場するトムボーイのほとんどは黒髪で日焼けしていた。黒人の特徴、黒人女性の生来の男っぽさだと白人が考えるものを取り入れた、白人の女の子だった。だが一九七〇年代と八〇年代には色白でブロンドのトムボーイが増え、ジェンダーの境界線を越えるために人種の境界線を越える必要はなくなった。とはいえ、そういうトムボーイの多くはまだ労働階級として描かれていた。

自身はトムボーイではなかったものの、マスターソンは一九七〇年代のニューヨークで育っていた。「周りはウーマンリブ活動家だらけだった」彼女は語った。女子校に通ったが男子の友人もいたし、ステレオタイプ的な女らしいものに囲まれてはいなかった。映画で演じたキャラクターは、周囲の人々や彼女自身の中にも見出すことができた。

時として、伝統的な女らしさを体現しないこうした女の子たちは、女らしくないことで批判される――男性のあいだでジョーとブレアは人気を二分していたが、ジョーのトムボーイらしさは労働階級というバックグラウンドと相まって、上流の私立学校男子からは道徳的なだらしなさと混同された。だかそういうことがあっても、非伝統的な女の子はへこたれなかった。こういったテレビ番組や映画は、イメージチェンジや女らしさの回復をテーマにしていたわけではない。トムボーイはしばしば、反抗的な生き方ゆえに受け入れられ、称賛されもした。

しかし、ジョー、ワッツ、イジーのようなキャラクターは、やがてマスメディアではあまり見られなくなっていった。

## ポカホンタス、バフィー、そして新たなヒロインたち

ガール・パワーとスポーティ・スパイスがトムボーイをスクリーンから蹴り出していた頃、出版界には新たなトレンドが出現した。〈全米女子大学協会〉による一九九一年の論文『女子の不当な扱い、アメリカの不当な扱い』[2]にも触発された、〝女性の危機〟文学である。この論文によれば、女子の自尊心は思春期に急激に低下し、男子は学校でも職場でもあらゆる場所で女子をしのぐようになるという。メアリー・パイファーによる一九九四年の『オフィーリアの復活　青年期女子の自己の救済（*Reviving Ophelia: Saving the Selves of Adolescent Girls*）』（未邦訳）をはじめ、同じ年に同様のテーマの本が何冊も出され、アメリカの青年期女子の低い自尊心、学業成績の降下、摂食障害といった危機をテーマにした文学がひとつのジャンルになった。それが提議した問題を、一九七〇年代に奨励されたトムボーイズムは解決できなかったが、ガール・パワー（Girl Power）なら解決するように思われた（このガール・パワーとはセクシーで商業化されたバージョンであり、ライオット・ガール（Riot Grrrl）［九〇年代にパンクミュージックなどによりフェミニズムを広めていった運動］バージョンではない。ガール・パワーは、トムボーイズムよりはるかに多くの女の子の心に届いたに違いない。

その危機は多くの場合、中流階級の白人女性に見られたが、主に中流階級の白人で占められるメディアはそれに気づいていなかった。白人の女の子が思春期におとなしくなった一方、アフリカ系アメリカ人の女の子は充分にはおとなしくないとして非難された――今も続く問題である。今日、アフリカ系アメリカ人の女の子が停学になる割合は白人の六倍にもなるが、それは白人よりも不品行だから

ではなく、同じふるまいをしても罰せられるケースが多いからである。[3]有色人種の女の子が攻撃的だと、権力者はそれを女らしくなくみっともないと思うことが多い。中流階級の白人の女の子が攻撃的だと、それはエンパワーメントとなる。ちなみに、ジョン・マッケンローが試合場で癇癪を起こしたら批判はされるが、たいていは無害だと見なされ、コメディ扱いされたり、マーケティングの機会として利用されたりする。セリーナ・ウィリアムズは癇癪を起こすと非難される。しばしば、人種や性に関するダブルスタンダードが姿を現すのである。

けれどもガール・パワーと女性の危機文学は――白人向けではあったが――メディアの状況を変えた。九〇年代後半、ニコロデオンの『クラリッサ、すべてを説明する』からアニメ『パワーパフガールズ』まで、頭がよくて多様な女性の――女性らしい――ヒロインがデビューを飾った。自信に満ちた非白人のキャラクターも数人加わった（まだ問題は多かったが）。ムーランやポカホンタスは、人種や歴史上の出来事を歪めて描写していると批判されながらも、それまでの〝助けられるのを待つ〟白人のディズニーのお姫さまたちの中から現れた。『バフィー　～恋する十字架～』や『ジーナ』など、テレビにも女性のアクションヒロインが登場した。現実にはありえないほど胸を大きく揺らしてハイヒールのブーツで悪者を追いかけるワンダーウーマンよりもはるかにタフな、これら新たなヒロインたちの衣装は、物理的に見ても理にかなったものだった。

だが、ピンクの力を持つアクションヒロインは非常に女らしくて、一九七〇年代と八〇年代にスクリーンをにぎわせたトムボーイとはまったく違っていた。少しも恐ろしそうには見えないのに吸血鬼をやっつけるバフィーがいるとき、（明らかに美しい）顔に女らしくない怖い表情を浮かべて革ジャン姿でバイクを修理したり毒舌を吐いたりするジョー・ポルニアツェックが必要だろうか？　こうした新たな女性キャラクターの多くは、強いけれど、伝統的なトムボーイほど男っぽくはなかった。

誰が世界を動かしているのか？　女の子よ、と二〇一一年にビヨンセは言った。ハイヒールのブーツで荒馬に乗り、肌も露わな女性の一団に囲まれながら。

## トムボーイの馴化

子ども向けメディア専門家のグループに、一九九〇年代以降のトムボーイの例を尋ねたところ、彼らは『マイリトルポニー』のレインボーダッシュや、よく子ども向けの初のフェミニスト的番組として引き合いに出される『パワーパフガールズ』を挙げた。ほかには、『アナと雪の女王』のアナ、『プリンセスナイトのネラ』『モアナと伝説の海』『トイ・ストーリー』シリーズのジェシー、『怪盗グルー』シリーズのイディス、『メリダとおそろしの森』のメリダ、『ズートピア』のジュディ・ホップス（一九九〇年代以降のトムボーイはアニメでより多く見られ、必ずしも人間とは限らないようだ）。ディズニーのテレビドラマ『うわさのツインズ　リブとマディ』のリブは世界一ガーリーな女の子で、一卵性双生児のマディは競争心があってスポーツが好きなトムボーイである。だが、ダヴ・キャメロンがふた役を演じるこの双子は、非常に伝統的な女らしい外見をしている。彼らは『デンジャラス・ビューティー』のような映画も挙げたが、そういったものに私が期待していた愛すべきジョー的な要素は見られなかった。

トムボーイ的なキャラクターは『ベッカムに恋して』や『ハンガー・ゲーム』といった映画にも登場したが、ガール・パワー後のキャラクターははるかに女らしく、依然として物語の中心にはロマンスがあり、トムボーイの馴化（独立心のあるトムボーイを誰かの妻や恋人にすること）が起こっていた。これは一九世紀のトムボーイ文学にも見られた。先述したとおり、ルイーザ・メイ・オルコットにとって残念なことに、彼女は出版社と熱狂的な読者のプレッシャー（〈ツイッター〉のヴィクトリア時代バージョン）に屈して、ジョーを結婚させることを余儀なくされた。

女らしい、あるいは異性愛者のトムボーイが結婚するのは悪い、と言っているわけではない。言いたいのは、トムボーイの豊富な経験や多様なジェンダー表現やセクシュアリティがメディアで充分に表現されておらず、一九九〇年代以降はさらに少なくなっている、ということである。

少なくとも私にはそう思える。だがコロンビア大学の英語とジェンダー学教授ジャック・ハルバースタムから見ると、ジョーやアディやマディやワッツにほとんど違いはないという。彼女たちはすべて、「シスジェンダー以前あるいは異性愛以前の段階にあり、だからこそ自由に行動できる」女らしいトムボーイだ、と彼は言った。「それは決して脅威とは見なされなかった。『若草物語』以降、社会の中で既に居場所を与えられていたからだ」。つまり、こうした人物が許され、奨励され、愛されるのは、ストレートでシスジェンダーだと思われたからだ。境界線を越えて、レズビアンやトランスの領域、かつて（多くの場合、今でも）逸脱していると思われた場所に足を踏み入れてはいなかった。

実際、今はジェンダー不適合でトランスのキャラクターの登場する番組が増えている。彼らは非常に重要な存在だ。なぜなら、リプリゼンテーション［メディアでマイノリティなど多様な人々を正しく描写すること］は大切だからである。コミュニケーション論の教授ジョージ・ガーブナーは一九七六年にこう書いている。「フィクションの世界におけるリプリゼンテーションは、そういった人々が社会に存在していることを表す。リプリゼンテーションの欠如は絶滅を象徴する」[4]。メディアは正常というものに関する我々の考え方を形作る。映画やテレビのジェンダーに反抗的な若いキャラクターの多くは、現在はジェンダーの逸脱者ではなくジェンダーのバリエーションとして描かれる。ノンバイナリーの俳優エリー・デソーテルズがNBCの『ライズ』で演じた、トランスジェンダーの生徒マイケル・ハロウェル。『ワンデイ　家族のうた』のリバイバルに登場するノンバイナリーのキャラクター、シド。『ザ・コナーズ』で女ものの服を着る男の子、マーク。さらに『モダン・ファミリー』『glee／グリー』『デグラッシ：ネクスト・クラス』の登場人物など。メディアでのLGBTQ＋の描写を調べる組織〈GLAAD〉によれば、二〇一七～二〇一八年、テレビ番組の主要な登場人物の六・四パーセントがLGBTQ＋だった。過去最高の数字であり[5]、二〇一七年のギャラップ世論調査で自らをLGBTだと答えたアメリカ人の割合、四・五パーセントよりも高い（その数字は小さすぎると私には思えるが[6]）。

これは大きな進歩だ。なにしろ、過去に登場した少数のトランスやゲイの大人は、『氷の微笑』『サイコ』『羊たちの沈黙』『モンスター』といった映画の悪人のように精神異常者か殺人者として描かれることが多かったのだから。

## 悩み多き子ども時代

ジェンダーへの不服従が描写されるのは、本当に素晴らしいことである。だが興味深いことに、私の若い頃、トムボーイに似たキャラクターを主役としたテレビドラマは少数あったものの、不服従な登場人物に関して、ジェンダーは争いを引き起こすものという描かれ方だった。

短期間で終わった二〇一七年のネットフリックスのシリーズ『ジプシー』では、セラピストと弁護士のあいだに生まれたトムボーイ的な娘のドリーは、よく家族や同級生といさかいを起こす。彼女はあまりにも好戦的で、無謀にもショートヘアーにしたがり、自分の娘が〝ストレートのガーリーな女の子〟であることに安堵しているほかの裕福な母親たちを当惑させる。ネットフリックスの『グッドガールズ：崖っぷちの女たち』は銀行強盗になった郊外の母親たちの物語だが、両親は娘セイディがジェンダーに不服従であることをめぐって喧嘩をする。少なくとも父親にとって、それは素晴らしくて理解できる状態ではなく、家族の苦悩の源である。第二シーズンで、セイディはトランスジェンダーだとカミングアウトして性別移行する（セイディを演じる俳優アイザイア・スタナードもまったく同じことをした）。

では、我々はトムボーイをスクリーンから追い出して、代わりにトランスの登場人物を迎え入れたのか？　二〇一九年、イギリスの舞台演出家エマ・ライスは女学校の冒険を描いたイーニッド・ブライトンの人気小説『マロリータワーズ学園』を上演し、トムボーイのビル（ウィルヘルミナの略で、「いつもにやにや笑い、そばかすだらけで、髪はとても短く、馬が大好きで、兄弟が七人いて、思っていることをずけずけ言う」と描写されている）をトランスの男の子として登場させた[7]。これはその包括性ゆえに、特にライスはノンバイナリーの俳優にその役割を演じさせたため、一部の人から称賛された。だが、女の子たちの経験の幅を狭めたとして、この配役に当惑した人もいた。アイデンティティを変えることなく男性的な愛称を用いる女性は多く、ジョージーナの略称ジョージのように、ブライトンのほかの登場人物の多くもトムボーイだったのだ。

もしかすると、私の若い頃やもっと古い時代のテレビのトムボーイは消滅したわけではないのかもしれない、とハルバースタムは言った。当時、今のような非シスジェンダーのアイデンティティの存在が認められていたなら、一九七〇年代の男っぽいトムボーイや一八七〇年代のトムボーイの中にも、自分はトランスジェンダーだと主張した者がいただろう。彼女たちは今ようやく、本当にふさわしい、ジェンダー不適合、あるいはトランスのカテゴリーで描かれることになるのだ。一九五二年の映画『結婚式のメンバー』に登場するショートヘアーのフランキーのような、永遠の、男らしい、危険なトムボーイは、ほかに選択肢がないため女の子を自認するしかなかったが、我々はようやくそういった人たちを彼女／彼／彼らの真の姿に置き換えているのかもしれない。ジョー・マーチ（と彼女を生んだルイーザ・メイ・オルコット）から『ウエスト・サイド物語』のエニボディズに至るキャラクターは、実はトランスであってトムボーイ（男の子のような外見や遊び方をするシスジェンダーの女の子）ではない、とする作家や批評家もいる。

こうした最近の描写はより現実的で、ジェンダーをめぐる軋轢に満ちていると言えるかもしれない。現在、ジェンダーをめぐる文化戦争が広く行われているからだ。あるいは、あるノンバイナリーのトランスの知人が言ったように、トランスはより可視化しているためメディアは社会全体への反応としてトランスの登場人物をより重視し、人々の興味をかき立てているだけではないだろうか。もっぱら性別違和やジェンダー適合トランス（片方からもう片方へと行き来する人々）などに重点を当てるリプリゼンテーションは、不完全かもしれない。それでも、より広い正常なリプリゼンテーションに向かっての一歩前進ではある。「過去が黄金時代だったわけではない。昔、トムボーイはトムボーイとしての立場をわきまえていて、なんら社会にとっての脅威ではなかったのだ。トムボーイは単に、違う種類の女の子だった」ハルバースタムは言った。

私みたいにある程度ストレートっぽいシスジェンダーには、その違いがわからなかったのかもしれない、とハルバースタムは言う。私はどんなトムボーイにも自分自身を見出せなかったし、トムボーイを見分ける能力もなかった。つまり、クィア［性的少数者全体を指す表現］の視点からトムボーイを見ることができなかったのだ。

こうしたことはすべて真実であり、きわめて重要だ。だが私は今でも、ジョーやジョディやクリスティやメアリー・スチュアートといった、怖い顔をしてバイクを修理してドラムを演奏する革ジャン姿の女の子がもう少し多くいてもいいと思っている。そうすれば、多種多様な子どもたちが、これは自分のことだと感じられるだろう。ハルバースタムが言うように単に違う種類の女の子かもしれないが、そんな子も仲間に入れてあげようではないか。

ハルバースタムは、クラシックなトムボーイは今でもたまに見られる、と指摘する。ディズニーの『インサイド・ヘッド』（これもアニメ）の主人公でホッケーをするライリー、『スター・ウォーズ』のレイ。『ゲーム・オブ・スローンズ』でのトムボーイ的登場人物アリア・スタークは、とても人気があり、二〇一九年にアリアは非常に多くの赤ん坊の名前として用いられた。[8] マックスとイレブンは『ストレンジャー・シングス　未知の世界』に出てくるトムボーイ的登場人物だが、舞台は一九八〇年代に設定され、そのため一九八〇年代の登場人物たちを再現している――そして第三シーズンには、彼女たちはもっと女らしくなる。動画配信サービスは爆発的に増えているため、男っぽい女の子のキャラクターは私が見つけたよりもはるかに多くいるに違いない。それでもメインストリームから後退しているのは確かである。

「トムボーイやブッチのロールモデルはほとんどいない」トレント大学教育学教授で『トムボーイやその他のジェンダーのヒーローたち（*Tomboys and Other Gender Heroes*）』（未邦訳）などを著したカーリーン・ペンドルトン・ヒメネスは言う。「自分が将来レズビアンやトムボーイになるなど、誰が考えるだろう？」

スペクトルが広くなったのは歓迎すべきことだし、強い成人女性も若い非シスジェンダーも見られるようになったとはいえ、アメリカのメディアに若くてスポーティで生意気で男っぽい女の子が登場することは少ない。彼女たちに代わって登場した、ドラゴンと戦うお姫さまは、〝トムボーイ〟という語を使おうとしない女らしいキャラクターだ。甘さと辛さ、お上品さ、プラス空手のレッスン。女子サッカーチームを描いた『プリティ・シュート！』のような番組もあるが、そこに出てくる女の子のほとんどは、ロングヘアーで伝統的な女らしい子どもだ。私が話した男っぽいトムボーイには少しも似ていない。私は、ショートヘアーでスポーツウェアを着、ジェンダー警察的な子どもや悪意のない大人から君は男の子に違いないと言われる、多くの女の子から話を聞いた。そこでわかったのは、我々のスペクトルはまだ充分に広くも深くも多様でもない、ということだ。リプリゼンテーションは大切だ、ジェンダー表現が今日のガール・パワー後のステレオタイプと合致しないシスジェンダーの女の子にとっても。

どんなジェンダーや人種の子どもでも、職業やテレビ番組や玩具の包装などの表現に自分自身を見ることができれば、自分たちにはより広い可能性があると感じるだろう。実際、『プリティ・シュート！』を見た私の下の娘は、サッカーにおおいに興味を持つようになった。俳優ジーナ・デイヴィス設立の〈メディアにおけるジェンダー研究所〉が述べるように、「見ることができるなら、それになることができる」のである。

セリーヌ・シアマが脚本・監督を務めた二〇一一年のフランス映画『トムボーイ』は、トムボーイを描いた稀少な例である。これはロールという一〇歳児を追っている。ロールは男の子としてふるまい、下着に詰め物をし、近所の女の子とキスをする。ネタバレ注意――映画の最後で、ロールは女であることを曝露され、不本意ながらワンピースを着るよう強いられる。だが視聴者は、ロールの運命はまだ定かではないという印象を持つ。ロールは将来トランスになるのか？　同性愛者？　ストレート？　シスジェンダー？　ノンバイナリー？　ロールは男らしさを包含する〝単なるトムボーイ〟なのか、それとも性別移行することになるのか？　わからない。私たちは、その不確かさを受け入れねばならない。それでも、ロールはうまくやっていくだろうという気はするし、スクリーン上で多様なジェンダーの探究を見ることができるのだ。

## メディアに関する未解決の課題

クラシックな一九八〇年代のトムボーイはほとんど映画やテレビから姿を消したものの、私は本書のためのリサーチの中で、それでいいのだという言葉を何度も聞いた。〝トムボーイ〟という語も概念も時代遅れであり、フランキー・アダムスやアマンダ・ウルリッツァーやジョー・Pといった女の子は必要ない、女の子はトムボーイのように見えたりそう呼ばれたりしなくても男の子のすることならなんでも——サッカー、ドラゴン退治、レインボーダッシュのすることすべて——できるのだから、と人々は言った。

だがメディアにおける女の子のリプリゼンテーションに関する統計を見れば、実は解決すべき課題がまだ多く残っていることがわかる。二〇一八年の研究によると、子ども向けテレビ番組の主人公のうち女性が主人公なのは三八パーセントにすぎず、女の子は問題解決のために魔法を使う割合が男の子の二倍であり、一方、男の子は身体的な力やSTEM（科学 science・技術 technology・工学 engineering・数学 mathematics）の能力を用いている。[9] ある研究では、四歳児はテレビを見れば見るほど、男の子や成人男性は女の子や成人女性よりも優れていると思いがちだという。[10] 家族向け映画で登場する男性は女性の三倍。こうした映画で仕事をしている登場人物の八〇パーセントは男性だが、実生活では母親のおよそ七〇パーセントが仕事をしている。現代は、女性のリプリゼンテーションにおける黄金時代というわけではない。[11]

『ファクツ・オブ・ライフ』は、多様性や交差性《インターセクショナリティ》［人種やジェンダーなどのさまざまなアイデンティティやその差別構造は多層的に交差しているという考え方］をテレビで描こうとした初期の試みである。これは最高に優れた番組というわけではない。パイロット版では、あるトムボーイの少女がやがてレズビアンになると言われてからかわれ、家政婦のミセス・ギャレットは、すぐに男の人を好きになりますよと言って少女を元気づける。その根底にはまだ、トムボーイはジョーのようにストレートである場合にのみ許される、というメッセージが流れていた。それでもこの番組には、これを見る子どもたちにとって重要な意味を持つ、共感できる人物が何人か登場していた。フェミニズムの第二波が衰退し、やがて一九八〇年代と九〇年代には過度にジェンダーによる意味づけをされた消費文化となるものに取って代わられようとしている世界において、この番組は女の子であるとはどういう意味かという問題に取り組んでいた。

乱暴な遊び、科学への興味、スポーティさ、タフさ、独立心といったトムボーイの世界を、ピンクのキラキラした覆いで包み直すことによって、より多くの女の子がその世界に入れると感じるようになったのかもしれない。トムボーイからスポーティ・スパイスに移行して以来、女の子は大きな進歩を遂げ、STEMのほとんどの分野で男の子との成績の差を縮めた（情報科学、物理、工学を除く――いちばん儲かる分野ではないか！）。我々は女の子らしさの幅を広げつづけているのかもしれない。メディアではトランスの人物が多く登場するようになった。なくなったのは、一九八〇年代に許容されていた若い女性の男らしさという特定のブランドだけかもしれない。でも私に言わせれば、それは大きな損失だ。メディアには、トランスの子どもも、ノンバイナリーの人々も、そして男らしいシスジェンダーの女の子も、登場させねばならないと思う。私たちには、彼女たち全員の居場所を作るための知識も土台もあるはずだ。

オリジナルのジョーであるジョー・マーチについては？　彼女は文学の状況を、そして女の子の夢を、永遠に変えた。一九世紀に何人くらいのアメリカ人の女の子がトムボーイと呼ばれたり自称したりしていたかはわからない。これはニワトリか卵かという問題だ。非常に多くの少女がジョー・マーチの中に自分自身を見たからこそジョーに人気が出たのか、それとも、そのリプリゼンテーションがより多くの少女にジョーのようになるよう背中を押したのか？　本当のところはわからない。わかっているのは、それまで立入禁止だった領域に踏み込むという選択肢を与えられたとき、女の子たちは諸手を挙げて歓迎した、ということである。

## グレニス

私は昔から真面目で現実的で率直な人間で、他人から認められるかどうかに関心はなかった。生まれたのは六〇年代、場所は南カリフォルニア。父はピアノでジャズやブルースを演奏する軍人、母は典型的な南部の黒人キリスト教徒。ふたりとも愛情たっぷりで厳しく、私は勝気だった。兄弟三人と女らしい妹がひとりいたけれど、幼い頃から自分がどちら側にいたいのかはわかっていた。男の子と同じくらい速く走れたし、いつも男の子と走り回っていた。兄弟と同じく、スポーツの得意な子どもだった。

母は子どもの服をすべて手作りし、私たちきょうだいには、ちゃんとした服装をしてお行儀よくするように言った。私は髪にヘアーアイロンを当ててお下げに編み、教会へワンピースを着て行くことに耐えた。父の軍服に憧れていたので、母は学校に着ていけるよう軍隊風のジャンパーとスモックを作ってくれた。でも家に帰ったらすぐジーンズとTシャツに着替え、大好きな緑の〈ケッズ〉のスニーカーを履いた。高校では、母は学校のダンスパーティのためにサテンのサッシュベルトを作ってくれたし、服を海外のデパートに注文して買っていた大金持ちの女の子もうらやましがった。私は別に、中性的になろうとしていたわけではない。自分は自分だと言いたかっただけで、それ以外の主張はしていなかった。

私はいつも、満足して自信にあふれていた。でも私が変わり者なのを両親は悩んでいた。両親は妹を気に入り、私の男みたいな元気さには不満だった。私はトムボーイと呼ばれ、私が妹みたいになることを望む母は残念がった。私はよくトラブルを起こした。女の子に求められる基準を満たしていなかったからだ。陸上競技をしていないときはチアリーダーを務め、美人コンテストで優勝したこともあったにもかかわらず。

読書を始めたのは中学生のときだった。最初は『長くつ下のピッピ』や『ゆかいなヘンリーくん』シリーズに登場するラモーナ・クインビーといった、トムボーイのヒロインがいた。彼女たちは白人の女の子だけれど、行動は私にとてもよく似ていた。そしてたいていの場合、そうしたトムボーイは許され、称賛されることすらあった。フィクションの世界では、トムボーイであるほうがよかったのだ。その後アリス・ウォーカーやゾラ・ニール・ハーストン、強い黒人女性を主人公にした本や詩を読むようになった。彼女たちはトムボーイではなかったかもしれないけれど、狭義の女らしさには当てはまらなかった。弱くも慎ましくもなく、簡単に男に屈しなかった。

文学やリプリゼンテーションを通じて、私はそのヒロインを自分の中に見出すことができた。私は教師そして詩人になり、内なるトムボーイは決して消えなかった。決して自分を人に合わせはしなかった。

# 第二部　トムボーイがトムボーイのように行動する理由

# 第五章　両方の世界のいいとこ取り

「一般的な事実として、成熟して知的創造性にあふれた女性はすべて、若い頃トムボーイだったということだ」
――トーマス・ボスルーパー師、『ニューヨーク・タイムズ』、一九六七年

　普通、二歳までの男の子と女の子は一緒に遊んで同じような行動を示す。だが幼稚園へ行く年頃になると、セックスによって分かれ、あるいは区別されるようになる。家庭内や子どもの少ない地域だとそういう傾向は小さいが、より広い社会環境に身を置いたとたん、子どもは男女で分かれることが増える。

　これは認知発達と関係があると思われる。二歳以降、大半の子どもの脳は、アメリカ社会には性別のカテゴリーがふたつあることと、自分がそのどちらに属するかを理解できる程度に成長する（実際には男／女という明確な二分法よりも多くのカテゴリーが存在するが、そのように教えられる子どもは多くない）。三歳までには、ほとんどの子どもが、こうしたカテゴリーと結びついたステレオタイプを知るようになる。どんなモノや色や活動がどちらに属するのか、ということだ。そしてたいてい

の子どもは男女別の台本に従い、その性別に適していると分類された玩具や子どもと遊ぶ。心理学者はこれを、〝ステレオタイプと行動の一致〟と呼ぶ。

こうした幼い子どもがまだ理解していないのは、心理学で〝ジェンダーの恒常性〟と呼ばれるものだ。ジェンダー表現やジェンダーで二分された行動を変えてもまだその性別のままでいられる、という考えである。ピンクのワンピースを着ている人が男の子であるかもしれず、バットマンを演じたり上半身裸で走り回ったりしている人が女の子であるかもしれない、ということを、彼らは理解していないと考えられる。生物学的・社会的要因によって男女の興味や遊び方が分岐すると、彼らは自らやお互いのジェンダー監視を行うようになる。ピンクの服を着てお姫さまごっこをする男の子や、〝男〟の髪型にして王子さまを演じる女の子をからかうのだ。社会学者キャンダス・ウェストとドン・H・ジマーマンが〝ジェンダーを実践する〟と呼んだことを、自分自身や他者に対して行うようになり、生まれて開花する（あるいは、見方によっては腐敗する）ジェンダー化された仲間文化における相互作用を通じて、ステレオタイプやセックスで分別した行動を強化し、再生産する。[1] 彼らは集団のルールを身につけ、それを受け入れて他者にも強要し、集団の一員であろうと努め、そうでない者を排除しようとする。

ただしトムボーイは、そのようにジェンダーを実践しない。彼らは決められた台本に従わない。ステレオタイプと行動が一致しないのである。

理由のひとつは、それが許されているからだ。男の子と遊び、男の子が好きな女の子は、たいてい受け入れられ、しばしば称賛もされる。一方、女の子と遊び、女の子が好きな男の子については――

彼らを表す悪意のない呼び名は存在しない。

だがそれは、彼女たちがステレオタイプと行動の不一致からジェンダーについて学び、従来とは異なるジェンダーのステレオタイプを形作っているからでもある。セックスでなく何をするかに基づいて友達を選ぶ傾向がある。我々の多くは、子どもはセックスに基づいて男と女に分かれていると考えてきた。しかし一部の子どもはジェンダーによっても分かれており、体がどうあれ外見や遊び方が似ている子どもたちの集団に同調する。トムボーイは女の子の集団に属しながら男の子の集団と遊び、分断線の両側に入ることができる。こうして彼女たちは、ジェンダーについてほかの子とは異なるように学んで理解し、それが残りの人生に密接にかかわってくる場合もある。そして、それは利点にもなりうる。

## "自分と同類"のより広義な考え方

ほとんどの子どもは、自分たちに適していると表示された玩具や遊び相手を好きになるだろう。アリゾナ州立大学児童発達学教授キャロル・マーティンが二〇一二年に行った、トムボーイや、ステレオタイプと行動の一致に関する調査によると、「『人形は女の子のもの』と考える幼い女の子は、人形で遊ぶことに興味を持ち、トラックを『男の子のもの』とステレオタイプ化したならトラックで遊ぶのを避けるだろう」[2]

しかし、幼い子どもがはっきりとジェンダーで分類されていない玩具に興味を引かれた場合は、自分自身の好みに基づいて推定を行う。自分の現実に合う新たな物語を作り上げるのだ。たとえば銀色の風船（などジェンダーのカテゴリーが不明確なもの）を好きになった女の子は、自分がそれを好きで自分は女の子だからという理由で、これは女子向けの玩具だと考えるだろう。

マーティンは、トムボーイもそうしているとの仮説を立てた。生物学的な要因、平等主義的な家庭環境（この考え方について詳しくは後述）、ジェンダー包括的な仲間文化などにより、トムボーイは女の子に典型的ではない好みや態度を身につける。そうして自分の周囲にステレオタイプを形作る――「私は女の子で、野球をしたり男の子と遊んだりするのが好き。だから、女の子はそういうことをしてもいいんだ」

マーティンの二〇一二年の調査において、トムボーイも非トムボーイも〝女らしい〟活動（お人形遊びやほかの女の子と遊ぶこと）が好きだが、トムボーイは非トムボーイに比べてフットボールなど男の子の遊びにもっと興味を持っていることがわかった。非トムボーイはトムボーイよりも、ステレオタイプと一致した行動、ジェンダーのステレオタイプと結びついた好みを示すことが多かった。非トムボーイは決められた台本に従った。トムボーイは自ら台本を書いた。

トムボーイもステレオタイプを作っている。だがそれは従来のステレオタイプに反しているため、より独創的であり、活動やモノを男子向け・女子向けというカテゴリーに厳格に分類することはない、とマーティンは言う。男女の境界線の男の子側にあるものに対する自らの興味を認め、自分独自の方法で世界を理解しているのだ。

こうした研究で頻繁に現れる最も重要な単語は〝柔軟性〟である。

トムボーイは「女の子が好きなもの、嫌いなものに関するステレオタイプにおいて、柔軟性を示す」とマーティンは書いた。

「トムボーイは、厳格にジェンダーで二分された、あるいは男らしい興味を持つのではなく、もっと柔軟なのだと思われる」心理学者シーナ・アルクヴィストと同僚たちによる『トムボーイ自認の潜在的な利点と危険』[3]と題した研究は、そう主張した。「トムボーイを自認する女の子は、ジェンダーに基づいた興味や活動に言及し、トムボーイズムを柔軟性という点で明確に定義する傾向が、ほかの集団よりもはるかに強い」

ある研究では、トムボーイは男性の友人が多く、人形にはほとんど興味を持たず（男の子は今も昔も人形が好きだという証拠は非常に多いが）、ごっこ遊びでは男の子役を演じ、時には男の子になりたいという願望を表明するけれど、女の子とも良好な関係を築いていることがわかった。論文の著者は言う。「仲間から拒絶されたトムボーイはいなかった」[4]

また彼女たちは、遊び相手の性に関して排他的ではなかった。私が調べた、過去あるいは現在トムボーイを自認した一八〇人以上のうち、およそ四〇パーセントが友達は男女半々だったと答え、三〇パーセントが友達のほとんどは男の子、二五パーセントが友達のほとんどは女の子だったと答えた。男友達しかいなかったと答えたのはごく少数、女友達しかいなかったのはさらに少なかった。ワンピースや化粧や人形を拒んだトムボーイでも、ほかの女の子を拒絶したり、自分が拒絶されていると感じたりしているとは限らない。

トムボーイはあまり自らを強く規制しないのみならず、ほかの子どもにジェンダーを強制することは少なく、ジェンダー規範に反した他人を容認することが多かった——ゆえに、トムボーイと女々しい男の子のあいだには友情が生まれたのだ。彼女たちは、社会心理学者が〝内集団バイアス〟と呼ぶもの（自分と同類の者だけをひいきすること）をあまり示さない。トランスジェンダーである子どもにも同様の傾向が見られる。彼らもほかの子どもに比べてジェンダーによるステレオタイプに従うことは少なく、ジェンダー不服従には寛容であり、彼らのきょうだいにも同じ傾向があった[5]。言い換えれば、彼らは非典型的な好みや表現やアイデンティティを持つゆえに、ステレオタイプに従う子どもたちとは異なる道、より広い道、自分自身や他者に対してより寛容な道を歩んでいるのである。

だからといって、すべてのトムボーイが自分は柔軟で自由だと感じている、ということではない。トムボーイは気楽だとか、すべてのトムボーイが自分は柔軟で自由だと感じているかどうかは、伝統的な男らしさをどの程度持っているかにかかっている。ショートヘアーで男っぽい、〝永遠の〟トムボーイである女の子は、ポニーテールで女っぽい、常に女の子と見られる〝一時的な〟トムボーイよりはるかに不利な立場に立たされることもある。一九七〇年代、男らしすぎる女の子の中には、女らしくする集中治療を受けさせられる者もいた（次の第六章「ベッキー」の項参照）。容認される線の両側に足を置く女の子と、線を越えてしまう女の子のあいだに、対立が生じることもある。

スポーツが、〝永遠の〟トムボーイが受けるからかいやいじめを和らげることがある、という研究もある。運動好きの女の子は伝統的な男らしさを持っていても許容される場合があるが、運動の苦手な女の子はもっと苦労するかもしれない[6]。だが当然ながら、化粧をして髪をリボンで留め、女らしさとスポーティさを両立させているソフトボール選手が数多く存在するのと同じくらい、自分らしくあるために社会的な犠牲を払っている男っぽい女の子も数多く存在する。

## 足し算、それとも引き算?

では、常にトムボーイである子どもと、一時的なトムボーイである子どもとの違いは何か? 先に述べたように、一部の研究者はトムボーイを、伝統的な男らしさを採用する者と、伝統的な女らしさを拒絶しながら男らしさを採用する者に分ける。線の両側に足を置く者と越える者である。

一九九〇年代からトムボーイを研究してきたシートン・ホール大学社会学教授C・リン・カーは、トムボーイが男らしい活動や興味を好む最も一般的な理由は、それらが〝もっと面白い〟からであることを突き止めた。こういったトムボーイは男の子と一緒にモノを分解したり組み立てたりし、泥んこになり、屋外で遊ぶ。彼女たちは男らしさを受け入れ、文化的に〝男子用〟とマークされたものをそこに付け加えている。[7]

当時労働者の町だったマサチューセッツ州サマービルで三人の姉妹とともに育ったアリソンという三五歳の元トムボーイにとって、それが行動動機のひとつだった。「しばらくガールスカウトにいたんだけど、やることといったら、クッキーを売るとか、お泊まりパーティをするとか、そんなことばっかり」彼女は話してくれた。「私はボーイスカウトに憧れた。だって私の知る限り、みんなソープボックスカー［エンジンがなく、重力のみを動力源とする車］を作ったりキャンプに行ったりしていたし、私もすごくそういうのがしたかった。それから、ほかの〝男の子のこと〟もあった。漫画を読むとか、石をどけて下に何があるか見るとか――そういうことをしたから、私はトムボーイというラベルを貼られた」。とはいえ、一九世紀のトムボーイの物語でもわかるように、そういったことをしたがる女の子は昔から存在した。

他方、伝統的な女らしさを拒絶するトムボーイもいた。カーが調べたトムボーイたちがワンピース、人形遊びといった女の子のものを表現するのに用いた言葉は〝退屈〟や〝欲求不満〟だった。ソフトボールは野球ほど楽しくなかった。ガールスカウトはボーイスカウトほど冒険的ではなかった。女の子は「バカで退屈、不可解」で、おしゃべりばかりし、ボールを追いかけて野原を走ったりしない。女らしさは役に立つとも正しいとも思えず、アメリカ社会では男らしさほど重要視されないと感じられた。彼女たちは、線の男の子側のほうがよりよい場所だと思い、トムボーイならそちらに行けると考えていた。

文化人類学者でクィア研究のパイオニア、エスター・ニュートンは、自伝『男まさりのわが生涯（*My Butch Career*）』（未邦訳）で見事に、だが憂鬱に、これを言い表している。「子どもとしての私の体は、〝女の子〟という言葉に詰め込まれた、強くて有能な道具だった」元トムボーイの著者は一九四〇年代の子ども時代についてそう述べた。「私はいちばん先にジャングルジムに登ったし、ストゥープボール［狭い場所で行う野球に似たゲーム］は男の子と同じくらい上手にできた。友人はすべて男の子だった。女の子はバカだった。私と女の子に共通点は皆無だった。でもXX染色体のせいで私の体は女の子であり、世界的に重労働、低い賃金、軽視、浮気夫と結びついた〝女〟というジェンダーから抜け出せなかった。女の子であることを否定するのは不可能だったから、女らしさを否定した」[8]

男らしさは避難所になりうるし、女らしいこと、ガーリーであることで、女の子が無力に感じる場合もある。カーが調べたトムボーイたちの一部は近親相姦や性的虐待の被害者、あるいは女性への暴力の目撃者だった。彼女たちが異性愛者の男性に対して自らを魅力がないように見せたり男性と競ったりするのは、〝安全だと思われる男らしさへの避難〟だった。「軟弱で女々しい人間は哀れだと思われた。哀れだってね。そんなこと許せない。私たちの文化では、女はトムボーイを育てようとしていた。誰にもつけ込まれたりしないように」一九七〇年代にブルックリンの公営アパートで育ったリサはそう話してくれた。「ダサい格好をして、攻撃に備えなくちゃならなかった。あんまり可愛すぎたらダメってこと」

カーの被験者のうち一〇人は、男の子に見られようとした、あるいは男になりたかったと答えたが、トランスやノンバイナリーといった選択肢は現在ほど一般的ではなかった（これについては詳述）。残る選択肢はトムボーイだけだった。

したがって、トムボーイの中には、女らしさ、誕生時に決められたセックスに一般的に伴う性別化を拒絶し、男らしさによって自らを守ったり心理的な苦痛を和らげたりする者もいる——意識的であろうとなかろうと。そうではなく、単に自分のしたいことをするだけの者もいる。いずれにせよ、線の両側に足を踏み入れられるトムボーイには、なんらかの心理的な利点があると考えられる。こうしたトムボーイたちは、いわゆる〝心理的両性具有〟になる傾向がある。

〝心理的両性具有（psychological androgyny）〟は一九七〇年代に、ベム性役割尺度（ＢＳＲＩ）を考案した心理学者サンドラ・ベムが作った語である。ベムの心理テストは、人がどれほど男らしいか、女らしいか、両性具有的か、あるいは未分化（どちらでもない）かを測定した。心理的両性具有は外

人間が完璧に効率よく健全に機能するために

| | | 男性性 低い | 男性性 高い |
|---|---|---|---|
| 女性性 | 低い | 未分化 | 伝統的女性 |
| 女性性 | 高い | 伝統的男性 | 両性具有 |

見とはなんの関係もない。アメリカ文化が男らしい・女らしいと分類した性格特性の両方を兼ね備えているということだ。BSRIによれば、女らしい特性とは愛情深い、同情的、思いやりがある、穏やか、優しい、など。男らしい特性とは支配的、自己主張が強い、競争的、独立心旺盛、など。ゆえに、多くの人がBSRIを批判している──私も含めて。今一度尋ねることにしよう。そのためにひとつのカテゴリーが必要になるほど、独立心旺盛で自己主張が強くて支配的な女の子が多いのなら、そもそもそうした特性を男らしいと呼べるのか?

言語能力や自信など男性的と考えられる性質を〝有能さ(instrumentality)〟、感情移入や情緒性など女性的と考えられる性質を〝表現力(expressiveness)〟と言い換える試みが行われている。しかし私には、そういった言葉から男らしさや女らしさが除去されているとは思えない。

筋の通った反論は数多くあるものの、BSRIは人がそうした性質をどれくらい有しているかを見出すのに役立つ手段ではあった。ベムは、人は心理的両性具有的であればあるほど、つまり男女両方の性質を多く持っていればいるほどよく、伝統的な男・女のどちらかに偏っていればいるほど悪い、と考えていた。

「男らしさや女らしさは、極端で純粋な形で現れたとき、有害で、破壊的にすらなるかもしれない」とベムは書いている。「人間が完璧に効率よく健全に機能するためには、男らしさ・女らしさは互いに相手により和らげられ、よりバランスの取れた、より完全に人間的な、真に両性具有的な性質へと統合されねばならない」[9]。ベムは、現在マスメディアやソーシャルメディアで取り上げられているジェンダーについての考え方に近づきつつあった。男らしいものばかりに接していると男らしさやレイプを是とする有害な文化に通じ、女らしいものばかりに接していると摂食障害や鬱病、低い自尊心などに悩まされる、という考え方だ。

あらゆる人間がこれらの性質を混合して持たねばならないという考えに反対する者もいたが、ベムの主張を裏づける研究も少なくない。その多くは、トムボーイは男の子側・女の子側両方への通行手形を持っているおかげで独特の有利な立場にいられることを示している。子ども時代のトムボーイズムに関するある研究は、心理的両性具有性と状況に応じた柔軟性との関連を指摘し[10]、心理的両性具有性は高い自尊心、結婚についての満足感、親としての高い能力、目的を成し遂げようというモチベーションにつながっているという研究結果もある[11]。非常に望ましい結果が多く得られる、というわけだ。

その利点は私的な領域にとどまらず仕事にも及んでいる。二〇〇二年に行われた調査では、「トムボーイの自己評価が高いことは仕事の成功における自信につながっている[12]」ことが明らかになった。

一方、二〇〇六年の『アルファ・ガールズ（*Alpha Girls*）』（未邦訳）という本は、両性具有的な女性のほうが自尊心が高くて不安は少なく、薬物乱用に陥りにくく、性的にだらしなくなることは少ないと述べた。かつてガール・パワーという過大な女らしさの影響下にありながらも、こうした女性たちが有能になったのは、男女両方の特性を併せ持っていたからなのだ。

心理的両性具有性は少ない不安や高い自尊心のみならず、創造性と結びつくこともあった。一九六三年、心理学者エリス・ポール・トーランスは、創造力のある女性はそれほど創造力のない女性よりも男性的と見なされ、創造力のある男性はそうでない男性よりも女性的と見なされる、という論文を発表した。「その本質において、創造性は感受性と独立心の両方を要する」と彼は書き、アメリカ社会において感受性は女性的で独立心は男性的と考えられていることを指摘した。[13] 世界でも有数の創造的職業人は、とっくにこのことを知っていた。元トムボーイのヴァージニア・ウルフいわく、作家は「女性的男性、あるいは男性的女性であるべきだ。（中略）創造というアートを成し遂げるには、心の中で男性と女性がなんらかの協力をなさねばならない。いわば両極の結婚を実現させるのだ」[14]

〝両性具有〟という語を不快に感じる人もいれば、うっとりするほど魅力的に感じる人もいるかもしれないので、いったんこの語は忘れよう。その代わりに、自立心、支配心、リーダーシップ、独立心など我々が男性的特徴だと（誤って）考える特性や、思いやり、優しさ、他者への共感など女性的特徴だと考える特性について考察してみよう。どれも確かに素晴らしい特性だが、支配心を思いやりで和らげ、リーダーシップを共感と組み合わせることができれば最高だ。それらは両立すべきなのだ。だが、こうした特性の中で、片方の性だけに属するものなど存在しない。

一九九〇年代に女の子の希望や夢や自尊心を高めようと我々が（おそらくはガール・パワーや女性の危機文学のおかげで）協調して努力するまで、トムボーイは非トムボーイに比べて、男らしいと見なされる性質を持っていたり、その性質を伸ばすようなことを行ったりする傾向が強かった。ピンク／ブルーの分断線の両側に足を踏み入れることで、トムボーイは男女両方の友達、男子用と女子用両方のゲームや玩具を持つだけでなく、多くの子どもが禁じられている多種多様な性格特性を示す許可証を手にするのである。

私がトムボーイに見出した最も共通する性質は高い自尊心だった。ある九歳は「あたしは自分が何者か知ってる」と言い、ある八一歳は「当時ほかの人から認められることは求めていなかったし、今も求めていない」と言った。こういう考え方は、男の子と交流することで得られるのだろう。トムボーイは〝女性的〟な性質を身につける自由を持ちながら〝男性的〟な性質を通じて男性の特権という利点を獲得するのかもしれない。

心理的両性具有性と最高の精神衛生に直接的な関連があると言っているわけではない。しかし、〝自由〟〝柔軟性〟〝平等主義〟といったトムボーイとよく関連づけられる語は、単に玩具や服や遊び相手にとどまらない、はるかに広い意味合いがある。子ども時代の色、玩具、衣服、性格特性などをジェンダーで二分すればするほど、平等主義的、柔軟、自由になれる可能性は低下する。元トムボーイのアリソンは「生まれたとき決められた性でどんな人間になるかが決まってしまうなんてサイテー」と言った。誕生時のセックスやジェンダー自認と関連づけたステレオタイプに基づいて、子どもがどうあるべきかを決めようとすると、ジェンダー役割を過度に強調することになる。トーランスが書いたように、それは「多様な才能の発達を深刻に阻害する」のである。

ナターシャという元トムボーイは、一九八〇年代にトムボーイだった子ども時代が今の職業に直接つながった、と話してくれた。彼女は、広告業界にわずか三パーセントしかいない女性のクリエイティブディレクターのひとりである。「私はずっと、男の子と一緒にいるのが心地良かった。ファンタジー・フットボール［実在の選手で〝仮想〟チームを作って他チームと競い合うシミュレーションゲーム］のリーグに所属していて、そこには男が九人いて、お互いにバカ話をして、私も男たちのひとりみたいに感じている。だけど、自分の女らしさも嫌いじゃない。私は、両方の世界のいいとこ取りをしているんだと思う」

## サラ

分岐点は中学だった。それまではすべてが順調だった。最高だったと言ってもいい。小学校のあいだはずっと短くてつんつんした髪型で、私はすごく人気者だった。男の子と友達だった。女の子とも友達だった。人形で遊んだ。野球もした。楽で実用的な男の子の服で森を走り回ったし、誰も気にしなかった。もちろん私自身も。

たぶんトムボーイだったのだと思う。女の子に見えるかとかは、どうでもよかった。大事なことだと思えなかった。ジェンダーとは関係なかった。それが楽かどうか、という話だった。

私が育ったのは八〇年代のボストンの郊外。そこではすべてが均一だった。ほとんどの女の子は同じ格好をしていた。裾を折り返したジーンズ、白い〈ケッズ〉の靴、〈チャンピオン〉のトレーナー。みんな同じことをして、同じサマーキャンプに行った。だけどみんな私を知っていて、私のすることや外見、短い髪やよく男の子の服を着ていることなど、ちょっと違うところを気にしなかった。私を受け入れていた。それ以上に大事なのは、私が自分自身を受け入れていたこと。人に合わせようなんて、全然考えなかった。

ところが中学に入る前の夏休み、周りの子はみんな、外見や同調性を重視するようになった。学校初日の前夜、友達が、私のボーイフレンドはもう付き合いたがっていないと知らせてきた。初日のバス停で、昔から友達だった子どもたちが、口を利いてくれなかった。五つの小学校がひとつの中学に集まったことで競争は激化し、私は突然、友人には適さないと宣告された。男の子みたい、というだけの理由で標的になった。お泊まりパーティには呼ばれなかった。体育で誰かと組むときは、最後まで選ばれなかった。毎日、スペイン語の授業で、マークという男の子は私が泣きだすまで侮辱的な言葉をささやきつづけた。

それでも私は屈服しなかった。髪をさらに短く切った。

他人を安心させるために自分を変えることはできなかった。私が何を着ようと、髪の長さがどうだろうと、それが他人にどんな関係がある？　私は自分が誰か、何を好きか知っていた。自分の好みのせいで軽蔑されるのはつらかったけれど、それから背を向けたらもっとつらかっただろうと思う。それはある意味、自分に正直でいるためのトムボーイとしての訓練だったのかもしれない。時代遅れの頑固さだったのかもしれないが。私は昔からずっと自分が何者かはっきりわかっていたし、自分らしくあることに満足していた。

# 第六章　トムボーイは生まれ？　育ち？

「人は女に生まれるのではない。女になるのだ」

——シモーヌ・ド・ボーヴォワール

「男は、女が男と同じように考え、伝え、反応するという誤った期待を抱いている。女は、男が女と同じように感じ、伝え、反応するという誤った期待を抱いている」

——ジョン・グレイ、『ベスト・パートナーになるために男は火星から、女は金星からやってきた』

「あの子、いかにも男の子よね」自分の息子が木製ブルドーザーを〈レゴ〉のブロックにぶつけてばらばらにするのを見て、私の友人は言った。彼女の娘は、ブルドーザーにもブロックにもモノを壊すことにも、まったく興味を持っていない。母親がそういう興味を育もうとしなかったわけではない。彼女は子どもたちに同じ選択肢を与えたのに、六歳の息子は男の子たちと乱暴な遊びをし、野球や木登りを好む一方、四歳の娘は女の子と穏やかにおとなしく遊び、バービー人形を欲しがり、ピンクや紫の〈レゴ〉の〝女子用〟フレンズのほうを好んだ。自然にそうなったのだ、と友人は言う。生物学的なものだ、と。

私が話したトムボーイの多くが、自分の性質を説明するのに、生物学的や生まれつきといった言葉を用いた。「それが私の本来の性質だった」一九六〇年代にニューヨーク州西部で育ったエレンは言った。エレンにはふたりの兄と、近所に住む大勢の男の子がいて、彼らはエレンのやりたいことをしていた。エレンに言わせれば、〝ボーイ〟という語は〝トムボーイ〟から生じたものであり、逆ではなかった。「楽しかったのは、人形で遊ぶことじゃなかった。外に出ること、走り回ること、ソリ遊びや野球をすることだった」

ヴィクトリア時代のトムボーイを見ればわかるように、ピンクや紫を好むのは生まれつきではなく、野球や木登りを好むのは片方の性の専売特許ではない。とはいえ、ジェンダーで二分された行動の中には生物学的な基盤を持つものがあるとする研究も非常に多い。人が何をするか、何者であるかには、生まれも育ちも重要な役割を演じているのだ。

確かに、ジェンダーや、男らしい・女らしいと文化的に定められるものの大部分は、社会で生み出されて行動の中で再生産される社会的概念である。しかし、ジェンダーで二分された行動には、生物学的な要因によって生じるものもある。脳に影響を与えるホルモンに原因があるのかもしれない。

こうしたホルモンの原因の研究が〝男性脳〟・〝女性脳〟に関する激烈な議論を生み、科学者などの人々が科学的研究から本質的な性差について決定的な推測ができるのか、そうすべきなのか、といった論争が巻き起こった。

そして、トムボーイは生まれか育ちかという問題が提起された。

## テストステロンとトムボーイ的行動

すべての人間は、種々の肉体的変化を起こして特定の機能をコントロールする〝男性〟ホルモンと〝女性〟ホルモンの両方を有している。男性生殖器の発達を促し、その後に髭、声変わり、筋肉量の増加をもたらす〝男性〟ホルモンはアンドロゲンと呼ばれ、テストステロン、アンドロステンジオン、デヒドロテストステロンなどが含まれる（ただし多くの人は男性ホルモン＝テストステロンだと誤解している）。〝女性〟ホルモンはエストロゲンだが、エストロゲンと呼ばれる単一の化合物があるのではなく、乳房の発達や月経などに関係するエストロン、エストラジオール、エストリオル、それにエステトロール（妊娠中にのみ産生）の総称である。人体のホルモン分泌量は生涯を通じて毎日変化しており、ＢＰＡを用いたペットボトルから水を飲み過ぎただけでも変化する。ＢＰＡとは一八九一年に作られた世界初の人工エストロゲンだが、処方には適さないほど有害だと見なされていた。[1]

一九六〇年代以来、研究者は、母親自身のアンドロゲンのレベルが高かったため、あるいはホルモン産生に変化を及ぼす病気のために、子宮内でアンドロゲンにさらされた女児を調べ、それが行動に与える影響を知ろうとした。

そういう実験のひとつは、神経科学者で心理学者のメリッサ・ハインズと家族学研究者スーザン・ゴロンボクというケンブリッジ大学教授によって実施された。ふたりは何百人もの妊娠中の女性のホルモンを記録し、三年半後にジェンダー役割による行動割合、すなわちステレオタイプと行動がどれだけ合致しているかを測定するアンケート調査を行った。被験者の娘たちが遊ぶのに用いるのは銃や工具か、宝石や人形か？　遊び相手は男の子か、女の子か？　ごっこ遊びで演じる役は男の子か、女の子か？　乱暴な遊びは好きか？　可愛いものは？　ヘビは？　危険を冒すか、それとも避けるか？

二〇〇二年に発表された研究結果によれば、テストステロンのレベルが比較的高い母親の子どもは、乱暴な遊びやヘビが好きで男の子役を演じるトムボーイ的な女の子になる割合が高かったという。[2] そういう子どもたちの大半は女の子を自認し、女性器を持っていたが、好みは男性化していて、ステレオタイプと行動の結びつきは希薄だった。年上のきょうだいの存在、母性教育のレベル、家庭内における成人男性の存在といった、ジェンダーで二分された行動に影響を与える種々の人的・社会的要素を考慮しても、こうした家庭環境だけではテストステロンとトムボーイ的性質との関連は説明できなかった。

別の母集団を調べて同様の結果を得た研究は多くある。先天性副腎過形成症（ＣＡＨ）という病気を持つ女の子である。彼女たちはＸＸ染色体と女性の内性器を持っているが、子宮内で育っているあいだに二種類のホルモンを充分に産生しない。ストレスや血糖を制御するのに必要なコルチゾールと、体内の塩分と水分を調節するアルドステロンである。それらをもっと多く生み出そうと副腎が奮闘した結果アンドロゲンが過剰産生され、こうした女の胎児は通常より多量の男性ホルモンにさらされることになる。

成長したＣＡＨの女の子は、一般的な女の子より身長は低く、体毛やニキビは多く、生理は不規則になる傾向がある。この病気は非常に危険で、生涯にわたるホルモン管理を求められる場合もあるが、最もよく知られているのは生命に危険を及ぼさないアンドロゲンの影響である。ＣＡＨでは外性器が男性化して性別が不明確になったり、小さなペニスに見えるほどクリトリスが大きくなったり、左右の陰唇が癒着して陰嚢に見えたりする。[3]

一九六〇年代に行われた最も初期の研究では、ＣＡＨの女の子に好みや遊びについて尋ねた結果、「遺伝的に女性だが子宮内で男性化して女性として育てられた者は、トムボーイ的態度を示す可能性が高い」[4]ことが判明した。研究者の言うトムボーイ的態度とは、「特に屋外における精力的な活動」を好む、自己主張が強い、宝石類に関心がない、化粧をしない、髪を整えない、実用的な服を好む、人形を拒む、結婚より仕事を優先する、性欲が強い、などだ。

この種の研究で繰り返し登場する問題に注目してほしい。一九六〇年代にトムボーイズムの基準を定めたのは、当時全盛だった反体制文化のメンバーではなく、昔ながらのジェンダーのステレオタイプに固執して受容している、象牙の塔に住む閉鎖的な職業的心理学者である。[5] 彼らはこのように、充分に正常の範囲内にある女の子たちに関して、ネックレスをつけたがらない、結婚よりもキャリアを追い求め、セックスを好むといった傾向を、トムボーイ的態度の指標と分類した。一〇年後、多くの親は娘を、宝石類を避けて結婚より仕事を重視するようになることを願ってトムボーイに育てた。男らしさ・女らしさの尺度はステレオタイプに根差しており、しばしば、その時代の研究者や一般大衆が性格特性や色や行動や玩具を肉体的な性別とどれだけ関連づけるかによって変わるのである。

その後時代を経るに従い、研究者はより精密で優れた研究をするようになっていった。ＣＡＨの女の子はそうでない女の子に比べて、機械工や技術者など男性に多い職業に興味を持つ割合が高いことがわかった。男の子よりも女の子とよく遊ぶ傾向はあるが、バービー人形よりもトラックで遊ぶほうが多い。多くの場合、ワンピースは着たがらない。[6] 一般的な女の子やCAHでない姉妹よりも地理や機械の知識が豊富という場合もある。[7]

一般的な女の子よりもシスジェンダーになる割合は低く、非シスジェンダーを自認するのは一般成人女性の約〇・五パーセントに比べて五パーセントほどだと思われるが、明確な数字を知るのは非常に難しい。[8] それに、より多くの人がトランスだとカミングアウトするにはどのような言い方がいいか見出し、カミングアウトしても安全だと感じるようになるにつれて、非シスジェンダーの人々は増えていくだろう。

CAHの女の子のおよそ三〇パーセントが異性愛者ではないと考えられ、その割合は一般人よりも高いが、この数字も正確に測定するのは困難だ。セクシュアリティは態度のこともあれば、想像、引きつけられる相手、アイデンティティという場合もあるからだ。ある推計ではアメリカの成人の三・五パーセントがレズビアン、ゲイ、バイセクシュアルだと自認しているが、同性と性関係を持ったことがあるのは八・二パーセント、同性に魅力を感じたことがあるのは一一パーセントだった。アルフレッド・キンゼイによる一九四八年の『人間における男性の性行為』と、それに続いて発表されたキンゼイ指標は、セクシュアリティは流動的であり、人間には同性愛者と異性愛者という互いに相いれない二種類しかないわけではない、と指摘している。[9]

数十年にわたってCAHの女の子を調べているペンシルベニア州立大学の心理学教授シェリ・ベ

レンバウムは、自らの研究をこう要約する。「ホルモンが活動の興味に与える影響は非常に大きいが、性的指向への影響は小さく、ジェンダー自認への影響はさらに小さい」

人間以外の哺乳動物の研究でも同様の結果が見られる。妊娠中の母体に男性ホルモンを注入すると、その子どもは本来とは逆の性のように行動することがある。最も多く引用されるのは、アカゲザルを使って、妊娠中のさまざまな時期に雌の胎児のテストステロン量を操作した研究だ。テストステロンを投与した時期によって、雄ザルによく見られる荒っぽい行動やマウンティングを雌ザルがどのくらい行うかが変わりうるのである。性ホルモンと性別の行動に、なんらかの関連があるのは間違いない。

たいていの人間はそれに納得するだろう。ホルモンはさまざまな形で人の体や行動を支配している。月経前症候群（ＰＭＳ）や更年期障害に悩まされている人なら、よくわかるに違いない。ホルモンは妊娠中、そして出産後に効力を発揮する。オキシトシンなどのホルモンが大量分泌されると、母親の養育行動にスイッチが入る。ホルモンは胎児の生殖器を男女に分化させるため妊娠中に分泌され、生殖に備えるため思春期に分泌される。そうして生殖可能な期間が終わるとホルモンは減少し、人の性差は徐々に小さくなっていく。

ここで話を終えることもできる。そう、ホルモンは行動になんらかの影響を与える。トムボーイには生まれつきの性向が備わっている。だがそれは、トムボーイが〝男性脳〟を持っていることを意味するのか？

まさにそれが、脳構造論の提唱者の主張だと思われる。

## 男性脳・女性脳の生物学的考察

Y染色体を持つ胎児は最初のうちXX染色体の胎児とまったく同じだが、受胎から六〜七週間後、精巣を発達させて数週間後にはテストステロンなどのアンドロゲンを産生させる遺伝子を発現させる。そのホルモンに応じた受容体が胎児にあれば、それによって生殖器系が男性化する。[10] こうしたホルモンの介入がなければ、体は女性になる方向に進む。

脳構造論によれば、胎児期のホルモン曝露は体のみならず脳の性分化をも引き起こす。したがって、精巣を持つ人間の脳の構造は、卵巣を持つ人間の脳の構造と少々異なる。ペニスや精巣があって誕生時に男性とされた者は数学や空間認識の能力を持ち、女性とされた者は生まれつきしとやかさや優しさを有している。

コメディアンのサシャ・バロン＝コーエンのいとこで発達精神病理学者のサイモン・バロン＝コーエンは、彼が男性脳・女性脳の〝本質的な違い〟と呼ぶものについて、男性脳は概して〝体系的〟だと論じた。男性は生まれつき、システムを分析してそれを統治するルールを識別しようとするのだという（私がここで試みているのも、我々の文化のセックス／ジェンダーシステムの分析とそのルール識別だ、と言う人もいると思うのだが）。女性脳は〝共感的〟である。「共感者は直感的に、人がどう感じているか、どうやって配慮や思いやりの心を持って人に対処すればいいかを見出す」二〇〇三年、彼はそう書いた[11]（彼は、あまり一般的ではない第三の形態、〝バランスの取れた〟脳についても論じている。バロン＝コーエンはインタビューを求めた私の依頼に返事をくれなかった）。

しＡＨの女の子はアンドロゲンを大量に浴びるため、その脳も男性化して、典型的でない興味や能力を持つのかもしれない。ＣＡＨの女の子はより〝男性的〟な脳を持つのだろう、ということだ。トムボーイも男性に典型的な興味を持つ傾向があるため、アンドロゲンをより多く持っていて、男性脳を有しているのかもしれない。

この推論の問題は、男性脳と女性脳がどれほど異なっているか、その違いは何を意味するかについて、科学者の意見が一致していないことだ。何百もの研究や論文が、この議論のありとあらゆる側面について論じている。諸説紛々のＴＥＤトーク、新聞の特集、書籍などはごまんとあるが、男性脳と女性脳が根本的に異なるのかどうかに関して統一的な見解は存在しない。

一般的なバリエーションは存在する。男性は女性より大柄な傾向があるため、その脳も平均的に女性より大きい。男性科学者は長年、大きさの違いゆえに女性の知能は劣っていると推定してきた。だが私たちは、サイズなど重要でないことを知っている。もし重要だとしたら、ゾウやマッコウクジラは物理学の学位を独占しているはずだ。それに、男性より長身で大柄な女性はたくさんいるし、男性より小さな心臓、肝臓、肺で元気に生きている人も数多い。いや、特定の科学的研究を引き合いに出さなくても、私は自信を持って言いきることができる――男性は女性より頭がいいわけではない、と。だから、大きさの違いと行動や能力や頭のよさにおける根本的な違いとに相関関係はない。

顕微鏡的解剖学でも、ちょっとした統計的な違いは見られる。男性の脳室（脳髄液の入っている脳内の穴）は女性より大きい傾向がある。概して男性は、ホルモン産生など体のさまざまなプロセスを調節する視床下部はより大きく、左右の大脳半球をつないで認知能力、運動能力、感覚能力を統合する脳梁は統計的により小さい。情動を処理して闘争・逃走反応を生む脳の部分である偏桃体は大きい。女性の感覚情報を処理する大脳皮質はより厚く、感覚受容や筋肉調節を行う灰白質はより多い。そして平均すると、男の子の脳は女の子の脳より成長が遅い。

しかし、こうした小さく平均的な違いの中には、途方もなく多くのバリエーションがある。この話題を難しくするのは、このような違いの解釈やそこから引き出される推定が、人によってさまざまであることだ。

クラシックな分析としては、出生前にホルモンの影響を受けた脳構造により、女性は人間が好きで男性はモノが好き、というものがある。女性はアイデアが好き、男性はデータが好き。このパラダイムは、保育のような〝女性の〟仕事が存在する理由、男の子は女の子より高等物理を学ぶことが多い理由を説明するのに用いられる。生物学や農業学の修士号取得者の中で女性は五四・五パーセント、保健衛生学と医学では七七・九パーセントである。女性の小さな脳ではこうした学問を習得できないと考えられていたほんの二〇年ほど前と比べれば、飛躍的な進歩だ。とはいえ、二〇一七年のある報告書によれば、工学の修士号取得者の中で女性は二五・二パーセント、数学と情報科学では三一・一パーセント、物理では二七・七パーセントだという。[12]

作家で性研究者で神経科学者のデブラ・ソーは、このような格差がある理由を、生物学や医学などの分野は社会とのかかわりが深く、女性が胎内で曝露するテストステロンは概して少ないため、彼女たちは社会とかかわる活動や職業のほうに引きつけられるのだ、と語った。モノでなく人、ということだ。工学やプログラミングなど、ソーいわく「たったひとりでコンピューターの画面とにらめっこし、数字や意味不明な言葉の羅列を見ている」分野は、まだ男性が優位を占めている。数字を扱う仕事だからだ。人でなくモノ、である。そのため、女性は生物学者や医師になるような能力が生まれつき低いとされた昔の一般通念は、こうした分野で活躍する女性の存在によって間違いだと証明されたものの、一部の人々はいまだに、特定の分野に女性が少ないのは生理学的な機能のせいだと考えている。

二〇〇五年に行った講演で、ハーバード大学元学長ローレンス・サマーズは、STEM分野に女性が少ないのは「本質的な適性の問題」によるのかもしれないと言った。つまり、科学の分野に女性が少ない理由は科学的な男性脳を持っていないからだ。二〇一七年には悪名高い〝グーグル・メモ〟が公表された。そのメモでソフトウェアエンジニアのジェームズ・ダモアは、〈グーグル〉のエンジニアがほぼ男性ばかりであるひとつの理由は「男性と女性の好みや能力の分布が生物学的な要因により異なっており、こうした差異が、女性が男性と同じようには科学技術の分野で活躍したりリーダーシップを発揮したりしないことを説明していると思われる」[13]からだと論じた。

ソーは女性を自認し、美人で女らしい外見をしているものの、自分はおそらく胎内で通常より高いテストステロンに曝露されたと考えている。自らをトムボーイと呼んではいないが、「私はずっと、どちらかというと男の子みたいだった。いつも男のおもちゃのほうに興味があった。見かけも男の子のようだった」と話してくれた。大人になっても、「今でも男性のように感じている」。彼女は仕事に集中してきた。単刀直入に遠慮なくものを言う。愛想悪くなることを恐れていない。「これは社会化〔子どもが自分の属する社会の文化を身につけること〕のせいだと思っていた。両親はすごくオープンだったから」。だがその後、脳の性差を研究した。「この学問について学べば学ぶほど、社会化という考え方に納得できなくなった」

男性脳・女性脳という考え方は左翼的な人々には人気がない。サマーズもダモアも、女性は生まれつき特定の科学分野を習得するのに適していないとの指摘が激しい反感を呼んだせいで職を失った。だが、男性は概して、メンタルローテーション（物体が回転するところをイメージする能力）などの空間認識能力が女性より優れていることを示す証拠はあるし、ＣＡＨの女の子に関してもそれが当てはまる証拠もある。こうした能力が胎内でアンドロゲンの曝露を受けた結果か社会化によるものかはわからない。だがソーは（現役の科学者ではないが）こうした能力は出生前のテストステロンに原因があり、このホルモンにさらされることは「より工学的に興味深い活動や職業への関心と関連している」と述べた。

この考えを発展させて、科学雑誌にも大衆紙にも、トランスの女性の脳構造はシスジェンダーの女性とよく似ているものの、本当に男性脳・女性脳があるのならシスジェンダーの脳構造といったものがあるはずだ、と論じる記事は数知れず存在する。[14] 私は、それが間違いだと言っているのではない。ただ、その議論にまだ決着はついていない、と言っているのである。

問題を明確にするため、私は〈マウントサイナイ病院トランスジェンダー医療手術センター〉理事長、ジョシュア・セイファー医師と連絡を取った。彼が「男性脳と女性脳というものがある」[15]と発言した記事を読んだことがあるからだ。だが実際に話してみると、彼は灰白質の密度やジェンダーで二分された能力の話をしているのではなく、脳のどの部分が男性的でどの部分が女性的かを突き止めようとしているわけでもなかった。議論を重ねて得た科学的知見に基づく発言ではなかったのだ。

そうではなく、「人は人体の脳以外の部分とは無関係にジェンダー自認を行う。それは、何か遺伝子に組み込まれたものがあることを示唆している」と彼は語った。生殖器を持たない人ですらジェンダー自認を行っている。だから、とセイファーは言う。「脳に何かがあるのだと思われる」

すなわち、ジェンダー自認と誕生時に決められた性別が伝統的な意味で一致しないトランスの人々の存在は、下半身とは関係なく脳に性別についてのなんらかの要素があることを示しているのだ。しかし、その不一致が、誕生時から存在する完全に先天的なものか、生後発達する後天的なものかは、まだわかっていない。おそらく両方の要素が関係しているのだろう。

## 男性脳・女性脳のまやかしを暴く

『女の子脳　男の子脳　神経科学から見る子どもの育て方』（NHK、竹田円訳、二〇一〇年）の著者リーズ・エリオットや、『性別化された脳（*The Gendered Brain*）』（未邦訳）の著者ジーナ・リッポン、『ジェンダー・モザイク　女性脳・男性脳という神話を超えて（*Gender Mosaic: Beyond the Myth of the Male and Female Brain*）』（未邦訳）の著者ダフナ・ジョエルなどの神経科学者は、（私に対して）説得力たっぷりに、顕微鏡的解剖学における小さな統計的差異では男性的・女性的な脳や性格や能力の説明にならない、と論じた。CAHの女の子のニューロイメージング［コンピューター断層撮影などによる脳の可視化］からは脳構造や脳機能の男性化の証拠は得られておらず、彼女たちの空間認識能力はアンドロゲンにさらされなかった女の子よりも高い傾向があるものの、認知能力や言語能力は出生前のアンドロゲンに影響を受けていないと思われる、とエリオットは言った。実のところ、ベレンバウムの研究におけるＣＡＨの女の子の行動は、アンドロゲンにさらされない女の子による対照群とトムボーイによる対照群の中間に位置していた。つまり、ＣＡＨでないトムボーイのほうが、もっと男の子らしい行動を示したのである。

アンドロゲンが脳になんらかの影響を与えるのは間違いない。なぜなら、ベレンバウムが言ったように「行動は脳によって促される」からだ。しかし、認識や社会化など、ジェンダーに影響を及ぼすその他の要素に対して、生物学的な要素による結果であるのは何で、どの程度なのか？　わからない。

レベッカ・Ｍ・ジョーダン＝ヤングは著書『ブレインストーム　性差研究の欠陥（*Brain Storm: The Flaws in the Science of Sex Differences*）』（未邦訳）で、ホルモン、セックス、脳構造論に基づいて行動の先天性を主張するのに用いられてきた何百もの研究を体系的に分析した。その結果、これら同士にはなんの整合性もなく、すべてを包括するような主張は見られないことが判明した。多くの研究は互いを引き合いに出していた（研究結果が相矛盾する場合でも）。ゲイの男性とストレートの女性の脳は同じだとする研究もある。ゲイの人々の脳はすべて同じだとする研究もある。そもそも、文化的に何が男性的・女性的とされるかは絶えず変化しているのに、何が生物学的に男性的・女性的かをどうして決められるのか？　こうした研究の元データや研究結果はそれぞれまったく違っていて、比較のしようもない。

「誤りとされた例証をすべて除外したら何も残らない」『性科学の自己　エストロゲン・テストステロン・アイデンティティの社会史（*Sex Science Self: A Social History of Estrogen, Testosterone, and*

*Identity*)』（未邦訳）の著者ロバート・オステルタグは言った。「単なる砂上の楼閣だ」

胎内にいるときアンドロゲンを投与された雌ザルが雄のように行動するという研究も、サルの社会化を考慮に入れていない。そうした雌ザルには雄のような生殖器がついていることがあり、そのため母ザルが雄として扱ったのかもしれない。ラットやサルなど動物の研究を人間に当てはめることには問題がある。動物の世界には、製品に女子用・男子用とラベルをつけてピンク／ブルーの分断を促進するテクノロジー企業や小売業はない。動物は、何が普通で自然で正しいのかについての考え方を形作る販売戦略のような影響力にさらされない。

だから、こうした男女間の平均的な違いが、出生前にアンドロゲンにさらされた結果として誕生時から存在しているのか、あるいは社会化の結果として生後発達するのか、確かなことはわからない。それを知るために、新生児の脳をスキャンして視覚・空間能力テストを行うことはできない。環境や行動の結果として脳の構造的な違いが生まれる可能性もある。科学界は神経可塑性を認識して重視するようになってきている。脳は経験に反応して変化し、出生前や出生直後のホルモン曝露によってのみ決定されるわけではない、という考え方である。

また、ジェンダーに関するどんなものとも同じく、ホルモンも複雑な働きをする。オステルタグの報告によれば、テストステロンが男性の乳房を発達させることもあるし、雄ウマの尿にはアンドロゲンよりエストロゲンのほうが多く含まれているという。[16] ホルモンはジェンダーという星座の中のひとつの星、女の子をトムボーイにする多くの要素のひとつにすぎず、その星は真空の中で回転しているわけでもない。ホルモン‐行動‐認識‐社会化というループの中で、文化的・物質的な外部環境の影響を受けているのだ。

言い換えれば、トムボーイは生まれだけの結果でも育ちだけの結果でもない。両者の混合だ。それがジェンダーの認識を形作り、子どもの行動や成人してからの能力や気質を決める。出生前のホルモン曝露と生後の社会化の両方がかかわっている。遺伝子と環境、子ども時代や生涯を通じてのそれらの相互作用である。ホルモン、脳の部位、トムボーイズムを完全に分離することはできない。そこには相関関係がある。それに、ジェンダーとはひとつのもの、体内のひとつの場所ではない。「我々はそれを測定する部位を探している」オステルタグは言う。「それはあらゆる場所にある。体のすべての部位に。人生経験のすべてに」

何かがあらかじめ組み込まれていると言うとき、我々はある種の関連、さまざまな事象の連続を当然視している。この場合は、脳は胎内で決められた性とその構造から来る影響によって特定の状態に規定されており、それに従って行動も決まる、ということだ。だが、多くの統計は種々のアイデンティティに関してばらばらな結果を示しており、そういう方程式がどれほど欠陥だらけかを例証している。

話はそれるが、一九世紀、白人は頭蓋骨計測という〝科学〟を用いて、アフリカ系アメリカ人の知能が白人より根本的に劣っていることを示そうとした。だが私たちは、人種に関して本質主義であってはならないことを知っている。健康、財力、死亡率、業績に違いがあるとしたら、それは生物学的なものではない。アフリカ系アメリカ人が置かれた、社会的に生み出された不利な立場によるものだ。アフリカ系アメリカ人の収入は白人アメリカ人のおよそ七五パーセント[17]、刑務所に入る確率は白人より高く[18]死産になる割合も高く[19]、心臓病から殺人に至るほぼあらゆる原因による死亡率も高い。[20]こうした違いの原因は人種ではない。人種差別主義だ。

女性の賃金は男性より低く、生活が困窮したり健康を害したりする割合は高い。しかし、その要因が生物学的なものでないことはわかっている。性でなく、性差別主義――誕生時に決められた性のせいで女性がどう扱われ、型にはめられ、抑圧され、差別されるか、ということである。

もちろん、二分法のどちらかにきちんと分類される男性と女性には違いがある。性の分化がなければ人間の生殖は不可能だ――少なくとも、今はまだ。男性は女性に比べて、心臓病、パーキンソン病、自閉症、腎結石、膵炎になりやすい。脳卒中、骨粗鬆症、片頭痛、アルツハイマー病、多発性硬化症は、男性より女性に多い。[21]こうした違いには、生物学的な性別によるものもあれば、社会的・文化的なジェンダーによるものもある。

どんな能力や特性が生物学的に男性側・女性側かを定めようとするとき生じる問題は、それぞれの側にあるものが変化することだ。その主な原因は、女性がかつて男性にのみ可能だった職業の領域に入り込み、女性がなだれ込んでくると男性がその場所の優先権を放棄することである。一九世紀、男の子は言語が得意だったが、女の子は物理を含む科学において男の子より優れた成績をおさめた。よく言われたフレーズは、「科学は淑女に、クラシックは紳士に[22]」である。ある研究によれば、女の子は教科書に女性科学者の写真が載っていると科学の知識をしっかり保持できるようになるという。[23]そして、一九世紀の教科書の少なくとも一冊の表紙には、女の子に顕微鏡の使い方を教える若い女性の絵が描かれていた。[24]

かつて、口笛、ズボンをはくこと、木登り、野球、自転車は、男の子のほうが生まれつき上手で適性がある、それらを行う女の子はトムボーイだけだ、と考えられていた。しかし今なら、すべての女の子がそれらを行える。昔、看護は医学の一部なので男性の仕事と見なされていたが、その後フローレンス・ナイチンゲールのおかげで女性の職業として普及した。同じく銀行の窓口業務も数字に関係があるという理由で男性の仕事だったが、やがてその地位は低下し、第二次世界大戦になると多くの女性がその職についたため形勢は逆転した。[25] 現代人はイヴリンやアシュリー、ビヴァリー、キャロル、ヒラリー、リン、ホイットニーなどを女の子の名前だと思うが、かつては男の子の名前だと思われており、多くの親が女の子にそういう名前をつけるようになって状況が変わった。

そして、コンピュータープログラミングという分野がある。昔、この仕事はほとんど女性が占めており、うち六人は一九四〇年代に初の大規模な電子高速コンピューター、エニアック（ＥＮＩＡＣ）のプログラミングに携わった。ハードウェア構築は男性の仕事と見なされ、もっと事務的な仕事であるプログラミングは女性が向いていると考えられた。その考え方は一九六〇年代まで続いたが、やがて男性はプログラミングが難しいことに気づき、女性をこの分野から追い出した。[26]

そして、情報科学に携わる女性の割合は一九九〇年代以降低下を続けている。過去二五年間で、女性の脳はいっそう女性的になったのか？ ソーは、この変化は法律や医学など女性にとって職業選択の幅が広がったことによると言う。しかし、テクノロジー分野における〝ブロ・カルチャー〟［同類の男性同士が集まって楽しむサブカルチャー］が大きな役割を演じている、と考えても間違いないだろう。物理や情報科学の分野に男性より女性が少ないとしたら、それを本当に脳のせいにできるだろうか？ かつては女性のほうがそうした分野で活躍していたのだから。ジェンダー、行動、脳という話になるときだけ多くの人たちが本質主義者になるのは、不思議としか言いようがない。

また、〈レゴ〉のブロックのような〝男子用〟玩具が空間認識能力を伸ばすこと、生まれつきの適性の有無とは無関係に私たちが子どもの性別に基づいて特定の能力や特性や興味を育んで伸ばす活動に向かわせていることを、忘れてはならない。男性やトムボーイ、CAHの女の子の視覚・空間能力が優れているのは、男子用の〈レゴ〉のセットをもらうことが多くて〈レゴ〉のフレンズをもらうことが少ないからかもしれないのだ。

単純化しすぎているのかもしれないが、男子用・女子用玩具の問題を、子どもへの話しかけ方、子どもに参加させる活動、子どもを男女に分けることにも拡大して考えたとき、社会化のすり込みという要素を無視することはできない。男の子と一緒に男子用玩具で遊ぶトムボーイやCAHの女の子は、生まれつきの性向を持つ場合もあるだろうが、一般的な女の子には入れない男の子だけの仲間文化に入れることも多いのである。

私自身の子どもたちもそうだった。上の娘は幼稚園から三年生まで、もっぱら男の子と遊んだ。こうした男の子たちの親の多くは息子をスポーツのチームに入れ、私の娘に対しても入らないかと誘ってくれたため、娘は五歳のときからサッカーと野球のチームに参加した。スポーツの文化に勧誘されたのだ。トムボーイではない下の娘は非常に足が速かったのに、チームに入らないかと誘ってきた子どもや親はいなかった。彼らは、服や虹やハートやキラキラから、下の娘はスポーツに興味がないと決めつけた。娘は別の文化に勧誘された。私たちは苦労して、スポーツもできるよう娘の世界を広げ、ピンク／ブルーの両方に足をかける者には自然に身につく柔軟性を会得させようとした。

ジェンダーに典型的でない好みを持つおかげで、あまり偏見を持たず線の両側に足をかける女の子について、キャロル・マーティンが言ったことを思い出してほしい。アンドロゲンがこうした女の子に胎内で恒久的な脳の変化をもたらしたとは限らない。ただ、ホルモンのせいで、トムボーイやCAHの女の子がその後歩く道が広がり、そのためさまざまな文化に招き入れられたという可能性はある。

アンドロゲンと、CAHの女の子が持つ男性的な活動への興味の両方が、空間認識能力の発育にひと役買っている。[27] アンドロゲンは生後、このように女の子の社会とのかかわりを変えることによって、遊び相手や玩具の好みなどジェンダーと関連した行動に影響を与えるかもしれない。最初は小さな違いでも、異なる道へと分かれて進んでいくうちに違いはどんどん大きくなる。

テストステロンのレベルが高い妊娠中の女性とそのトムボーイの子どもを調べたメリッサ・ハインズは、このように書いた。「出生前にアンドロゲンにさらされると、モノ（玩具）の選択など、生後のジェンダー関連行動に影響が出る可能性がある。ジェンダーで二分された行動の自己社会化に関するプロセスが変化するのも、その理由のひとつである。発達初期の脳に恒久的な変化が起こるからだけではない[28]」

男性脳と女性脳のあいだの線、行動を制御するテストステロンとそれ以外の影響力とのあいだの線よりも、私に明確に見えているのは、子ども用品を男子用・女子用と分けて売ること、ジェンダー別の好みは生まれつきだと考えるようになったこと、そして、それが変わりうるということとの、あいだの線である。

## ベッキー

彼女はただ、大好きなカウボーイブーツと一緒に、男子用のズボンをはきたかったのだ。七歳ではワンピースを着るのを拒み、宝石には目もくれず、化粧をするのは顔に髭を描くときだけ。ごっこ遊びで男の子を演じるとき声を低くして話すこともあった。女の子とは遊びたくなかった。男の子とのほうが、うまが合った。男の子になりたいと言うときもあった。絶対に、大きくなっても子どもは産みたくなかった。

それは一九七〇年代のトムボーイ全盛期だったが、独身であるベッキーの母親は、娘が男の子みたいにふるまいすぎると考えていた。ベッキーは女の子に体をこすりつけることすらあり、母親にはそれが年長の男の子がすることに思えた。それで母親は、ベッキーをカリフォルニア大学ロサンゼルス校（UCLA）の心理学者のところへ連れていった。彼らはベッキーに、トムボーイであることをやめろ、女の子のようにふるまえ、と教えようとした。

何カ月にもわたるセッションが続いた。研究室で一〇二回、家庭で九六回。女子用玩具を選んだら褒められ、男子用玩具を選んだら罰せられるという、パブロフ的な実験。[1] ベッキーは担当の女性セラピストを好きになった。彼女を喜ばせたいと思った。男の子にはなりたくない、だって男の子は赤ちゃんを産めないから、と言うようになった。化粧について「こんなのいらねえや、冗談抜きで、女の子みたいなにおいをさせたくねえよ」と言うのをやめ、代わりに「お化粧品はどこ？　お化粧はしなくちゃ。レディはお化粧するんでしょう？」と言うことを覚えた。[2]

七カ月後、ベッキーは完治を宣告された。報告書によれば彼女は「自発的に家庭で宝石や香水をつけはじめた」から、そして、父親と同年配の男性研究者に恋をしたからだ。ベッキーは、彼が毎日昼と夜に電話できるよう、彼に自分の電話番号を教えたがった。

この治療を監督したのはジョージ・レーカーズ博士で、その目的は「彼女のジェンダー自認とジェンダー役割行動を正常化すること」だった。彼は数千ドルの公的資金を用いて、本来すべきではないと彼が感じるふるまいをする男の子や女の子を研究した。レーカーズは〝女っぽい〟男の子の治療にも当たり、どうしたら男らしく行動できるかを教え、主に恥の意識を植えつけることによって彼らの女性的な行動を〝矯正〟した。

# 第七章　お姫さま期の終わりにご用心

「女性の感情的、性的、心理的なステレオタイプ化は、医師が『女の子ですよ』と言った瞬間に始まる」

――シャーリー・チザム[1]

「お姫さまって嫌い」娘の七歳の友達は誇らしげに宣言した。「ピンクも」

「あたしも」下の娘の七歳の誕生パーティに集まっていた女の子六人と男の子ひとりのうち、別の少女が賛意を示した。この一年生の女の子たちはピンクだらけで、虹やハートやキラキラという〝女らしい〟シンボルのついたワンピースを着ていたのだが。ちょうどお絵描きを終えたところで、そこではピンクや紫をふんだんに使っていたにもかかわらず、そういう色を嫌いだと言い放った。これから見る映画を探していたが、それはお姫さま映画であってはならなかった。「『アナと雪の女王』なんて嫌い」ひとりが言うと、一同はすぐさま賛成した。

友達と同じく、下の娘もガーリーな女の子文化に心酔したことがあった。三歳のときには、彼女たちは心理学者が〝ＰＦＤ〟（ピンクのフリルつきワンピース Pink Frilly Dress）と呼ぶものにどっぷりはまっていた。「女の子の非常に多くが、ワンピース、それも多くの場合ピンクのフリルつきワンピースを着ない限り外出するのを拒むという段階を経ることがわかった」心理学者ダイアン・ルーブルと同僚は、二〇一一年の論文でそう書いた。[2] 彼らが研究した母親たちの一部の記憶では、娘は話せるようになるやいなやPFDへの興味を表明しはじめ、ハイキングから乗馬まであらゆる場面でピンクを着ると言い張った。三歳と四歳のアメリカの女の子の実に七四パーセントがPFDを欲しがる。[3]

なぜか？　この現象の原因が文化規範だけではありえないことを、心理学者は知っている。アメリカの多くの親は、娘をお姫さま文化に侵されないよう守ろうと無駄な努力をし、子どもにアナやエルサのような服を着せることを拒否し、玩具をピンクだらけにしないようにすることに、かなりのエネルギーを費やしているのだから。彼らは全力で文化規範に抵抗している。しかも、先に述べたように、こうした規範が作られたのはごく最近のことだ。男の子がワンピースを着なくなったのはほんの一〇〇年前だし、ピンクが女の子の色だと考えられるようになったのは、それよりさらに新しい。ところがPFDは、まるで何百年も前から存在していたかのように我々の中に根づいている。それを求める願望はあまりにも強く激しいため、これは生物学的に決定づけられていると考えるようになった研究者もいる。

心理学者ジェリアン・アレクサンダーは二〇〇三年の論文、『性別化した玩具の好みの進化論――ピンク、ブルー、そして脳』で、「赤やピンクを好むことは女性の生殖の成功に向けての利点と考えられる」という仮説を立てた。人間以外の霊長類は黄色や緑より〝赤みがかったピンク〟を好むが、それは「成獣の顔に比べて子どもの顔は赤みがかったピンクであり、赤やピンクは子どもが生き残る可能性を高める接近行動を示していると思われる」からだ。成人女性や女の子がピンクを好むことには進化上の目的がある、それは赤ん坊を生き永らえさせるのだ、とアレクサンダーは推測する。[4] 私はこの仮説を眉唾ものだと思っている。理由は簡単、すべての赤ん坊が赤みがかったピンク色ではないからだ。アレクサンダーは私に宛てたメールで、有色人種の赤ん坊も成人に比べれば少しはピンクがかっていると答えはしたが。

一方、ピンクが二分されたジェンダーのどちらにも属さない色だという文化や国もある。かつて私は、男の子がピンクを着る日を設けて、アメリカで男の子たちをその色から遠ざけてきたジェンダーのステレオタイプや同性愛嫌悪の歴史への関心を高めたい、と言った。するとインド系アメリカ人の友人が、南アジアで男の子はどんな日でも普通にピンクを着ている、と話してくれた。彼女はそれを#MondayinIndiaと呼んだ。

心理学者は、アメリカでPFDがもてはやされる原因は結局のところ生まれだけでも育ちだけでもなく、その両方プラス認識能力・分類能力の発達であると認識するに至った。つまり、ジェンダーは生物学的に、社会的に、そして事実認識に基づいて、習得されるのだ。体がすることであり、文化が教えることであり、体と文化からのメッセージの対処方法として学ぶことである。ここで起こるのは〝自己の社会化〟だ。子どもたちはジェンダーとは何か、それがどう機能するかについての情報を、メディアから、親から、そして――おそらく最も重要なことに――お互いから入手し、そうしてジェンダーに関する現実を構築する。

ルーブルと同僚キャロル・マーティンは、子どもたちを〝ジェンダー探偵〟と呼んだ。世界を〝男の子がすること〟と〝女の子がすること〟に積極的に分けようとする者たちである。先述したように、ほとんどの子どもは二歳になるまでに、決められた性別の集団がふたつあることを認識し、三歳にはそれらと結びつくステレオタイプを知る。彼らは必死で、それを理解して完璧に習得し、所属したいという人間の究極の本能を行使して集団の中で自分の位置を確保しようとする。彼らがまだわかっていないのは、ジェンダーのステレオタイプと誕生時に決められた性別とが同じものではない、ということだ。そのため、ピンクとワンピースは女の子のものだからピンクのワンピースを着て化粧をしたら女の子になる、と信じ込む。トラックで遊んで髪を短くしたら男の子になる、と。

ＰＦＤ願望は、基本的には人間の持つ同族意識である。子どもが認識する最初の〝族〟はジェンダーであり、ＰＦＤ以上に〝女の子〟を明瞭に表すものはない。だから、女の子が族の中での居場所を確保して、自分はここに所属していると主張してそれを実証するのに、最もわかりやすい方法はＰＦＤを受け入れることなのだ。[5]

カリフォルニア州立大学の児童心理学者メイ・リン・ハリムと同僚は世界じゅうのＰＦＤについて調べたが、すぐに別のことに気づいた。六歳頃、アメリカの女の子の一部は「興味深い変身を遂げる。女らしいものならすべて受け入れるというそれまでの態度が、トムボーイとしてのアイデンティティに変化するのである」とハリムは書いた。彼らはこれを〝ＰＦＤからトムボーイへの変身現象〟と呼んだ。

ハリムは、小学生の女の子は男性的な行動や活動への好みを示しはじめることを見出した。スポーツをする、ズボンをはく、男の子と遊ぶ、〝男子用〟玩具で遊ぶ、ワンピースやスカートを身に着けるのを拒む、ピンク関連のものをすべて放棄する、など。ハリムたちが調べた女の子のうち、大きくなってもステレオタイプ的な女らしい好みを持っていたのは三〇～四〇パーセントにすぎなかった。「女の子たちはほんの数年前に歓迎していたPFDに背を向け、明らかな一八〇度の方向転換によって〝トムボーイズム〟が非常に一般的になる」。ほとんどの女の子にとってPFD愛好はひとつの段階にすぎず、三歳頃に生じて数年後には消え去るのである。

これは、第五章で論じたジェンダーの恒常性を彼女たちが理解した結果かもしれない。男性は化粧をしたりワンピースを着たりしてもまだ男性でいられるし、女の子はトラックで遊んでもまだ女の子でいられるのだ。ジェンダーのステレオタイプと誕生時に決められた性別が同じではないと納得した子どもは、〝女の子族〟の構成員としての資格を放棄することなく柔軟に行動でき、気軽に通路を渡って男の子っぽい活動や服というエリアに入れる。彼女たちは、ジェンダー集団同士の中間だけでなく集団内部にもバリエーションがあることを知る。

しかし、この説明にはひとつ問題がある。男の子はこのような変化を経験しないのだ。彼らが六歳になったとたん、バービーのドリームハウスを欲しがったり、これまで見るだけだったティアラとチュチュの組み合わせをついに身につけられると思ったりすることはない。逆に、好みや遊びについてもっと厳格になり、ステレオタイプをいっそう強化することもある。そこで疑問が生じる。なぜ女の子は六歳頃に男の子の領域に入ってもいいと感じるのに、その逆はないのか？

## 女らしさへの反感

子どもは四歳頃から、あらゆる人が自分と同じように世界を見ているわけではないこと、ものの見方はひとつではないことを知る。これは〝心の理論〟と呼ばれている。ひとりひとりに他人とは異なる独自の信念、好み、考え方があるという認識である。大きくなるに従い、子どもは種々のジェンダー集団の階層構造や地位を把握するようになり、一般にアメリカ社会では男の子と男子向けのものは女の子と女子向けのものより地位が高いことを直感的に理解する。女の子は、世間は女の子というカテゴリーに基づいた視点で自分たちを見ており、そのカテゴリーの地位は低いことを理解する。

ハリムによると、六歳から一二歳までの子どもは男性的な仕事を「女性的な仕事よりも重要で、金になり、難しく、地位が高い」と考え、年長になるほどその違いを明確に感じるという。七歳から一五歳までの子どもは、男性が「ビジネスや政治で女性よりも大きな権力や影響力、高い地位や尊敬」を得ていると考える。[6]

銀行窓口係や看護師などかつて男性のものと考えられた仕事が、男性より女性のほうが多く従事するようになって女性の仕事と考えられるようになったとたんに価値が低下すること、女の子は学校では男の子より成績がよく大学の学位も多く得ているのに賃金は男性の八〇パーセントであることを、[7]小さな女の子は知らないかもしれない。それでも彼女たちは、自分たちの社会的地位が男の子より低いことを直感で悟ることができる。男の子にとって大切なのは行動で、女の子にとって大切なのは外見であることを、子どもは早い段階で学ぶ。「女の子ってどういうもの？」と訊かれると、就学前児童の答えはたいてい、ワンピースや宝石や化粧に関したものになる。

イギリスのドキュメンタリー番組『ノーモア・ボーイズ・オア・ガールズ』で、司会者ジャヴィッド・アブデルモネイムはイギリスの小学生に、男女の違いはなんだと思うかと尋ねた。「男の人のほうが優秀だよ、だって力は強いし、仕事もたくさんあるから」ひとりの少年は答えた。「女の子っていうのは、可愛くて、口紅をつけて、ワンピースを着て、ハートが大好き」ある少女は答えた。「フットボールができるのは男の子だけ」ある少年は言った。「男の子のほうが元気で強いからだよね」別の少女が言った。

これは一九五八年ではなく、二〇一八年の番組である。だが、男の子のほうが自由で、力が強く、元気があるというメッセージは、時代を超越している。だから、女の子は女の子族に入るのにPFDを受け入れるが、多くはのちにそれを拒み、より高い地位に上がる手段としてトムボーイ的な側面を主張するのだ。オーストリアの精神科医アルフレッド・アドラーは、これを〝男性的抗議〟と呼んだ。力を得るため、劣った地位を拒絶するために、伝統的なジェンダー役割を拒絶することである。こうした女の子は、女性の低い階級から自らを切り離す手段として女性的なものを否定する。そのため、お姫さま期が終わると多くの親は喜ぶ。だが結局のところ、ピンクへの嫌悪感を公言してPFDを放棄する六歳の女の子は、本質的には性差別主義を自分の中に取り込んで内在化したのである。

## 女の子がハートを好きでなくなるとき

お姫さま映画やピンクを拒絶するとき、女の子は伝統的な女らしさと、それに伴う低い地位を否定しているのだろう。私の娘と友達が超左翼的なニューヨークで育っていたことも関係があるかもしれない。この地では、男の子が化粧に興味を持つと称賛し、女の子が化粧に興味を持つと（親自身も同罪だが）悩み、トムボーイは素晴らしいと考え、元気すぎる男の子は有害な男らしさに向かっているのではと心配するのだから。だが、『強さこそが新しい美しさ（*Strong is the New Pretty*）』（未邦訳）といった本が重要視されて人気を博している時代にあっても、ジェンダーのステレオタイプを充分に意識しているつもりの人間がそのステレオタイプを強化している場合がある。フェミニストを自覚している者でも、何かが女の子らしさや女の子を連想させるからという理由でそれを拒むなら、女性性を貶めているのかもしれない。文化が同調性を求めているという事実があるにもかかわらず、私たちは同調性を持つ子どもたちを責めているのかもしれない。

「『うちには女の子がいて、トラックで遊ばせています。この子には男子用のおもちゃしか買っていません』と言う親の話を聞いたことがある」作家で性研究者で神経科学者のデブラ・ソーは語る。「ところがその子は学校へ行くと人形を好きになる。人形を欲しがり、人形でしか遊ばなくなり、親はショックを受ける。それを聞いて私は悲しくなる。いったい何が悪いのか、と思うからだ。その子は人形遊びが好きなのだ。抑圧されているわけではない。人形で遊んだら、幸せな、充実した、あるいは成功した人生を送れなくなる、というわけでもない。いつの日かCEOになるかもしれない」。なのに、娘の成功を願う親は、娘が男のようにならねばならないと信じ込んでいる、とソーは考える。女の子があまり男っぽくないと、その子も親も不安になる。そうして、女性性＝悪という方程式を広めてしまうのだ。

　私は、ある一年生の女の子の親と話をした。その子は当時四年生だった私の娘と同じく、男子向けの服で身を固めていた。母親は娘に、虹やピンクやハートやユニコーンやキラキラを決して身につけさせなかった。その子は今やほかの女の子と遊びたがらない、と母親は言った。ほかの子は虹やピンクやハートやユニコーンやキラキラばかり好んでいて、その子とは合わないからだ。母親は声に優越感をにじませ、わかるでしょうと言わんばかりの視線を私に送ってきた。男子向けの服を着た私の娘もそういうものを見下している、と決めつけていたようだった。

　批判するつもりはない。しかし私は自分の研究から、一年生は、キラキラ・ユニコーン・ハート・虹願望はダサくて、男の子の国を支配するボールやトラックよりも劣っている、と女の子が思うようになる時期であることを知っている。男らしくストレートにするため我々が男の子をレースや花柄や虹から遠ざけたのがごく最近であることも知っている。だから、女の子をカッコよくするために（あるいは女の子に自分はカッコいいと思わせるために）誤った考えによって女子用とラベルを貼られたものを――ひいては女の子を――拒むよう促すのは、愚かだと私は思った。虹やハートがジェンダー中立的なものだったり、男の子の大部分に好かれていたり、〝男らしい〟というファイルに綴じ込まれていたりしたなら、この一年生の母親は娘をそれらから遠ざけただろうか？　私が言いたいのは、ハートや虹やキラキラやユニコーンは悪いものか、ということだ。それどころか、とても素敵なものである。それが悪いとされるのは、ガーリーな女の子を連想させるからだ。これは残念な方程式だ。女の子を連想させるものを拒むよう娘を育てるよりも、それを受け入れる男の子を育てるほうがいいのではないか?

私の家族は、色、玩具、服、性格特性を非ジェンダー化するよう努めてきた。核家族の人間なら誰でも、ハートや虹やキラキラやユニコーンが男女どちらかだけのものでないことを知っている。禁制のものなど存在しない。ほかの人々がそれを女の子と結びつけているという理由で非難されるべきものも存在しない。大きくなるにつれて、下の娘はピンクを拒むことなくブルーを好きになってもいいのだと悟り、上の娘はブルーを拒むことなくピンクを好きになった。

もちろん、PFDに背を向ける女の子のすべてが、シモーヌ・ド・ボーヴォワールが言ったように「女らしいとは自らを弱く、役に立たず、消極的で、従順だと見せることだ[8]」と気づいたからそうするわけではない。単に、認識能力が発達して、〝男の子のこと〟をしながらも女の子クラブにおける自分の居場所を放棄せずにいられる、クラブの会員資格はピンクのフリルを着たり好きだったりすることではない、と悟ったからかもしれない。ガーリーでなくとも女の子でいられることを理解したのだろう。考え方がより柔軟になり、サッカーをする、ズボンをはくなど、したいことができる自由を感じるようになったのだ——バレエをしたりスカートをはいたりすることを望む男の子があまり感じない自由を。典型的な女の子がPFDに埋もれるのとほぼ同時期に、スウェットパンツやTシャツ(これについては次章で詳述)といった男の子によく見られる好みを持って出現するトムボーイは、歴史上最も柔軟で自由な者たちである。

自分が本当に好きなものと、適切だと他人から言われたものを区別するのは、実に難しい。女の子は、自分が人形を好きだと思われていると知ったら本当に人形を好きになる、とキャロル・マーティンは言った。心理学者ロバート・B・ザイアンスが一九六〇年代に行った実験は〝単純接触効果〟を明らかにした。人は何かに接近すればするほどそれを好きになりがちだ、というものである。単純接触によって、それを容認して受け入れることが増えるのだ。[9] 我々はよく、同調性は社会的に作り出されたもの、文化の産物で、非同調性は生物学的、生まれつきだと考える——女の子の女らしさは人工的、女の子の男らしさは本来のもの。PFDは子どもたちに押しつけられたジェンダー強制、それを拒んでトムボーイズムを選ぶのは内面から生じる気持ち。しかし、トムボーイが自らの気持ちに従って行動しているのか、あるいは異性のステレオタイプ的な期待に同調しているのかはわからない。

これらの互いに相いれない考えから正解を導くのは困難だ。だが私としては、矛盾を解決しようとするよりは、社会的に生み出されたジェンダーという障害物を取り除きたい。自分の好みなどのアイデンティティを見出すのは、物事を試してみるプロセスである。私は子どもたちに、試す自由をもっと持ってほしい。

娘の誕生パーティで、私は『メリダとおそろしの森』を上映した。非常に女らしい外見の主人公が出てくるディズニーのお姫さま映画だ。しかし彼女は花嫁になるというあらかじめ敷かれたレールに乗るのを拒み、クマに変身させられたお上品な母親は、結局のところ伝統的な女らしさなど重要でないのだと悟る。

最初、私が〝お姫さまはダメ〟というルールを破ったことに少々苦情が出た。しかし数分もすると、子どもたちは若い女性が自らの道を切り開く物語にうっとりして見入った。美しいトムボーイが、お姫さまのドレス姿で、自らのジェンダー役割を拒絶したのである。

## ココ

昔ガブリエルだったとき、彼女は〝garçon manqué（ギャルソン・モンケ）〟（フランス語で「トムボーイ」の意）だった。ほかのきょうだいよりも、弟のアルフォンスが好きだった。アルフォンスと一緒なら木登りができたからだ。彼女は自分が考えるとおりのトムボーイでいられた。[1]

甲斐性がなく怠慢で浮気者の父親は、一八九五年、彼女が一二歳のとき母親が死ぬと、娘を孤児院に預けた。彼女は貧しい子ども時代を、小説の世界に没頭して暮らした。『ジェーン・エア』や『嵐が丘』といった悲劇的なロマンスである。だが、男性の助けをあてにする人生は送らないと心に決めていた。若くして、男の世界で生きていくにはどうすればいいかを学び、そのために女は男のような服装をせねばならないことを学んだ。

やがて彼女はココ・シャネルになった。

ココは一九世紀末から二〇世紀初頭の〝改良服運動〟に乗じて斬新で革命的なデザインを発表した。女性は一九〇〇年にオリンピックで競技をするようになり、第一次世界大戦中は仕事をし、アメリカでは一九一九年に参政権を勝ち取ったものの、自由な動きのできる衣服を着ない限り女性は精神的・肉体的に自由になれないことを、ココは知っていた。そして、衣服が男性的になればなるほど、人は自由に動けるようになった。

ココは多くの女性が一九世紀に着ていた重さ一〇キロ以上ものコルセット、腰当《バスル》て、ペチコート、張り骨入りスカートを脱ぎ捨て、彼女の象徴となるシャネルのスーツを世に出した。スカートの上に、紳士もののようなスタイルのジャケット、時にはネクタイ。それまで男性の下着に使われていたしなやかなジャージー素材でスポーティな服を作った。一九二〇年代にはもっと目立たず女性の体をコントロールする方法（ダイエットなど）が登場したが、服によって女性が働き、動き、呼吸できるようになったのは確かである。ココは女性に、快適になる権利、文字どおり動ける自由、トムボーイ・スタイルと呼べる最初のファッションを与えたのだ。

# 第八章　トムボーイはなぜ男子の服を着るのか

「おばのアレクサンドラは私の服装という話題に関して狂信的だった。半ズボンなどはいていたら、私はとうていレディにはなれないだろう、という。ワンピースを着ていたら何もできないと私が言うと、ズボンでないとできないことはすべきでない、とおばは言った」

――ハーパー・リー、『アラバマ物語』

「ワンピースを着せられたら、皮膚がやけどしたみたいに感じた」ローレルは幼稚園のときに味わった感覚をこう表現した。ローレルは一九九〇年代から二〇〇〇年代初頭まで、北カリフォルニアのダラムで、中流階級の白人家庭で育った。両親はかなりリベラルだった。妊娠中、母親は友人から男が欲しいか女が欲しいかとよく尋ねられ、こう答えた。「健康な異性装者がいいわね」。母親が得たのはまさにそんな子どもだった、とローレルは言う。

ローレルは母親に、たいていは「ユニセックスの〈L・L・ビーン〉のスウェットパンツ」を着せられたが、ワンピースを着ることが求められる数少ないイベントは拷問だった。映画『スペース・ジャム』が上映されたのは、そんなときだった。ローレルは常にスポーティだったが、マイケル・ジョーダンとバッグス・バニーがバスケットボールをする一九九六年の映画を見た瞬間バスケットボールの熱狂的ファンになり、頭から足の先までスポーツウェアで揃える口実を得た。そして五歳から一八歳まで、その格好で通した。

これが私のやり方だ、とローレルは言う。女の子として期待されているものから逃げ出して、トムボーイという自認によって居場所を得たのだ。女の子の服を着るのは「私という人間に反する」とローレルは言った。でも、「スポーツ選手がそのスポーツのための服を着るなら、人は理解してくれる」

## 衣服の持つさまざまな意味

トムボーイズムの最初の兆候、少なくとも親が最初に気づくことは、女の子が着るもの、あるいは着ないものである。私が聞いた話のほとんどで、男子向けの服を着たがるようになるのは三歳頃、ほかの女の子がPFDにどっぷりはまるのと同じ頃だった。この時期、ほとんどの子どもは他人と同調しはじめるが、玩具や遊び方と同じく一部のトムボーイは典型的でない衣服の好みを示す。男の子の格好をしたがるのである。

トムボーイがジェンダーに関して親と対立するとき、その最大の原因は衣服であることが多い。その力関係は、部分的には——大部分は——ジェンダーについての親の考え方とその時代の文化的規範で決まる。ワンピースにこだわりがなく、女の子が男子向けの服を着ることに平気な親もいる。

一九七〇年代なら、むしろ娘にそれを勧めたかもしれない。逆に、ワンピースを着ること、女の子らしく見えることがきわめて大事だと考える親もいる。

私は、ワンピースを拒絶したり着ないほうを好んだりしてスポーツウェアやスリーピーススーツを選ぶ若いトムボーイたちから、ローレルと似たような話を何十も聞いた。非常に派手な抵抗をした者もいる。ワンピースを罵倒し、癇癪を起こし、ワンピースへの嫌悪を公言し、おばの女性的な服を「私を閉じ込めようとする、ピンクのコットンの刑務所の糊づけした壁」と表現したときのスカウト・フィンチのように感じるのだ。特別なイベントでフリルのワンピースを着るのはかまわないけれど、それ以外のときはズボンとTシャツを丁重に要求する者もいる。私が調べた一八〇人の元トムボーイのうち、およそ四八パーセントはたいてい男子向けの服を着ていた。一四パーセントは常に着ていた。二七パーセントは時々着ていた。男子向けの服を一度も着なかったのは一一パーセントだけだった。

もちろん、男子向けの服を着るという選択肢が生まれるよりはるかに昔から、トムボーイは存在した。しかし彼女たちも、服装により識別できただろう。先に述べたように、一九世紀、すべての学齢期の女の子が（就学前の男の子と同じように）ワンピースを着ていたとき、トムボーイの衣服は（特に人気のトムボーイ文学において）、木登りや野球といった乱暴な屋外の遊びで汚れたり破れたりしていた。ジョー・マーチは自分のドレスを焦がして手袋を汚し、幸いにもそのおかげで、ダンスや舞踏会から連想される上品なレディらしいふるまいから免除される。

中流階級が発達し、ファッションセンスや美意識を表すものを買えるようになって以来、そして我々が子ども服をはっきりジェンダーで二分するようになって以来、衣服は自分自身を表すシンボルとなった。それは文字どおりでも比喩的な意味でも、社会的アイデンティティを形成して自分がどの族にいるかを示す制服である。ヒッピーの絞り染め、ゴスファッションの黒、上品なお姫さまピンク。自己表現とは、選択肢を持つ者のためにある。衣服は、自己表現を許されて実行することが可能な者のための言語である。

ジェンダー適合のトランスの子ども、誕生時に男だとされたが女を自認する（あるいはその逆の）子どもが異性向けに売られる服を着るとき、彼らは自分のジェンダー自認を表しているのかもしれない。だが、ジェンダー表現がジェンダー自認を反映していない子どもについてはどうなのか？ そういうタイプのトムボーイは、何を伝えようとしているのか？

## 二種類の快適さ

ジャンヌ・ダルクからアフガニスタンのバチャポッシュまで、女性が身を守るため男性的な服装を利用した例は古今東西数知れない。バチャポッシュとは、息子がいないという屈辱から家族を救うため、あるいは母親が次に息子を産むという幸運を呼び込むため、男として育てられた女の子である（ジェニー・ノールベルグの力作『カブールの地下の少女たち（*The Underground Girls of Kabul*）』（未邦訳）によれば、アフガニスタン人のほとんどは、赤ん坊の性別を決めるのは父親の精子でなく母親の体だと信じている）[1]。

こうした女の子の一部は、思春期になると、自分に課せられた女性というジェンダー役割を引き受けるのを拒み、男の子として享受した自由や支配権や地位を手放して成人女性の従属的な立場に置かれるのを拒む。アフガニスタンは、女性が暮らすのに世界一、あるいは二番目に悪い場所だとされることが少なくない。[2]彼女たちは男の子として服を着、暮らし、自由に走り回る。普通の女の子なら許されなかったであろうことだ。

しかしこうしたケースにおいて、異性を演じる理由はジェンダー自認ではなく力に関係している可能性がある。男性のエリアに入って男性の特権を手にし、男性として生きて彼らのように行動できる――その行動が戦争で戦うことであろうと、娘しかいない〝不幸な〟家庭に名誉をもたらすことであろうと。

私が話したアメリカのトムボーイのほとんどにとって、服装の好みはアイデンティティというより機能性の問題だった。たとえば、ペニーが一九九〇年にペンシルベニア州で赤ん坊ニッキーを産んだとき、既に子ども服は過度にジェンダーによる意味づけがされていた。ペニーはニッキーより年上の女のいとこふたりからの、非常に女らしいお下がりの服を山ほど持っていた。彼女はニッキーが女らしく育つことを想像して生後四カ月で耳にピアスの穴を開けた。「私はとんでもなく古くさい考え方をしていた」ペニーは言った。

けれども三歳になる頃には、ニッキーは何を着るかについて自分自身の考えを持っていた。「自分をどう見せるか、何を着るかについて、あの子はとても強い独自性を持つようになった」ペニーは言う。ニッキーは髪を短く切ってくれと言い、いつも野球帽をかぶりたがった。兄のお下がりを着ると言い張り、家族全員がバスケットボール、とりわけフェニックス・サンズの大ファンだったため、フェニックス・サンズのジャージはとりわけお気に入りだった。幼い頃からニッキーにとってスポーツはきわめて大切だったので、服もスポーツに適したものでなければならなかった。

「機能性と着心地のよさを兼ね備えた服を好んだ結果、楽な格好で走り回ることができた」ニッキーは言った。「今でも短いバギーパンツと着心地のいいTシャツを身につけている」

ニッキーはおばの結婚式にワンピースを着るのは平気だったけれど、履くのはスニーカーにすると言い張った。ユダヤ教会堂にワンピースを着ていくように言われれば従ったものの、大きくなるにつれてズボンをはくことが増えた。「私はそれでかまわなかった」母親のペニーは言った。「成人式のバル・ミツヴァーには、あの子は青いピンストライプのスーツを着たし、大物に見えた——大立者に。素敵で、快適そうだった。それが昔から我が家のモットー、我が家のテーマだった。いちばん大切なのは、ニッキーが快適であることだった」

見かけの素敵な服を着てみたら快適ではなかったという経験のある人なら誰でもわかるように、快適さには二種類ある。よく似合う、気持ちがいい、あるいは自分を表現するものを着ることによる精神的な快適さと、ムームーやスウェットパンツのようなものを着ることによる身体的な快適さ。ハイヒールやタイトなジーンズを身につける多くの成人女性にとって両者は相反する関係にあり、精神的快適さは身体的快適さより大切なのだろう。トムボーイにとっては、身体的快適さと精神的快適さは絡み合っているようだ。

ニッキーにとって、自分の外見は強みだった。ペニーによれば、幼稚園の卒園式で、同級生の男の子の多くが大きくなったらニッキーと結婚したいと言ったという。ニッキーは〝男みたいな〟服と行動によって地位を得た。一八九一年に将来「男たちが敬服し熱愛する女性」[3]になるとしてもてはやされたアメリカ人トムボーイの、ミニバージョンになったのである。

## 不活発になるための処方箋

ニッキーの母親は男性的な服装の手本を示さなかったが、ある研究によれば、トムボーイの母親の服装は非トムボーイの母親よりも男性的だという。[4] ステレオタイプと異なる女性の服についてのロールモデルがいる女の子は、自分もそういう服を好みがちである。しかしニッキーはペニーを手本にしたのではない。彼女は家族の中のバスケットボールファンをモデルにしており、そのほとんどは男の子だった。

ニッキーが生まれたのはガール・パワーの時代、生まれたその日から子どもの人生のありとあらゆる側面が完璧にジェンダーで二分された、アメリカで初めての時代だった。それまでの七〇年間も小さな子どもの服はジェンダーで二分されていたが、九〇年代にピンクの階層化という新たなレベルに到達した。こうした過度にジェンダーによる意味づけをされた子ども服は、文字どおりの、そして比喩的なメッセージを伝え、子どものセックスのみならずジェンダーの役割も表現した。私は娘が這い這いを始めたとたん、それに気づいた。娘の膝は、私が着せた可愛いお下がりのワンピースに絡まってばかりいた。底がつるつるのメリージェーンの靴で活動的になるのは難しかった。

ミトラ・エイブラハムズというイギリスの情報分析家《データアナリスト》が男子の服、女子の服の一〇〇〇品目をカテゴリーに分類した結果、女子の服の三分の二には花、虹、ハート、女の子の絵が描かれているが、男子の服でそうしたものが描かれているのは三・九パーセントにすぎなかった。男子の服の六三・九パーセントには、乗り物、動物、男の子の絵が描かれていた。女子の服の大半は白かピンク、男子の服はほとんどが青か灰色。女子の服には「プロのお姫さま」や「優しい人になってね」、男子の服には「ガオー」や「ボクは無敵だ」といった言葉が書かれていた。[5]

作家サラ・クレメンスは二〇一八年、『ニューヨーク・タイムズ』紙に自分の娘の服を男子服売り場で選んだことについて寄稿した。「女子服売り場には軽量のレギンス、スクープネックのトップス、飾りのついた靴ばかりだった。大きなポケットがあって膝を補強した女子用のズボンをインターネットで探したけれど、選択肢は腹が立つほど少なかった」。男子の服は「たいてい実用的にデザインされているのに対して、女子の服は可愛くなるようにデザインされていた」[6]。つまり、服には不活発になるための処方箋が包含されているのだ。そして私たちは、女の子は男の子ほど活発ではない、と言う。優しくなるより吠えることを選ぶ女の子を人はトムボーイと呼ぶけれど、それは決して公平な条件下での選択ではなかった。

八歳児の双子のトムボーイ、ディランとエリーは、服が女子用と男子用に分かれていることへの苛立ちについて話してくれた。「ピンクの服はいつも女子用、青や黒はいつも男子用の棚に置かれる」エリーは言った。

ディランは、女子用の服には「花とかキラキラとか虹」が描かれ、「男の子の服は、『スター・ウォーズ』だとかバスケットボールだとか、そんな絵ばっかり。女の子は、ええっと、強かったり、乱暴だったりしちゃいけないんだよね。男の子はカッコよく行動して、女の子はいつもピンクを着ることになってるんだと思う」。ディランはこのパラダイムを批判し、例外を教えてくれた。「同じクラスの女の子で、ピンクを着て、スポーツをやっている子もいるよ」

「あなたたちもスポーツをする?」私は尋ねた。

「うん」ディランは答えた。「で、ピンクは全然着ない」

ピンクのシャツにバスケットボールが描かれて「ガオー」と書かれていたら、彼女たちは〝女子〟服を着るだろうか? キラキラで優しさのメッセージが書かれていたら、〝男子〟服を着るだろうか? 私たちは、服だけでなくそれを着る子どもたちの心にも、こうした違いを作り上げてしまったのだ。

## 男子用の下着、男子用の靴

こうした服の違いが資本主義の産物なのは確かだが、男子の服を着ることと男性としてのジェンダー自認を行うこととに関係はある。イリノイ州を拠点としてトランスを研究する心理学者ランディ・エトナーは、子ども時代の習慣と成人としてのセクシュアリティやジェンダー自認との相関関係を知るため、レズビアン四五人、異性愛の女性六六人、トランスの男性五〇人を調べた。トムボーイというレッテルを貼られていたのか。髪の長さはどれくらいが好きだったか。〝異性装〟(この場合は男子用下着や靴を身につけること)をしていたか(先述のとおり、かつて異性装は女性がズボンをはくことを意味しており、男装は罪に問われることもあった)。

被験者はすべて、誕生時に女性とされていた。トランスのグループはほかのグループよりかなり若く、おそらくは年長の者が接していなかった言葉やロールモデルや情報に接しており、ほぼ全員が社会的性別移行をし、多くはホルモン治療や手術を受けていた。心理学者が考慮しなかったのは、このはるかに若いグループは過度にジェンダーで意味づけされた時代に育っていたことだ。年長のレズビアンとシスジェンダーで異性愛の女性はトムボーイ全盛期に育ったが、用いられたジェンダーの語彙の幅は狭く、ジェンダー自認に関してあまり多様な考えに接していなかった。ジェンダーをめぐる文化的な時代精神が人の自意識にどの程度影響を与えるかは、まだ充分にはわかっていない。

いずれにせよ、各グループ間には明確な違いが見られた。子どもの頃トムボーイと呼ばれたと答えた異性愛者は三〇パーセント、それに対してレズビアンでは七三パーセント、トランスの男性では九〇パーセントだった。異性愛者のトムボーイから成る対照群との比較ができればもっと優れた研究になったかもしれない。一九七〇年代に生まれた人々を探せば、いくらでも見つかるだろうに。

子ども時代に男子用下着を着たがった異性愛の女性はゼロ、レズビアンでは九パーセントだったが、トランスでは七八パーセントだった。レズビアンの半数が男子用の靴を履きたがったが、トランスの場合は九〇パーセント、髪を長くしたがったのはレズビアンの三分の一、トランスの四分の一だった。誕生時に女性とされたが子どもの頃自分は男の子だと主張した人々は、男の子だったらよかったのにと願っただけの人より、性別移行する割合は高かった――これは当然だろう。

エトナーは次のようにまとめた。「大人になって性別移行する子どもたちは、子どもの頃男子用下着を着て男子用の靴を履くことを望み、レズビアンとして育った女性はそれを望まなかった」。彼女はまた、自分の研究はこうした好みと将来のアイデンティティをまっすぐな線でつなぐことをまったく意図しておらず、相関関係を調べることだ、と強調した。「子ども時代の特定の行動や好みだけによって将来どうなるかを予言できる、と結論づけるのは単純すぎる」と彼女は書いている。

こうしたデータを裏読みすると、将来、性別移行をして男性になる者の四分の一は男子用下着に関心がなく、髪を長くしたがったのに対して、レズビアンで長い髪を望んだのは三分の一で、一〇パーセントは男子用下着を欲しがったことがわかる。ワンピースが拷問だったローレルは、成人してブッチになった。ワンピースを拒んだエレンという元トムボーイもそうなった。私が話した、トランス男性の双子クラークとキャスパーは、女子用の服には一瞬たりとも我慢できなかった。ワンピースに耐えることはできても少しもうれしくなく、着るよう強制されることもほとんどなかったニッキーは、ストレートのシスジェンダーである。おそらく、ローレルやエレン、クラーク、キャスパーは、〝女性性を拒む〟トムボーイ、ジェンダー自認はどうあれ今でも子どものときの格好を続ける〝永遠の〟トムボーイなのだろう。そしてニッキーは、ピンクやキラキラやハートに完全に背を向けることなく男性性を受け入れる〝一時的な〟トムボーイなのだ。子どものトムボーイが女子の服を拒絶する程度と、その後の性的指向やジェンダー自認とのあいだに、なんらかの関係はあるのかもしれない。

しかし私には、線引きは難しいと思える。ミリアムという一九五〇年代のトムボーイは子どもの頃ワンピースを着るのを心底嫌い、今でも嫌っているが、ストレートのシスジェンダーである。ファッション・ブログ『ダッパー・トムボーイ』の創設者でクィアのギャビー・キルシュベルクは、子ども時代はピンクやワンピースを身につけたけれど男子用下着を着るのが好きだった、と話してくれた。

したがって、子ども時代の異性装はジェンダー自認や性的指向を示す場合もあるが、必ずしもそうとは限らないのである。

## #tomboystyle の誕生

衣服とアイデンティティの微妙な境界線を受け入れるためには、大人のファッションの世界を見ればいいかもしれない。現在、小さな男の子・女の子の衣服はアメリカ史上最も明確にジェンダーで二分されており、トムボーイの遊び着は過去のものになったかもしれないが、〝トムボーイ〟という言葉はファッション業界に根強く残っている。とはいえ、それは歴史と切り離され、性別にとらわれない服装を生み出した。男子の服が男の子だけでなく大人にも応用されたらどうなるかを表したものだ。#tomboystyle である。

インスタグラムには #tomboystyle というハッシュタグをつけた投稿が多く見られる。そこに登場するのは、引き締まった体格でショートヘアーの男っぽい外見の女性、メンズウェアの女性バージョンを着たクィアの人々やトランスの男性、ルビー・ローズやエリカ・リンダーなどノンバイナリーや両性具有のモデルや俳優などである。ここでのトムボーイは、子どもや行動、かつて〝トムボーイ〟という語によって子どもが対処してきたジェンダー役割やルールとは、なんの関係もない。

たとえば、二〇一三年に『ダッパー・トムボーイ』を創設したとき、キルシュベルクは英語という言語とアメリカポップカルチャーにおけるこの単語の歴史を知らなかった。〝トムボーイ〟は、彼女が高校生で紳士用フォーマルウェア、特に彼女のサイトに載っているようなブレザーとボウタイを身につけはじめたとき、人が彼女の外見――行動やアイデンティティではなく――について用いた表現だった。「婦人服を男っぽく着たり紳士服を女っぽく着たりしていたけれど、女性スタイルとか男性スタイルとかを気にする必要はなかった。〝トムボーイ〟は自分の好みを表現しているだけだった」彼女は語った。「単に、この流動的なスタイルの開放性を意味していた」。彼女にとって〝トムボーイ〟とは外見のことだった。伝統的なファッションのジェンダー境界性に公然と挑む、真にクールな外見であり、セクシュアリティやジェンダー自認や誕生時に決められたセックスとは何も関係がない。

とはいえ、#tomboystyle の写真の中には人を勇気づけるものもある一方、雑誌やブログでは露出の多いタイトな衣装にちょっと男っぽさを足して #tomboystyle と銘打った写真も掲載されている。たとえば、レースのブラの上にブレザーをはおり、しっかり化粧をした顔で唇を尖らせてカメラを見つめる女性。体に張りつく革の服や胸の谷間を見せつけるワンピースに、だぶっとしたレジャーウェアを合わせた服装。「可愛いトムボーイ」のような言葉をプリントしたTシャツを見たことはないだろうか。

〝可愛い〟がトムボーイとなんの関係があるのか? コロラド大学コミュニケーション論教授ジェイミー・スケルスキーは、『トムボーイ・スタイル――ジェンダー反逆の改造』と題した論文を執筆した。自身が元トムボーイである教授は、トムボーイをジェンダーへの反逆でなくファッションの表現にするのは〝トムボーイの馴化〟の新たな一形態であり、思春期になれば男性を釣り上げられるようこれまでの生き方を捨てろとトムボーイにプレッシャーをかけるものだ、と言う。トムボーイ・ファッシヨンは〝トムボーイ〟という単語自体と同じく、人を解放することもあれば締めつけることもあるのだ。

## トムボーイらしい服装の長期的影響

元トムボーイたちと話す中で、ジェンダー自認やセクシュアリティがどうであっても彼女たちの服装に関してひとつの共通点があることに気がついた。ほぼ全員が、生涯を通じてフリルがなく過度にセクシーでないスタイルを維持していたのだ。必ずしも #tomboystyle というわけではないし、ファッションに少しでも興味がある者はごく少数だった。ハッシュタグのついていない、実用的なバージョンだったのである。

現在六歳のトムボーイの母親である元トムボーイのホイットニーは言った。「私がトムボーイとしてのアイデンティティを持ちつづけているのは、自分のセクシーさを前面に押し出して世間に見せるつもりがないから」。彼女は男性優位のテクノロジー分野で働いており、ズボンとローヒールの靴という自分の好きな格好をしている。「セクシーさじゃなく知性を見てほしい」。トムボーイでいること、トムボーイらしい服装をすることによって、彼女はそうするための勇気と力を得た。大事なのはどう見えるかではなく何をするかだ、ということがわかった――多くの男の子が受け取るメッセージである。

今でも女の子たちは、自分の着たいものを着ること、どんな格好をするかを自分で決めること、社会が自分たちに適していると考える外見を拒否する権利を持つことを求めて戦っている。二〇一四年、バージニア州に住む、「純粋な一〇〇パーセントのトムボーイ」と祖父が呼ぶサニー・ケールという八歳児が、ショートヘアーや男子の服を着たがる傾向を理由として、ティンバーレイク・クリスチャン学校に戻らないよう強く求められた。学校は家族に次のような手紙を送った。「神はサニーを女性としておつくりになり、サニーの服装や行動は神のお定めになったアイデンティティに従う必要があります。サニー本人とご家族がそれを明瞭に理解してくださらないのであれば、当校はサニーの将来の教育に最適な場所ではありません」[7]

一方、二〇一九年、最高裁判所はエイミー・スティーヴンズというトランスの女性の訴えを審理した。彼女は女性に移行したあと、あまり女性らしく見えないという理由で解雇された。シスジェンダーであろうとトランスであろうと、あらゆる女性に影響を与える問題である。[8] 二〇一九年（一九五九年ではない！）にはほかに何度か、女性にスカートを強制する服装規則と戦って勝利を得たケースがある。レイシー・ヘンリーというトムボーイを自認する一八歳は「ワンピースではあまり自信を感じられず」、女の子が卒業式にズボンをはいていくことを許可するよう学校に訴えた。ようやくそれが実現したのは、彼女が〈アメリカ自由人権協会〉と連絡を取ったあとだった。「生徒は服装の自由と自らの体の選択権を求めているにもかかわらず、その体は過度に性別化され、モノ扱いされています」嘆願書にはそうある。「そろそろ二一世紀に足を踏み入れ、こうした父権制的なスタンダードを取り除こうではありませんか」[9]

## ミリアム

ズボンをはきたかった理由はふたつ。ジャングルジムで遊ぶのが大好きで、それはワンピースだと難しかったことと、シカゴの冬は凍えるほど寒いことだ。

母は服装に関して自由な考えの持ち主だった。工場で一日一二時間、週に六日働く保守的なユダヤ人の夫と結婚していたけれど、プリーツつきのズボンを身につけ、実用的な靴を履いていた。父は、男の子や女の子がどんな格好をし、何をすべきかについて、一九五〇年代の水準からしても非常に時代遅れの考え方をしていた。でも母は、私がズボンをはくのは何も悪くないと考えていた。だから、私が学校にワンピースを着ていかなくてはならないと言われたとき、母はずっと抗議しつづけ、私をズボン姿で送り出してくれた。特に冬のあいだ、とてつもなく寒いときには。母はとうとう担任だけでなく校長にも呼び出され、私がズボンをはきつづけるならこの学校——家の近くにある公立学校——に通うことは許されない、と申し渡された。

これは私にとって、すごくつらいことだった。私は近視で内気な子どもで、ほとんどがカトリックである同級生から孤立していた。運動場での唯一の楽しみはジャングルジムなのに、もうそれで遊ぶことはできない。私は脚を出した格好で何度も登ろうとしたけれど、ジャングルジムは錆びていて冷たく、痛かった。あのばかげた服、つまりワンピースを着ることを強制されるようになり、しばらくしてジャングルジムをあきらめた。

休み時間はひとりで過ごした。冬にはとてつもなく寒く、みじめで、楽しいことは何もできなかった。

ズボンをはくのは自由になること。ワンピースを着るのは行動を制約されること。それは、決して忘れることのない教訓だった。

高校と州の科学コンテストで優勝したのに、理科の教師には、科学には女性の入る余地がないと言われた。私は少しのあいだ落ち込んだけれど、それでもくじけなかった。多くの女性は、服装にとどまらず決まった道を選ぶしかなかった。でもそれは、私の選ぶべき道ではなかった。私は当時男性の世界と呼ばれていたところで生きつづけ、成功をおさめつづけた。大人になった今もズボンと実用的な靴で男っぽい格好をしているし、異性を誘惑するような服装は一度もしたことがない。最後にスカートをはいたのがいつか思い出せない。そういった格好は仮装みたいなものだと思っている。

# 第九章　ピンクとブルーの育児

「子どもたちが自由な国が見える
ここからその国までは遠くないようだ」
――ザ・ニュー・シーカーズ、『フリー・トゥー・ビー、ユー・アンド・ミー』

## 「男の子、それとも女の子？」

ほぼ例外なく、これが妊娠している人にまず訊くことである。いや、訊く必要もないかもしれない。親は既に性別披露パーティを開いて、ピンクのアイシングをしたケーキや一〇〇個もの青い風船によって胎児の性別を発表しているのだから。

生まれたばかりの赤ん坊に最初にするのは、ほとんどの病院に行き渡っている赤紫と青緑のストライプ入り〈カドルアップ〉のおくるみで包み、ピンクとブルーのストライプのニット帽を頭にかぶせることである。大多数のアメリカの赤ん坊にとって、これがジェンダーで二分されない最後の――必ずしも最初ではないが――瞬間だ。ピンクとブルーというジェンダー中立的なものを身につけるのは、これが最後となる。退院するときには、たいていジェンダーを、少なくとも生殖器の種類を世間に知らせる格好になっている。我々は子どもに、どのセクションに属しているかを教え、他人をも巻き込んでその区分けを強固なものにする。

私は誕生前に子どもの性別を調べなかったが、絶対に女の子しか欲しくないと思っていた。ひとつには、割礼するかどうか決めたくなかったから。それに、素敵な男性が少ないのは素敵な男性を育てるのが難しいからだと悟ったから。というわけで私は女の子ふたりを望み、女の子ふたりを授かった。さ、ピンクの紙吹雪をばらまいて！［生まれてくる赤ん坊が女だとわかったときに叫ぶフレーズ］

とはいえ、私は最初からピンク抜きの母親だった。上の子にはワンピースを着せたが、それは私がワンピースを好きだったのと、幼なじみのケイティからお下がりのワンピースを山ほどもらったからだ。でもバービー人形やお姫さまグッズなど超〝ガーリー〟なものは慎重に避けていた。それらの何がガーリーなのか、ガーリーさの何が悪いのかを自問したことはなかったのだが。そういった疑問が生じるのは何年もあと、性に基づいた私の期待に我が子がどれだけ背いているか、あるいは沿っているかという現実が明確化したときだった。娘のひとりはトムボーイ――母親ではなく同級生につけられて娘が自称した表現――で、男子の服を着、最初の何年かは男の子とばかり遊び、スポーツに興味を持った。もうひとりは、外出時には親の許しさえあれば必ずしっかり化粧をして舞踏会用のドレスに身を包み、美人コンテストに出るような格好をしていた。

ある意味、ふたりのジェンダー表現がこれほど異なっているのは、こうした行動が生まれつきである証拠に思われた。けれど、私の育て方も違っていた。下の子を産んだときは四〇歳で疲れきっており、上の子のときのような、執拗なジェンダー圧力を防ぐ壁を築くための気力が欠けていた。ピンクのヘッドバンドやお姫さまグッズ、男の子・女の子がどんな外見でどんな遊びをすべきかについての絶え間ないメッセージに、抵抗する力がなかったのだ。誕生時に決められた性別が同じでもまったく違うように育つ可能性があることを、子どもたちは教えてくれた。とはいえ、ジェンダー化を防いだり防がなかったりという私の態度が娘たちにどれだけ影響したかは、永遠にわからないだろう。

しかし、一八〇〇年代半ばから末にかけてと一九七〇年代には、トムボーイを生み出そうという努力がなされた。女の子は、男の子の領域に入ることはできるし、入るべきだという考え方で育てられた。その後の心理学研究は、ジェンダーに関する親の態度が大きな影響を及ぼすことを示している。

研究では、性別に関係なく子どもは平等に扱われるべきだと考える親はトムボーイを持つ確率がより高く、そうした子どものトムボーイはジェンダーのステレオタイプをあまり持たず、ジェンダーに規定や制約をされることなく仕事を求める傾向が強いこともわかった。ジェンダー平等主義的な親はジェンダー平等主義的な子どもを育てることが多いのである。[1] 胎児のうちに子どもの性別を知らなかった女性のほうが、伝統的にジェンダーで二分された期待を持つことは少ない、という研究もある。[2] 出生前性別診断、性別披露パーティ、ピンクのヘッドバンド、お姫さまテイストの部屋は、ジェンダーのステレオタイプに頼りがちな子どもを育て、娘を女の子の領域に閉じ込め、他人にもその制限を押しつけることに通じやすいのだ。

## トムボーイを育てる

私が話したトムボーイのほとんどは、親に背中を押され、あるいは助けられていた。少なくとも、大目に見られていた。

アリソンは一九九〇年代にマサチューセッツ州サマービルで、左翼的な活動家の両親のもとで育った。彼らはアリソンと三人の姉妹を、レストランチェーン〈チャッキーチーズ〉よりも〈アムネスティ・インターナショナル〉の集会に連れていくほうが多かった。「両親はフェミニズムへの取り組みとして、私たちをガーリーじゃない女の子に育てようとした」彼女は語る。「父は『バーンスタインベアーズ』の絵本を窓から投げ捨て、人形遊びやピンク色を積極的に遠ざけた」（ジェンダーのステレオタイプに満ちているとして『バーンスタインベアーズ』シリーズを嘲る人もいるのだ）。彼女の母親は娘たちが何を選ぶかについてそこまで口出しせず、さほど厳格に女らしさを強制することもなかった。「だけど、少女用ブラを買ったりマスカラの使い方を私たちに教えたりするような母親じゃなかった」

子どもの頃、アリソンは髪を短くし、Tシャツとジーンズを身に着けていた。「ワンピースは一枚もなかった」。唯一の女友達はトムボーイ仲間で、スポーツをし、やはり服には無頓着だった。生物学を専攻して現在は技術系の会社で働くアリソンは、姉妹の中で最もトムボーイ的だった。だが姉妹も皆スポーツをし、ひとりはIT業界に就職した。姉妹のひとりは私の親友で、彼女たちはいつも飾り気がなく、精神的に安定していて、自信たっぷりに見えた。

エリックという父親も、現在ネブラスカ州で妻と一緒に育てている九歳の娘ゾーイを表現するのに、まったく同じ言葉を使った。彼はゾーイが幼いときから一緒にフットボールをし、クリフダイビングに連れていき、スケートボードを教えた。彼と妻は、ゾーイがモヒカン刈りにし、その後スキンヘッドにするのを許した。「あの子は冒険好きで、突飛なことが好きなんだ」エリックは言った。ゾーイの姉はステレオタイプに沿ったガーリーな女の子だ。何人ものセラピストが、これは複数の娘がいる家庭ではよくある現象だと語った。ひとりが伝統的に女らしく、もうひとりがトムボーイ的というのは珍しくないのだ。これは〝きょうだいの分化〟と呼ばれる。相手と異なる存在になって、お互いの欠けた部分の埋め合わせをするのである。ゾーイが運動用ショートパンツとTシャツを好んだのは、エリックが言うには「走り回ったりよじのぼったりするのが好きだという自覚があり、ワンピースを着るのはあまり実用的でないからだ。それに、あの子は父である私に似ているんだと思う。私は実用本位の人間だ。だから、服がどう見えるかとか、私にはどうでもいい。大切なのはどんな機能があるかだ」

アリソンとゾーイには生まれつきの傾向があり、それを両親が後押しした。そしてふたりとも母親より父親のほうに似ているようだ。実際、トムボーイの考え方には父親が大きく影響している。社会学者C・リン・カーがトムボーイを調査したとき、彼女たちは母親のことをほとんど語らなかったのに対して、父親については雄弁に話したという。父親などの男性のロールモデルに共鳴していたのだ。自分は父親のお気に入りだ、父親そっくりだ、あるいは父親みたいになりたい、父親は自分を「息子として」扱い、ハイキングや釣り、遊び、スポーツ観戦に連れていってくれたり、家の修理を一緒にしたりしてくれる——彼女たちはそう話した。[3]

ある調査によると、父親と過ごした時間の長さや、父親がどれくらい男性的・女性的かは、娘のトムボーイ的な度合いと関係がなかった。関係があったのは、娘が釣り、スポーツ、家の修理など「文化的に男性によく見られる行動」に携わるのを父親が是認するかどうかだった。[4]（ある調査では、女の子は父親と過ごす時間が長ければ長いほどジェンダーに典型的な職業を選ぶ傾向が低かった。[5] 別の調査では、子育ては、成人してからジェンダーの典型に反する職業につくかどうかに直接的な影響を及ぼしていた。「親の考えや行動は、子どもの価値観、希望、成果に関連する経験の解釈に影響している。これらは子どもの目標や自己スキーマ［特定の分野における自己認識］形成に寄与し、ひいては職業的な能力の構築に重要な役割を演じる」[6]）。トムボーイの父親は、女の子がこうした活動に参加することに肯定的な態度を示す傾向が強い。ただし、父親の態度と娘の行動のどちらが先なのかはわからない。とはいえ一般的には、父親は母親に比べて、ジェンダーに典型的でない活動をあまり認めたがらない。なにしろ彼ら自身は、ジェンダーの境界線を踏み越えないように育てられたのだから。

トムボーイが単に父親の刺激を受けただけではないケースもある。あらかじめ敷かれた女性らしさのレールを歩きたがらず、母親という見本、あるいは見本としての母親を拒否している、というケースである。C・リン・カーが調査したトムボーイの中には、母親と縁を切りたがり、母親について「未来がない」という表現を用いた者もいる。母親の人生で自分が見習いたいものは何もない、ということだ。母親を、犠牲者、弱い、感情的すぎる、従属的、酷使されている、無力な存在と考え、自分は決してそのようになりたくないと言う。

だが、どれだけ父親に憧れ、母親から離れることを望んでも、トムボーイが母親からの影響をはるかに強く受けているのは研究が実証している。とりわけ母親自身がトムボーイである場合には。トムボーイの母親も〝男子向け〟の玩具や活動を好む傾向があった。そして、母親が〝ボス〟と見なされている家庭――母親が家計を切り盛りし、子どもをしつけ、活動の計画を立て、家庭内のいざこざで優位に立つ家庭で育つ娘は、トムボーイになりやすい。強い母親のもとには強い女の子が育つのである。分断線の両側に興味を持つ母親が、自分と同じく偏見のない心を持つ子どもを育てようとするのは当然だろう。そして、子どもの性格の一部は生まれつきであっても、幼少期にジェンダーのステレオタイプに反抗するよう意図的に仕向けることで永続的なプラスの効果が得られるのも確かである。どんな育て方をしても、その影響は長期的に続くのだ。

数多くの研究が、子どもに決められた性別によって、大人が子どもの扱い方を変えることを示している。彼らはジェンダーとセックスを混同しているのだ。中でも非常に有名なのは、『ベイビーX――ジェンダーのラベルが子どもに対する大人の反応に与える影響』[7]と呼ばれる一九七六年の研究と、一九八〇年のフォローアップ研究『ベイビーXの再考』[8]である。これらの研究は、生後三カ月の赤ん坊が男の子や女の子として紹介された場合と、性別を明らかにされなかった場合とで、大人のかかわり方がどう変わるかを調べている。予想どおりではあるが、大人は、赤ん坊の性別がどちらだと言われたかによって、まったく異なる態度を示した。男の子だと言われたら、大人（特に男性）は赤ん坊にフットボールや男女兼用のおしゃぶりを与えた。女の子だと言われたら、人形を選ぶことが多かった。

こうした違いは昔から見られる。平等主義的な育児は可能であるし、私たちの多くはそうしているつもりでいる。しかし、ほとんどの人間が子どもの性別によって扱い方や態度を変えていることを示す証拠はふんだんにある。ある研究によれば、母親は決まって娘の這い這いの能力を過小評価し、息子の能力を過大評価していた。[9] 別の研究では、大人が赤ん坊を男女のどちらと思うかによって、泣き声の解釈が異なっていた。[10] 赤ん坊が男の子だと思ったら、大人はその泣き声の音程が高い、あるいは〝女性的〟であれば苦しそうだと解釈したのだ。親は赤ん坊が娘か息子かによって話しかけ方を変えることがわかっている。母親に比べて父親は、娘に優しく息子に厳しいことが多く、子どもがジェンダーに適合した玩具を選ぶと褒める傾向が強い。[11] 無意識の――時には意識的な――ジェンダー差別の例は枚挙にいとまがない。それは進歩的な人々にも当てはまる。

## 我々は何を間違ったのか

カウンターカルチャーや性革命に触発された一九七〇年代の反性差別的育児運動は、人が無意識に持つこうしたジェンダー差別と闘うものだと考えられた。それが後押ししたトムボーイ・スタイルは、広く普及したため、あえてトムボーイ・スタイルとして意識されることもなくなった。その時代の衣服や玩具には、女の子は男の子と別の生き物ではなく、男の子のものから遠ざけられる必要はない、というメッセージを伝えるものもあった。男の子でも女の子でも、なんにでもなれるし、なんでも――トムボーイになることも――できるという考えを子どもたちに植えつけることが意図されていた。しかし最近二〇年間に行われた研究は、私たちが今なお男女によって扱い方を変えていることを示している。メッセージは浸透しなかったのかもしれないし、別のものに代わったのかもしれない。

一九七〇年代は必ずしも、子どもにとって完全なジェンダー平等の波の到来を告げたわけではなかった。その時代のメッセージの大半は、女の子をトムボーイに育てろ、男の子のようにしろ、と親を促していたが、その逆はなかった。一九七〇年代の〈シアーズ〉カタログに、男女のサイズ変換表は掲載されていなかった。ユニセックスの服とは、実際には女の子が着られる〝男っぽい〟スタイルを意味していた。一九七〇年代の〈シアーズ〉カタログにピンクの玩具や服、男女のサイズ変換表がなかったことは暗に、典型的に女性的なモノからすべての子どもを遠ざけていた。伝統的な女性らしさの価値を下げることによって、女の子に力を与えていたのである（それは非常に効果的だった。私が話したトムボーイの大多数は、非常に女性的な者ですらピンクを拒絶していた。調査対象者の四七パーセントはピンクが嫌いと答え、三七パーセントはあまり好きではないと答えた）。反性差別的育児運動は一部の女の子を抑圧から解放してトムボーイを頂点に押し上げたが、女性らしさを否定して、トムボーイ以外の子どもたち、とりわけ男の子を置き去りにしていた。

女の子や女性が途方もなく抑圧されていることを考えると、このジェンダーのシステムによって男の子が不利な立場に置かれているという主張には納得できない。世界にはまだ女の子の児童婚が合法である地域が多い。女性に平等な労働の権利を保証しているのは六カ国にすぎない。二〇一七年と二〇一八年の映画でセリフや名前のある登場人物のうち、女の子や成人女性は三三・一パーセントだけだった。女性が男性より不利な立場に置かれている実例は、ほかにもいくらでもある。[12] しかし、男の子、女の子、どちらのカテゴリーにもきれいに当てはまらない子どもも、すべてを等しく抑圧から解放しない限り、反性差別的育児が本当の意味で機能することはない。

　子どもたちがジェンダーの線の両側に自由に入れるようにするには、その両側からジェンダーの色を取り去るか薄めるかせねばならない。そのためには創造性を働かせ、女性用とマークされて売られているものを男の子にも（そして、ＰＦＤ愛好から内在化した性差別主義へと移行した女の子にも）開放する必要がある。女の子をＳＴＥＭ分野に向けることに目が行きがちだが、一般に女性の仕事と考えられている職種である看護師や教師も不足しており、男の子を後押しして女性用と不正確なマークをつけられた物事に向かうようにもしなければならない。

　しかし、この大変な仕事に取り組むにはどうすればいいのか？　それは次世代の課題である。

　ベビーブーム世代の子どもは、他人のジェンダーを衣服や色で認識する初の世代だった。そのうち一部は、成人すると伝統的なジェンダー役割を放棄して反性差別的育児を試みるようになった。反性差別的でトムボーイを推進する時代に育った子どもの中には、自分の子どもを過度にジェンダーで意味づけされたやり方で育てた者もいる。今は過度にジェンダーで意味づけされた世代が子どもを産み育てる初の時代であり、自分の赤ん坊に対してジェンダーによる制約を完全に捨て去ろうとしている人々もいる。

　そうした人々が産んでいるのは〝ゼイビー（theyby）〟［"they"と"baby"を組み合わせた造語で、男女の区別なく育てられる赤ん坊のこと］である。

## カッコよくて流動的な子ども時代

キル・マイヤーズとパートナーのブレントは『ザ・カット』誌で自分たちのミッションを発表し、おそらくアメリカで最も有名なジェンダー・クリエイティブ育児の提唱者となった。彼らは自分たちの子どもズーマー・コヨーテの性別を明らかにしないままブログやインスタグラムに家族の出来事を載せ、二〇二〇年、『〝彼ら（they）〟を育てる　ジェンダー・クリエイティブ育児の冒険（*Raising Them: Adventures in Gender Creative Parenting*）』（未邦訳）を出版した。

マイヤーズはオレゴン州とユタ州にまたがる田舎でモルモン教徒として育った。モルモン教は大人のジェンダー役割については非常に厳格だが、マイヤーズと友人たちは子どもの頃、八歳で洗礼を受けるまでは性別ではなく年齢でグループ分けされていた。ほかのところでは過度にジェンダーで意味づけされた時代精神が支配的だったにもかかわらず、マイヤーズの家庭は非常に平等主義的だった。「私たちはお互いのお下がりを着た。リサイクルショップへ行った。我が家に過度なジェンダーはなかった」マイヤーズは言う。「私はすごくカッコよくて流動的な子ども時代を送ったと思う」

マイヤーズの家族は彼女が思春期になる前に教会を離れたが、マイヤーズは友人、とりわけ女の子が、モルモン教のジェンダー役割を負うようになるのを目の当たりにした。「成人した私たちが母親と妻以外のものになるだろうと考える人は誰もいなかった」。教育やエンパワーメントは女性にとって価値があるとは考えられなかった。「まるで、夫が現れるまでじっと待機しているみたいな感じだった」

その後、社会学の博士号を取るため勉強し、フェミニズム理論やクィア理論を学んだマイヤーズは、健康状態の多くがジェンダーに関係していることを知ってショックを受けた。男性は女性より事故で死ぬ確率が高いが、その原因は生物学的な性別ではなく、ジェンダーにあった。男らしさを演じろ、マッチョであれ、タフであれ、泣くな、無力になるなという文化的プレッシャーである。女性は男性より栄養失調や急性疾患になりやすく、それは介護の仕事や家庭での育児によって病気にかかりやすいからだ。男性は女性よりも殺人を犯しやすい。女性は男性よりも摂食障害になりやすい。「これはすべて、人はどう行動すべきかと我々が考えるステレオタイプと関連しており、この問題は大人になってからでは解決できない」マイヤーズは言った。「子どもの扱い方を変えていかねばならない」

マイヤーズは自分の子どもをジェンダー二分法の結果――誕生時に決められた性別と結びついた制約やステレオタイプ――から守ると決意した。こうして、マイヤーズはズーマーのジェンダーを決めなかった。ズーマーはいずれ自らのジェンダー自認を行うことになるし、それまでは自由に探索すればいい、とマイヤーズは考えた。これを極端なアプローチと見る人もいるだろう。しかし、子どもが生まれる前からあらゆる瞬間や行動やモノをジェンダーで二分してピンク／ブルーという窮屈な区別を押しつけることのほうが、よほど極端である。

ズーマーは（どの代名詞が自分に最もぴったりかを決めるまでは）〝彼ら（they/them）〟という代名詞を用い、男女兼用とマークされた玩具や衣服しか持っていない。自分の体の部位は知っているけれど、それが性別のカテゴリーやジェンダーと対応するとは考えていない。「ペニスを持ちながら女性を自認する人もいれば、外陰部があってノンバイナリーを自認する人もいるからだ」マイヤーズはそう書いた。家族でスニーカーを買いに行ったら、ズーマーはピンクのキラキラを選ぶことも、青と黒を選ぶこともできる。ある月にはエルサの歯ブラシを選び、次の月にはアニメの『パウ・パトロール』を選ぶ。トラックや救急車で遊ぶが、事故の被害者を看護する物語を作りもする。自分の家族が行っていることの九五パーセントは、今も赤ん坊のジェンダーを決めたり性別を披露したがったりする人々でもまねできる、とマイヤーズは言う。男の子が生まれる予定でも新しい青のベビーカーを買わず、古いピンクのものを置いておけばいい。「メーカーは消費者にあらゆるものをふたつずつ買わせようとする」。それが、性別によって子どもの扱い方を変えることにつながるのだ。

人々がズーマーの性別を決めつけ、それに基づいてズーマーの扱い方を変えるのを、マイヤーズは何度となく目にしてきた。ズーマーが女の子だと思ったら「お嬢ちゃん」の外見を褒め、男の子だと思ったら「相棒」と呼びかけて対等な相手のように扱う。子どもの体の構造がわからないと、ジェンダーの台本に従うことはできない。「ペニスがあるから男の子だ。はい、これが男子用の台本。外陰部があるから女の子だ。はい、これが女子用の台本。インターセックス用の台本はない。ジェンダー不適合用の台本もない。私たちはこの二種類の台本に頼りすぎていると思う。子どもが真に興味があることについて心を通じ合わせようと思うなら、こんな台本は役に立たない」。どちらかのジェンダーだと決められた子どもと話すとき、マイヤーズは台本に従わず、着ているものを見て女の子を褒めたりせず、男の子には意識的に感情について話そうとする。

この動きは広まりつつある。"Raising Theybies" という〈フェイスブック〉のグループには、本書の執筆時点で六〇〇人を超えるメンバーがいた（三カ月後には二〇〇〇人まで上昇した）。『ヴァニティ・フェア』誌は二〇一九年、ハリー王子とメーガン・マークル妃は赤ん坊アーチーを「ジェンダーに関して流動的なアプローチ」で育て、「どんなステレオタイプも押しつけるつもりがない」と報じた。

育児室はピンクやブルーでなく白とグレーに塗られる。なぜなら、有料チャンネルHGTVがあるブログ記事で述べたように、「グレーは新たな黄色」[13]だからだ。黄色は、出生前に赤ん坊の性別を調べなかった一六パーセント（親の年齢によって二パーセントから四五パーセントまで異なる）の人々が利用できた数少ない色のひとつである。[14]

これだけでは不充分だという人もいる。インターセックスでノンバイナリーのアーティストであるデル・ラグレース・ヴォルケーノは、「パートタイムのジェンダー・テロリスト」を自称し、誕生時に男とされた子どもふたりをパートナーとともにスウェーデンで育てている。子どもたちはスウェーデンに数多くある性差別のない幼稚園に通っている。そこでは、男の子と女の子の違いは重視されない。スウェーデンは二〇〇九年頃、性を区別しない代名詞〝hen〟を導入している。ほかの人々が（その中で男性のステレオタイプに当てはまる人はそう多くない）仮装用衣装箱と呼ぶものは、ヴォルケーノにとっては「可能性にあふれた衣装ダンス」である。ヴォルケーノが育てている子どもたちは〝ジェンダー革命家〟である。白人で、誕生時に男性とされた健常者だが、もしも彼らのジェンダー自認が男性であるなら「私が付き合いたいと思うような男であってほしい」とヴォルケーノは言う。

ヴォルケーノはどちらかというと男性に見えるが、スカートをはいたり化粧をしたりすることも多い。「子どもたちにとってジェンダー不適合の見本となるようにしている」ヴォルケーノはそう話してくれた。「ジェンダー中立的というのは、消極的すぎて私の好みじゃない。もっと積極的にかかわっていくべきだし、用心して引っ込んでいるよりは、やりすぎて失敗するほうがいい」

結局のところ、「男の子・女の子はこうすべきだ」「選択肢はそれだけしかない」というメッセージは、非常に広く普及した強力なものだ。それに対抗するには、とてつもないエネルギー、創造性、根気が必要となる。『娘のパパになるには　愛していることを娘に示す三六五の方法（*How to Be Your Daughter's Daddy: 365 Ways to Show Her You Care*）』（未邦訳）やそれと対になる『息子のパパになるには　息子と一緒に行う三六五のこと（*How to Be Your Little Man's Dad: 365 Things to Do with You Son*）』（未邦訳）といった本などでジェンダーによる二分を行って大儲けしている文化と対抗せねばならないのだ。違いに注目してほしい――〝愛し方〟対〝行動〟である。

我々がジェンダーで二分するすべてのモノ、色、活動は、子どもは生まれたとき決められた性別によって根本的に異なるという考え方を押し進め、その違いを押し固めて永続化させることを親に求めている。「『うちの娘はトラックを欲しがらない』と親は言う」ヴォルケーノは語った。「だけど実際、子どもにちゃんと選択肢を与えているのか？」

育児室の色をグレーと黄色に限定するのは、決められた性別に関係なくすべての子どもにあらゆる色、あらゆる可能性を開くことと同じではない。ピンクを着て女らしい活動に興味を持つことを阻止するのは、スポーツや人形や支配や養育に等しく価値を置くことと同じではなく、男っぽい女の子も女っぽい男の子も充分に正常の範囲内にあると考えることと同じでもない。

しかし、人は〝正常〟の範囲を限定しがちである。ひとたび、ある仕事や色や名前が女性的とされたら、男の子や男性がそれを採用するのは非常にハードルが高い。女の子でいながら文化的に認められる方法は数多いが、男の子に認められる範囲はいまだに狭い。

それを広げるひとつの方策は、ジェンダーのステレオタイプについて、早いうちから子どもと何度も話し合うことだ。二〇一七年の世界的早期思春期研究によれば、若者の無謀な行動は有害なジェンダー役割によって形作られ、それが世界じゅうの少女を早過ぎる妊娠、暴力、性病などの危険にさらしている。男の子は薬物乱用、自殺、早死になどの危険に陥りやすい。[15] そんなジェンダー役割が身についてしまう前にそれを疑え、と報告書は提唱する。ジェンダーのステレオタイプの害に関する二〇一九年のある報告書がきっかけとなって、イギリスで広告におけるそういうステレオタイプの使用禁止が実現した。ビキニを着た不健全なほど痩せた体はダメ。女性が掃除機をかける一方で男性がカウチに寝転んでビールをグビグビ飲むのもダメ。[16]

だが、メディアや文化がそうした規制に従うのを待っているあいだも、親は自分が子どもの誕生時の性別によって扱い方を変えていることに気づいていないかもしれない。ゼイビーの親は、まさにそこに変化を起こそうとしているのである。

## 新たな台本を書くために

当然ながら、懐疑論者や全面的な反対派は存在する。「女の子はピンクが好き」「男の子はトラックが好き」という考え方に固執し、そういうことは文化的な台本ではなくDNAに書かれている、子どもを生物学的にプログラムされたのと違うように行動させるのは無理だ、そうさせようとするのは生物学や現実を無視することだ、と信じる人々だ。こうした親を改宗させるのは無理かもしれない。だが一八〇〇年代と一九七〇年代のトムボーイ全盛期を見れば、文化という大きな船の舵をもっとジェンダー平等的な育児という方向に切るのは可能である。

男の子と女の子の扱い方を変えるべき理由もある。彼らが異なる生き物だからではなく、公平性を生み出すためだ。STEM活動に興味を持つ女の子が減っているのなら、STEMに関する女性向けの（必ずしもピンクでなくとも、女の子に向けたものであればいい）授業やゲームを用意すればいい。男の子が文化的に暴力に向かいがちなら、体を使うよりも感情に訴える遊びを探究する機会を増やせばいい。生物学的な違いは尊重しつつ、文化的・資本主義的に作り出された違いを取り除き、すべての子ども――シスジェンダー、トランス、ノンバイナリー、インターセックス、ジェンダー不適合――が探索できる空間を生み出すことはできるはずだ。

私たちは、子どもが自分の好みや性向を見つける手助けをし、それを後押しし、女の子に過度に女っぽく男の子に途方もなく男っぽくなれとプレッシャーをかける性差別主義に抵抗し、ひとりひとりの子どもが男・女という両極を結ぶ連続体の中で自分の場所を見つけられるようにせねばならない。過剰なまでのジェンダー役割は、広告や親や仲間、社会化や自己社会化の力、仲間からの監視によっていっそう強固にされ、どんなふうに行動しろ、何になれと子どもに命じている。こういうジェンダー役割がなければ、子どもたちがどんな活動に参加してどんな人間になるか、それは誰にもわからないのだ。

エリックのしたいことならなんでもしたがるトムボーイの娘ができるまで、エリックは自分がどれほど時代遅れの考えを持っていたか気づいていなかった。ゾーイは男の子みたいな活動をしたがっていると思い込んでいたのだ。「私の頭にはジェンダーに基づく偏見があった」彼は言った。

私にもあった。上の子が文化的に〝男子用〟と分類されたものを欲しがりだしたとたん、私は娘の衣装ダンスから少しでもピンクがかったものをすべて取り除いた（そして下の子に与えた）。下の娘がいなければ、あらゆる〝女子用〟アイテムは家から消え失せただろう。〝女子用〟と分類されたものは典型的な女の子ではない娘には無用だというメッセージを伝えただろう。だが何年か前、娘が男の子に多い角刈りにしたがったとき、私は一瞬ためらいを覚えた。周囲にそんな髪型の小さな女の子はいなかったからだ。でも、どうして女の子にとってその髪型は問題で、男の子にとってはそうでないのか？

違う。それは親にとって問題なのだ。

コミュニティは保守的だったものの、ゾーイは学校で問題なく過ごした。子どもたちは、女の子がモヒカン刈りでショートパンツをはくことを受け入れた。今、ゾーイはワンピースを着る日もある。男子用水泳パンツをはき、水泳用シャツを着る。「女の子っぽくしたがろうと、男の子っぽくしたがろうと、どうしたがろうと、あの子が人に優しくて思いやりがあり、愛情たっぷりで、自分と他人を尊重するなら、私たちは諸手を挙げて応援する」エリックは言った。

性質や衣服や活動をジェンダーで二分するのは、不必要というだけではなく有害でもある。子どもたちが「自らのジェンダーに対する偏見を押しつけない親を持つ」ようにならねばならない、とエリックは力説した。私たちが考えるべきは、男の子や女の子にどうあってほしいかではなく、自分の子どもにどんな性質を身につけてほしいかである。私はこれを、ジェンダー・クリエイティブ育児と呼びたくない。単に育児と呼びたい。

「親は赤ん坊のジェンダーばかり気にしている。それによって子どもがどんな人生を送るかが決まるからだ」ケンタッキー大学心理学教授で『ピンクとブルーを超越した育児（*Parenting Beyond Pink and Blue*）』（未邦訳）の著者、クリスティア・スピアーズ・ブラウンは言う。赤ん坊の性別が予言しているのは、赤ん坊が本能に従ってどのような人間に育つかではない。我々が赤ん坊をどう扱うか、どんな衣服や玩具を買ってやるか、どんな活動をさせるか、どんな友達と遊ぶよう促すか、どういうふうに話しかけ、指導し、制限を課すか、どんなメッセージを送るか、ということである。

## ミラ

八歳のとき、母にエレン・デジェネレスのトーク番組のビデオを見せてもらい、あんなベリーショートの髪型にしようと決めた。とにかく私の心に響いた「けれども五年後には、サッカー選手のアビー・ワンバックみたいに横を刈り上げて上を長くし、ミーガン・ラピノーみたいにピンクに染めた」。

そのとき髪は肩の下くらいまで伸びていたけれど、どんな髪型にしたいか親に言った。一週間待ちなさい、と親は言った。それでも気が変わらないか確かめてから、と。気は変わらなかった。新しい髪型には満足したし、親も賛成してくれた。同じくショートヘアーだった教師も支持してくれた。同級生はちょっと引いたけれど、私は気にしなかった。私は自分で着替えができるようになって以来ずっと〝男子向け〟の服を着ていた。パーカー、ショートパンツ、Tシャツ。正装しないといけないときは、ズボンと襟つきシャツ。みんな、それを見慣れていた。人はいつも、私についてトムボーイという言葉を使った。当時私はそれを「タフな女の子」の意味だと思ったし、異存はなかった。知らなかったのは、外の世界は親や友達や教師ほど私の生き方を認めていないということだった。

トイレ事件は何度もあった。大人やティーンエイジャーはいつも、私が間違ったトイレに入っていると言った。誤ったジェンダーによる二分は無限に続いた。一〇歳のとき、キャンプのカウンセラーに女子用更衣室から追い出された。男だと思われたからだ。一一歳のとき女の子ばかりのソフトボールのキャンプに行き、一日じゅう「あの男の子」と言われた。今年、陸運局で州発行の免許を取ったとき、職員は「性別：女」と書かれた出生証明書を見ながら、私を指して「彼」と言った。

他人、特に年配女性の思い違いを正すと、彼女たちは気まずい顔ですまなそうにしながらも、「私にもそういう時期があったわ」と言って私を安心させようとする。私もいずれ卒業する、と言いたいのは明らかだ。

もっと悪いのはサッカーをしているときだ。相手チームのコーチや親は私のコーチに、「おたくのチームはずるい。男子が入っているじゃないか」と言う。うちのチームには、私以外にもショートヘアーの女の子は三人いる。うちが勝てば勝つほど、相手から抗議されることも増える。相手のコーチは性別を記した登録選手表を見せろと言い、見てもまだ信じようとしない。出生証明書を要求することすらある。

一〇歳のある日、キャンプで男の子が尋ねた。「君って男の子の服が好きなんだ？」

「自分の服が好きなだけ」私は答えた。

「で、男の子の髪型が好き？」

「自分の髪型が好き」

たまに考えてしまうこともある。私の髪は、トラブルを起こすだけの値打ちがあるのか？

でも毎回、そう、値打ちはある、と思う。大事なのは髪型じゃない。私は自分らしくあることに満足しているし、それを決めるのはほかの誰でもなく私だ、ということだ。

私の格好は単なるひとつの段階ではない。変わったのは〝トムボーイ〟という言葉に対する自分の気持ちだ。私は男の子気取りではない。女の子であることに誇りを持っている。

# 第三部　成長したトムボーイ

# 第一〇章　思春期が来たらトムボーイはどうなるか（非常に大きな疑問への短い序論）

「トムボーイは一二歳以下なら愛らしく、思春期の前期なら面白く、後期なら問題があり、成人したら完全に危険となる」
――レネ・センティレス、『アメリカのトムボーイ一八五〇～一九一五年』

コニーはワンピースを着なかった。ショートパンツ、Tシャツ、スニーカーを身につけ、五歳上の兄を敬慕していた。兄と一緒に自転車に乗って近所を走り、おもちゃの兵隊で遊び、飛行機の模型を作ってそれを燃やし、小川や森を駆け抜け、裏庭と呼ぶ狭いコンクリートの敷地で戦争ごっこをした。友人の全員ではないが多くが男の子だった。

思春期になると、少し女らしくなった。服装はそうでもなかったが、遊び方、髪型、自分の見せ方が変わった。理由は周囲に溶け込めというプレッシャーかもしれない。思春期前と思春期後の女の子に対して我々が抱く互いに異なる期待、〝フローおばさん〟［英語圏での〝生理〟の呼び方］が来たらさっさとトムボーイは卒業しろというプレッシャーである。あるいは、七年生で初恋をしたからかもしれない。一〇年間友達付き合いをしていた仲間が、突然デートの相手の候補者となったのだ。

多くの研究が、トムボーイズムは思春期に終わる場合が多いことを示している。その主な原因は社会のプレッシャーだとされる。[1] オーバーオール姿でつんつんの尖った髪が可愛らしく、男の子と遊び回る思春期前の女の子は受け入れられても、男性的な成人女性は昔から称賛されるよりは非難されるほうがはるかに多かった。

「人は私をトムボーイと呼ぶのをやめたとき、なんとも呼ばなくなったと思う」イェール大学の哲学准教授でジェンダーに関する論文を多く執筆しているロビン・デンブロフは言った。デンブロフは子ども時代ずっと大人からトムボーイと呼ばれ、大人はその言葉によってショートヘアーや男子の服を好む性質を説明していた。誰も、それを将来の性的指向やジェンダー自認の兆候だと考えなかった。「〝トムボーイ〟にそれ以上の深い意味はなかった」デンブロフは言う。一九九〇年代のカリフォルニア州セントラル・バレーの非常に保守的なキリスト教コミュニティで在宅教育を受けたデンブロフは、その言葉を受け入れた。「それ以外の選択肢を知らなかったから」だ。

今デンブロフは〝それ以外〟の選択肢を採用している。男性・女性という二分法の枠外にあるアイデンティティを意味するジェンダークィアだ。だが、トラウマ的な思春期を過ごしている時期にその言葉はまだ生まれていなかった。デンブロフは、世間に認められたわかりやすいカテゴリーに属するのをやめ、シスジェンダーの人々にとってはジェンダーがわかりにくく受け入れがたい人間、すなわち〝その他〟になった。

「ラベルは存在しなかった。私は単なる〝変人〟だった」。デンブロフ自身にも家族にもコミュニティにも、デンブロフの経験を理解するための概念の枠組みはなかった。デンブロフはどうしても男の子になりたかったし、子どもの頃は男の子として生きていた。ところが思春期になると、その選択肢は消え失せたのだ。

## 我々が生み出そうとしているのは永遠のトムボーイではない

思春期前の男の子と女の子は、子ども時代早期のホルモン分析においてそれほど互いに異なってはいない。ある小児内分泌学者は、幼い子どものアンドロゲンとエストロゲンのレベルはほとんど検知できないほど低い、と教えてくれた。胎内にいるとき生殖器官を（それを言うなら脳も）分化させるホルモンが大量分泌し、出生直後に再び分泌したあとは、男女とも五歳から九歳までの子ども時代中期に穏やかなアンドロゲンの増加を経験する。思春期になると、脳の視床下部が体のさらなる男性化・女性化を進めるホルモンの放出を管理し、月経や精子形成を始めさせる（これは大部分の子どもに起こる一般的な話だが、もちろん例外はある）。

言い換えれば、出生後のホルモンの差異は子ども時代には非常に小さいが、思春期には大きくなるのだ。私たちは世間の期待により、そして身体的な意味でも、きわめて大きな性分化を果たすのである。

思春期の体の変化によって、女の子はトムボーイズムに背を向けることもある。生理や乳房の発達、突然男性に好色な目で見られることなど、体の変化が感情的・身体的な苦痛をもたらすからだけではなく、思春期後の女の子がシャツを着ずにフットボール場を駆け抜けるのは（私が暮らす都市では合法だが）許されないからでもある。思春期前の体という盾に守られていたトムボーイは、思春期になったとたん、自分がどれくらい男らしく（または女らしく）ありたいかを決められなくなり、世間が自分を男と見るか女と見るかについて決定権を持たなくなる。多くのトムボーイが、二度とそういう保護を感じられなくなったと話してくれた。思春期を境に、ある種の特権が消滅したのである。

どんな子どもでも思春期には気持ちが落ち込んだり不安になったりするが、トランスの子ども、ジェンダーの二分法の枠外にいることを自覚する子どもにとっては、性別違和が生じる時期でもある（既に生じていない場合には）。性別違和とは、「個人が表出／実感するジェンダーと、他人がその個人に指定したジェンダーとの顕著な違い」である。それは「臨床的に重大な苦痛や社会的・職業的・その他重要な機能領域における損傷」[2]を引き起こしうる（これについては第一二章で述べる）。幼い頃からずっとトランスの子どももいる。思春期にそれが発現することもある。もっとあとになってからの場合もある。

あらゆる種類のトムボーイにとって、思春期はつらい時期になりうる。早くも女性という流れに乗っている女の子に比べて、より多くをあきらめ、より多くを変えることになるからだ。アメリカでトムボーイズムが認められるようになった当初から、そこにはひとつの条件があった。思春期になったらおしまい、ということだ。

遊び場《プレイグラウンド》運動の父と呼ばれるジョセフ・リーは、一九一五年にこう書いている。「女の子はトムボーイ期にはトムボーイであるべきで、トムボーイであればあるほど望ましい」。トムボーイ期とは八歳から一三歳であり、その「一時的な段階に執着」してはならない、と彼は警告した。「我々が生み出そうとしているのは永遠のトムボーイではない」[3]

なぜ永遠のトムボーイではいけないのか？　社会統制のためだ。第一章で触れたとおり、一九世紀に初めて〝トムボーイ〟という単語がいい意味で女の子につけられたときから、それは優生学と結びついていた。健康な白人の女の子を、ちゃんと生殖できる白人の成人女性に育てるというプロジェクト。女の子は妻や母として適切な義務を果たせるようトムボーイであることをやめねばならず、男らしくなったりレズビアンになったり男性を自認したりしてはならなかった。この単語はもう人種差別主義に染まってはいないが、思春期を過ぎたら女性らしくなるべきだという期待は変わっていない。

私が話したトムボーイのほぼ全員が、思春期のあとはトムボーイをやめろという親や仲間や文化からのプレッシャーを感じていた。大部分はステレオタイプ的な女性になろうと試みた――真珠のイヤリングをつけ、ピンクのトレーナーを着た。だが多くは、これを演技だと感じた。仮装して世間に出ていくような感じ。その後彼女たちがどうしたかは、どれだけの自由があったか、どんな言語を用いることができたか、自分自身をどれくらい理解していたか、どれだけの応援を得られたかによって異なる。しかしほとんどは、子ども時代のトムボーイズムは大人の自分にいい影響を与えており、トムボーイから卒業はしていない、と感じていた。

たとえば、デボラは一九五〇年代にデトロイトでトムボーイとして育った。カウボーイのホパロング・キャシディ風の服装に二丁拳銃用ホルスターをつけてベッドに入った。母親は彼女が眠ってからそっとホルスターを取り上げて洗っていた。デボラはワンピースもピンク色も大嫌いだったし、今でもフリルは好きではない。母親は一三歳でブルックリンの実家から家出した反抗的な人物で、ジェンダー規範には無頓着だった。「私はホパロング・キャシディかロイ・ロジャースかペリー・メイソンになりたかった。母は、身体的に不利な点はあっても、私はなんでもしたいことができると言いつづけた――なんでも、その気になりさえすれば。母は正しかった」。父親のほうはもっと厳しく、思春期になればデボラは屈服すると期待していた。「父は私について筋書きを描いていた」。つまり、娘のトムボーイズムはいずれ終わり、彼女は父親が決めた道を歩むだろう、ということだ。だがデボラは拒否した。「大学へ行って、文学士号を取って、一年間働いて、同じカントリークラブに所属する人と結婚して、子どもを産んで、慈善活動をして、死ぬ。そんな人生はまっぴらごめん」

デボラは家を出て結婚し、子どもを産み、家族経営の事業で共同ＣＥＯになった。デボラのセクシュアリティとジェンダー自認は父親の期待どおりだったが、行動は違った。

私が話した元トムボーイの多くは金融やテクノロジーなど、男性優位の分野に入った。多くは体の線を強調しない楽で実用的な服を着つづけている。ほとんど全員が内面の快適さと自信を感じているが、それはトムボーイの領域で得たものに思える。しかし多くのトムボーイにとって、思春期はつらい時期だった。

デンブロフが自分のアイデンティティを表す言語を見つけるのには何年もかかった。今デンブロフは、ほかの人たちがその言語を使えるようにし、伝統的なジェンダー領域の中間、あるいは外での生き方を満足できるものにしようと、多大な時間を割いている。「私は今、自分が読めたらよかったのにと思うことを書いている」

コニーの場合は、肉体的にも文化的にも女性らしくなったが、トムボーイズムの一部の側面は残っている。弁護士として働くためビジネススーツを着る必要はあるけれど、できる限りトムボーイ的なスタイルにしているのだ。「仕事にワンピースは着て行かない。スカートはめったにはかない。楽じゃないから。ズボンのほうが好き。ハイヒールは履かない」。模型の飛行機を燃やしたりシャツを着ずに走り回ったりすることはないが、自分に満足し、男性の世界と女性の世界の両方にいることに満足している。

トムボーイにはさまざまなバラエティでなく〝一時的〟・〝女らしい〟トムボーイと〝永遠の〟・〝男らしい〟トムボーイの二種類しかいないという考え方は、単純すぎると私には思える。包括的なプリズムではなく、これもひとつの二分法だ。しかし、私が話したLGBTQ+の多くは、〝トムボーイ〟はすべてを含む包括的なカテゴリーではないと感じていた。彼らはトムボーイを、シスジェンダーのストレートと、トランスやノンバイナリーやバイセクシュアルやパンセクシュアル［男女に限らずあらゆるセクシュアリティを性愛の対象とする人］やゲイに分けた。ジェンダーとセクシュアリティ両方のスペクトルを認めながらも、一種の限界点、自分が越えてきた線が存在するとも感じていた。

こうした研究からは、ある特定の種類のトムボーイとある特定の種類の大人とに相関関係はあるが、必ずしも明確な道ではない、ということがわかる。子ども時代のトムボーイズムはその後のあらゆる可能性を包含した肥沃な大地である――そこに植えられた種が、望むどんな形に育つことも許されるならば。私の話したトムボーイの多くはよく似た子ども時代を送っていた。だが、思春期のあとトムボーイはどうなるのか？

それは人によりけりである。

## ケイト

私は天使じゃない。修道女たちはそう言った。

私は一九五〇年代にニュージャージー州パターソンで厳格なカトリック教徒として育ち、カトリック系の学校に行った。母は専業主婦、父は学校の校長、ふたりはまるで一九五〇年代のホームドラマ『陽気なネルソン』のオジーとハリエットだった。でも私は違った。私はトムボーイだった。男みたいな女の子だった。

父のほうは寛大だったけれど、母は警戒し、不安がり、私が姉みたいになることを望んでいた。勤勉で、女性らしい道をしずしずと歩く、理想的なカトリックの女の子。

でも私は毎日放課後バスケットボールをし、クロケット帽をかぶり、ホルスターに入れた銃を持ち歩き、電車で遊んだ。向こう見ずだった。私の自転車は車に入らないから海岸まで持っていけないと父に言われたときは、自分で自転車を分解してタイヤを膝に載せ、海岸に着いたらまた組み立てた。ノーという返事は決して受けつけなかった。

女子用の帽子は欲しくなかった。イースターのときは、オートバイ用帽子かキャプテンハットをかぶった。もちろんスタンダードなカトリックの女子用制服は着なくちゃならなかったけれど、学校の外ではジーンズとトレーナー、それにお気に入りの、私が〝ビートニク・セーター〟［ビートニクとは一九五〇年代の反体制的文化の担い手たちを指す］と呼ぶ黒と赤のストライプのクルーネックのセーターを着ていた。誰も、私の服装について何も言わなかった。一九五〇年代だったし、子ども用のトムボーイ・ファッションは普通だった。正常の範囲内だった。

けれど、私の行動はその範囲から逸脱することもあった。

一年生のとき、担任のシスター・ジョーンが大好きだった。そのとき事件が起こった。毎日午後になると、女子も男子も椅子とつながったタイプの机から出て、トイレへ行くのに列を作った。クリスマスを前にしたある日、女の子は修道女たちから「イエスさまに会いに行く小さな天使」のように歩きなさいと言われた。男の子は「羊飼いのように歩きなさい」と言われた。彼らはそれを、机の横を回るのではなく机を跳び越していいという意味だと解釈した。私はいつも男の子と同じようにしていたので、机の天板をつかんで跳び越した。

シスター・ジョーンは怒った。

「キャスリーン」彼女は厳しく言った。「赤ちゃんのイエスさまに会いに行く小さな天使は机を跳び越しません」

私は恥ずかしく、また恐ろしくなった。私は赤ちゃんのイエスさまに会えないのか？ シスター・ジョーンは私を認めてくれないのか？ 私はもう天使になれないのか？ 取り返しのつかないひどく悪いことをしたのか？ 天使になりたい小さな女の子は机を跳び越さないというメッセージを、私ははっきりと受け取った。

でもそれは、新たな事実を知る瞬間でもあった。トムボーイズムの限界と世界の不公平さ、不平等な男女の扱い方、偏ったルール。私は男の子っぽいこと、トムボーイの行動、男の子がいつもしていることをして叱られた。いじめられている気がした。

自分の行動やお気に入りの服装が何を意味するのか、考えたことはなかった。それが変わったのは大学を出たあと、友人のひとりに「ケイト、あんたの服ってすごくユニセックスよね」と言われたときだ。友人たちは私がほかの人と違うことを知っていた。でも私の小さい頃、周りにゲイの人はいなかった。それがどういうものか、自分にも当てはまるかどうかなんて、まったくわかっていなかった。ゲイであることを公言する人はほとんどいなかった。テレビにゲイだとカミングアウトする登場人物はいなかった。だから、みんな私がほかと違うことを知っていても、私がゲイだとは思っていなかった。私も自分のことをわかっていなかった。

# 第一一章　昔はトムボーイ、今は大人のレズビアン

「トムボーイの娘が成長してレズビアンになるのではと心配する親は多い。女性の体育教師はいつも疑われていた」
——『意地悪女、バカ女、ガミガミ女　ゲリラ・ガールズの描く女性のステレオタイプのガイドブック（*Bitches, Bimbos and Ballbreakers: The Guerilla Girls' Illustrated Guide to Female Stereotypes*）』[1]（未邦訳）

最初は、セクシュアリティの問題ではなかった。時代は一九七〇年代、カーリーン・ペンドルトン・ヒメネスはロサンゼルス郊外のメキシコ人の多い地域で育った。周りにカミングアウトしたゲイはおらず、テレビにゲイのロールモデルはいなかった。〝ゲイ〟という語は侮辱の言葉としてしか知らなかった。「ゲイのことは何も知らなかった」トレント大学教育学准教授のヒメネスは言う。「知っていたのはジェンダーのことだけだった」

つまり、自分がほかの女の子と違うのはわかっていたということだ。力は強く、スポーツができ、数学が得意で読み書きはあまり好きでなく、サッカーの熱狂的ファン。六歳の誕生日パーティには男の子だけを呼んだ。ショートヘアーで、男子の服を着ていた。ただし親戚を訪ねたり日曜学校へ行っ

たりするときだけは、母親に無理やりワンピースを着せられた。

「それは途方もない拷問で、母とは何度も大喧嘩をした」。だがそれ以外のとき、両親は非常に寛大だった。ヒメネスはいつも人から男の子か女の子か尋ねられていたので、何年ものちに『君は男の子、それとも女の子？』（*Are You a Boy or a Girl?*）』（未邦訳）という子ども向けの本を書き、その後自らの体験に基づいた『トムボーイ』というアニメ映画を作ることになる。「女の子のすることはできなかった――女らしい女の子のことは」ヒメネスは言った。

小学校では問題なかった。〝トムボーイ〟という語が彼女の行動を説明していたし、家族はそれを正常と分類した。ヒメネスには兄がふたりおり、彼らは妹を保護すると同時にからかいもした。ヒメネスは自分が入ることのできた閉鎖的な男の子の世界で、彼らが女の子やガーリーさを嘲るのを聞いていた。だから、自分は違う、自分は「男らしく生まれた」、女らしさから距離を置かねばならない、と考えた。「私の場合はかなり生物学的な要素も強かったけれど、女の子を嫌いになったのは周囲の影響だった」

中学になると、ダンスパーティの女王にノミネートされるといったいやがらせもあったが、だいたいにおいて同級生はヒメネスを受け入れていた。小学校一年生からずっと同じ男の子グループとつるんでいて、仲間がいたからだ。大丈夫だった。

しかし母親がそれまでとは反対側、白人が多くて裕福な側の高校にヒメネスを入学させたことで、事情は一変した。ヒメネスはメキシコ人ばかりの町から来ていたし、ヒメネスの生き方を見て育った人々は彼女を理解していた。ところが新しい学校では、その生き方は彼女の不利に働いた。

最初は溶け込もうとしてピンクのセーターを着、イヤリングをつけたけれど、それは間違いだとしか感じられなかった。ヒメネスが逃げ込んだのはマーチングバンドだった。そこでは男っぽい制服を着、フレンチホルンを吹き、部室でほかのはみ出し者たちに紛れて目立たずにいられた。けれど、思春期を過ぎても男っぽいと、それまでとはまったく違う目で見られた。もはや〝トムボーイ〟という語は当てはまらず、大事なのは女らしくなって男性に認められることだった。

「自分には全然魅力がないと思った。私は〝男みたい〟だったし、男たちは私を求めなかったからだ。性的魅力のある人間になるため、男と付き合わないといけないと考えていた。ほかの選択肢があるなんて、夢にも思わなかった」

一九九〇年代初頭にバークリーの大学に行くまで、レズビアンというものが存在することも、ましてや自分がそうであることも、ヒメネスにはわかっていなかった。実際のところ、彼女は〝ブッチ〟だった。かつてこの語は男性の髪型を意味していたが、その後男性的な外観のレズビアンを指すようになった。とはいえ、人によって意味するところは異なる。ジェンダーに関するあらゆるものと同じく、これも複雑で難解なのだ。[2] 私は、〝トムボーイ〟があまりブッチではないがフェムでもないレズビアンを呼ぶのに用いられるのを見たことがある。フェムとは〝女役を演じるレズビアン〟の意味で用いられており、ジェンダーでなくセクシュアリティを（あるいはジェンダーに加えてセクシュアリティを）指している。しかし、私がインタビューした、トムボーイからクィアになった人々の多くは、ブッチ／フェムという二分法を否定し、それよりもゲイ、レズビアン、クィア、パンセクシュアル、そしてバイセクシュアル（ある元トムボーイは「バイセクシュアルもあるけど、男って本当につまらないよね」と言った）という分類を好んでいる。

女性のセクシュアリティのグラデーションやそれにまつわる議論については、とても本書ではカバーしきれない。〝ブッチ〟という語は現在それほど使われないが、ヒメネスが大学生だった一九九〇年代には流行していた、と言うにとどめておこう。トムボーイとしてヒメネスが身につけて実践し、思春期にも放棄しなかった男性性と、彼女のセクシュアリティが相まって、彼女は絶好の地位を得た。「カミングアウトしてみたら、自分と同じように男みたいな格好をしたがる女がたくさんいることがわかった」ヒメネスは言った。

ジェンダー自認とセクシュアリティは同じではない。教育者はそれをこのように分類しようとする――セクシュアリティは誰と一緒にベッドに入りたいかで、ジェンダー自認は誰としてベッドに入りたいかだ、と。しかし研究や多くの人々の体験は、子ども時代のジェンダーに沿わない行動が同性愛の前兆だという可能性もあることを示している。

ここにはなんらかの関連があるに違いない。でなければ、「昔はトムボーイ、今は大人のレズビアン」といったフレーズをでかでかと書いたTシャツが、これほど多くあるはずはない。

## 一八〇〇年代の秘めた愛

トムボーイ文学や映画化された物語のほとんどにおいて、主人公は、たとえ思春期を過ぎてもスポーティで反抗的だとしても結局は異性愛者である。ジョー・マーチから『ベッカムに恋して』のジェズミンダー・バームラに至るまで、トムボーイの物語には男性との恋愛がつきものであり、彼女たちは〝馴化〟される。

トムボーイズムが一九世紀に奨励されたひとつの理由は、思春期（当時の理論でセクシュアリティが芽生えるとされた時期）になればそういう傾向は引っ込むと考えられていたことだ。だがヴィクトリア時代の人々は、ジェンダーで二分された厳格な社会的慣習の中にあって、愛に関してかなりスキャンダラスな考え方を有していた。なにしろ、『若草物語』によって女の子や少女性やトムボーイズムの見方を一変させて有名になったルイーザ・メイ・オルコットは、それが出版されるまでは『ポーリーンの情熱と罰（*Paulin's Passion and Punishment*）』（未邦訳）といった煽情的な犯罪小説を書いて生計を立てていたのだ。

それでも、その時代の多くの男性は女性には性欲がほとんどないと考えており、まともな女性は結婚するまで処女でいることが当然視されていた。一八五七年、ウィリアム・アクトンという医師はイギリスの医学書に「女性の大多数は（彼女たちにとって幸いなことに）いかなる種類の性的な感情にもそれほど悩まされていない」[3]と書いた。

事実は真逆である。この時代の男女分離原則が招いた結果のひとつは、女性は女性だけで集まって長い時間を過ごし、そのため互いに深い感情を抱くようになったことだ。女性たちは指輪や誓いの言葉を交換し、財産を遺し合い、性的関係を結び、相手の髪から装飾品を作った。[4]女性同士の情熱的な愛は少しも珍しくなかった。

婦人参政権論者で禁酒運動のリーダーだったフランシス・ウィラードは髪を短く切り、トムボーイを自認し、自らをフランクと呼び、親友の（のちにウィラードの兄と結婚することになる）メアリー・バニスターとまさにそのような情熱的な愛を公表した。初のプロの女性彫刻家として名高いハリエット・グッドヒュー・ホスマーや、男女両方の役を演じたことで知られる名優シャーロット・ソーンダーズ・クッシュマンといった元トムボーイは、おおっぴらに同性のパートナーと暮らした。オルコットもかつてこう言っている。「私は非常に多くの美しい女性と恋をしたが、男性とは一度たりとも恋をしていない[5]」

こうした女性はおそらく自らをレズビアンとは呼ばなかっただろう。当時その語はほとんど使われていなかったし、そうした社会的アイデンティティ――人間の分類としてのレズビアン――はまだ一般的ではなかったからだ。当時はまだセックス、ジェンダー、セクシュアリティがひとつの絡み合ったものだと考えられていたことを思い出してほしい。それらが分離しはじめたのは一九世紀末からである。そのとき人々は初めて、ジェンダーで二分された行動とセクシュアリティを結びつけ[6]、権力や権利を得るため、あるいは女性との関係を維持できるよう男性を装うために、異装する女性がいることを認識するようになったのだ。

初期の性科学者にとって、同性愛は性的に惹かれる対象が誰かということだけでなく、ジェンダーに非典型的な行動とも関係していた。フロイトは女性に惹かれるのを男性的な性質と考え、そのためレズビアンは男性の心理を持っているとされた[7]。ハヴロック・エリスは一九世紀末に、同性愛者に関する初の英語の医学書を著した。彼は同性愛者を〝倒錯者〟と呼んだ。女性のジェンダー特性を持つ男性や、男性のジェンダー特性を持つ女性という意味だ。彼の著書の題名は『性倒錯』。性倒錯の女性は「針仕事など家事にかかわる仕事を嫌い、苦手とすることがある一方、運動能力に優れていることが多い」。体育教師＝レズビアンというステレオタイプは、こういう考え方から生まれたのだ。性倒錯の男性は決して結婚や喫煙をせず、「屋外のゲームを全面的に嫌っている」。一九世紀の性科学者で同性愛権利支持者のカール・ハインリッヒ・ユルリクスは、女性の精神を持って生まれた男性や男性の精神を持って生まれた女性を、第三の性と呼んだ。[8]

同じく一九世紀後半の性科学者リヒャルト・フォン・クラフト＝エビングは、〝倒錯者〟は逆の性の心を有していると考えていた。オルコットも、女性を愛する自分は「男性の心」を持っていると述べている。多くの性倒錯の女性は幼い頃トムボーイだった。クラフト＝エビングはトムボーイズムが性倒錯を引き起こすとは言っていないが、相関関係には注目した。[9]

## トムボーイズムと女性同性愛の結びつき

こうした関係が分析されていく中で、台頭してきたマスメディアと、フロイトやアルフレッド・アドラーといった人気心理学者や精神科医の研究が、子ども時代の経験と大人になってからのセクシュアリティを結びつけた。非常に問題が多く、しばしば性差別主義的で同性愛嫌悪的ではあったものの、彼らの理論は女性のセクシュアリティを認識した――女性の同性愛を異常だと分類していたが。

二〇世紀になると、トムボーイズムと女性同性愛の結びつきはますます強くなった。オハイオ州立大学文学教授のミシェル・アバーテによると、二〇世紀半ばのレズビアン・ゲイ権利運動の勃興や、同性愛はそれほど異常ではないことを示したアルフレッド・キンゼイによる一九四八年のベストセラー『人間における男性の性行為』は、レズビアン大衆小説の誕生をもたらした。二〇世紀半ばの頑迷な偏見、不寛容、性抑圧のまっただ中にあっても、こうした本はトムボーイ的行動をセクシュアリティと結びつけた。[10] 一九五二年、いわば精神医療専門家の聖書である『精神疾患の診断・統計マニュアル』第一版は、〝社会病質的人格障害〟として同性愛を挙げたが、そのまったく同じ頃、ゲイ解放運動は拡大しつつあった。[11]

『はみだし女（*Odd Girl Out*）』（未邦訳）、『レスボス島の他人（*Stranger on Lesbos*）』（未邦訳）といった大衆小説は倒錯的ながら人気があり、トムボーイとレズビアンの結びつきを露骨に示す登場人物にあふれていた。「ほんの少しでもトムボーイ的な女性の登場人物は誰でも、最終的にはレズビアンになった」アバーテは著書『トムボーイ　文学史と文化史』でそう書いた。[12] 主流文学では、トムボーイはいまだに無垢で世間に受け入れられる子どもとして描かれていた。主流から外れた大衆文学では、トムボーイは不道徳だが魅力的なブッチの女性だった。ジェンダーで二分された子ども時代の行動と大人のセクシュアリティは結びつけられたが、これは再結合でもあった。そもそも一六世紀に〝トムボーイ〟という語が生まれたときは、男性のようなセクシュアリティを持つ好色な女性を意味していたからだ。

トムボーイ＝レズビアンというステレオタイプは、全員に当てはまるものではない。将来のゲイと見られることの多い女っぽい男の子と違って、子どものトムボーイは必ずしもレズビアンとは考えられない。男の子が女の子っぽいことに比べて、女の子が男の子っぽくふるまうことのほうが、許され、後押しされるからだ。しかし二〇世紀末にLGBTQ+運動が起こり、レズビアンのインディーズ映画が数多く作られるようになると、ほとんどの人がトムボーイ＝レズビアンのステレオタイプと、それが研究に裏打ちされた自明の理であることを知るようになった。

いくつかの研究によると、レズビアンの三分の二から四分の三が小学校でトムボーイであり、それに比べて異性愛の女性でトムボーイだったのは五分の一から三分の一程度だった。[13] 回顧的研究は不確かな場合がある。プルーストが言うように、「過去の物事の記憶は本当の記憶とは限らない」からだ。だが、子どものトムボーイが成人してカミングアウトする有名な例は数多い。クリスティ・マクニコル。ジョディ・フォスター。ハンナ・ギャズビー。[14] よく〝近代最初のレズビアン〟と呼ばれ、HBOの『ジェントルマン・ジャック　紳士と呼ばれたレディ』のモデルになり、自らを「手に負えないトムボーイ」として育ったと述べたアン・リスター。[15] クィア研究の先駆者で文化人類学者のエスター・ニュートンは「私は物心ついたときからトムボーイだった。セクシュアリティが確立するまで、それは私にとって悩みの種だった」と話してくれた。

一九九〇年代後期から二〇〇〇年代初頭にかけて（ブッチ／フェムの二分法がより一般的になって研究しやすくなった時期）の研究は、ブッチの女性はフェムの傾向がある女性に比べて子どもの頃ジェンダーに典型的でない行動（つまりトムボーイズム）を示すケースが多いことを明らかにした。彼女たちはフェムよりも早くレズビアン的性的指向を自覚する傾向があり（平均的な二〇代よりも早い一〇代のあいだ）、カミングアウトするのも早い。彼女たちのトムボーイズム（世間は男らしさと呼びたがるが）は最初から常に備わっていて、振り返って考えると、自分たちが何になるかの予告だったと感じられるという。[16] たとえピンク／ブルーの分断が社会構成概念だとしても、彼女たちは常にブルーの側に属していた。それは幻影であると同時に、彼女たちの人生を構成する原理でもあった。

現在、〝トムボーイ〟という言葉は女性の同性愛と深く結びついているので、アジアではブッチのレズビアンを意味するようになっている。ただしトランスの男性を意味する場合もあり、こうした境界線の曖昧さを示している（ブッチはひとつの独立したジェンダー自認だと主張する人もいる）。アジアのトムボーイ向けのウェブサイトもあれば、美人コンテストや才能コンテストもあり、何千人もの熱狂的ファンが存在し、〈フェイスブック〉のグループも何十とある。ブログサービス〈タンブラー（Tumblr）〉のサイト『ブッチ・トムボーイ・ブッチ・トムボーイ』は、この二語を交換可能と考える人がいることを示している。

社会学者C・リン・カーが二〇〇七年に行ったトムボーイ研究のひとりの参加者は、自然な展開を説明した。トムボーイ～ジョック［〝体育会系〟に似た概念の類型］～レズビアン～ブッチ。トムボーイの傾向が弱まらない女の子は、こういう経過をたどりがちだ。「二五歳の人をトムボーイとは呼ばない」その参加者は言った。「レズビアンとかダイク［ブッチと同じく、男っぽいレズビアンの呼称］と呼ぶ[17]」

「私がゲイであることに、誰も驚かなかった」中学校で人文学を教え、自らをブッチのレズビアンと認識する二八歳のローレルは言った。彼女は子どもの頃いつもスポーツウェアを着ていた。「私がカミングアウトしたとき、父は『おまえが三歳のときからわかっていたよ』と言った」。中学校で運動部のコーチをしている（レズビアン＝体育教師の連想と非常に近い）ローレルは、本人いわく「昔ながらのレズビアンのステレオタイプ」の生きた実例である。

## 彼のようなトムボーイは違う

レズビアンのトムボーイの一部は、異性愛のトムボーイとは根本的に異なる経験をしているのかもしれない。「クィア、レズビアン、ダイク、ブッチ、トランスジェンダー、ストーン［自分は相手の体に触れるが相手に自分を触れさせないレズビアンのこと］、トランスジェンダー・ブッチ」[18]などさまざまに自称してきたジャック・ハルバースタムは、ポニーテールで膝をすりむいている伝統的なトムボーイはストレート予備軍だと言った。「スポーツをして積極的に活動したがる女性っぽい女性もいたが、皆異性愛者だった」

ハルバースタムのようなトムボーイは違う。ＬＧＢＴＱ＋予備軍である。彼らは女性らしくなろう、男の子に好かれよう、性的な対象になろう、という思いに駆り立てられることはないだろう（もちろん女性らしいレズビアンも存在するが）。

ハルバースタムはトムボーイという概念には二種類あるとして、シスジェンダー・異性愛者のトムボーイとトランスジェンダー・同性愛者のトムボーイとを区別している。社会学者Ｃ・リン・カーがトムボーイを調べたとき、彼らがふたつに分かれる傾向があるのを突き止めたのを覚えているだろうか。重なり合う部分も多いが、もっぱら〝男らしさを選ぶ〟者と、〝男らしさを選ぶ〟と同時に〝女らしさを拒絶する〟者とに分かれるのだ。

後者のカテゴリーは、女性であることや女性的なことすべてを敬遠する。ワンピースやピンクを嫌い、女性的なジェンダー役割や男性の保護を求めるというステレオタイプへの嫌悪を露わにする。カーの調査によれば、こうした女の子は、男の子側の恩恵を得ること（速く走れたり遠くまでジャンプできたりするのを誇れること、〝男の子のひとり〟として扱われることなど）を主な目的とする元トムボーイに比べて、レズビアンやバイセクシュアルになる割合が高かった。

ヒメネスはこのスペクトルにおいて女らしさを拒絶する側にいた。「女の子みたいなことは、何ひとつする気がなかった」。のちに気づいたことだが、兄がいつも女の子に冷淡で、女性を蔑視した物言いをするのを聞いていたヒメネスは、そういった気持ちを内在化していたのだ。「女の子というのは、人に傷つけられたりばかにされたり利用されたりする厄介なものに思えたし、ぞっとした」ヒメネスは言った。PFDを放棄してズボンを選ぶとき、六歳の女の子たちは性差別主義を内在化しはじめ、そういう考え方は成長とともに別のものに形を変えることもある。

そういったことすべてがヒメネスに影響を与えた。どれだけ男っぽくても、ヒメネスの心の入れ物は女性の体だったからだ。いくら女の子を嫌悪していても、自分自身がその女の子だった。「私は男の子と一緒にいたし、男の子が女の子をどう考えているか知っていた。私は女の子になりたくなかった。男の子は女の子を嫌っていたから。だけど自分が女の子なのも知っていた」ヒメネスはそう言って笑った。「一生かかっても、これは解決できそうにない」

ここから、男らしさに関するより大きな無数の疑問が生じる。男らしさとは、女らしさを見下すことによって成り立つのか？　こうしたケースで、レズビアン予備軍のトムボーイである女の子は、ピンクのキラキラから「女性は科学的な頭脳を持つ」という考え方まであらゆるものを拒絶するよう教えられながらやがて女性に惹かれる異性愛のシスジェンダーの男の子と、同じ道をたどることになるのか？　男の子と交流したり、男の子と一緒にいて同じことをしたいと望んだりするのは、その後のセクシュアリティと結びついているのか？　そういうプロセスの中で、トムボーイは女性性を低く評価するようになるのか？

大人になってもピンクやワンピースを拒絶しつづけ、男っぽいトムボーイの行動や外見を維持しつつ、もはや女性を拒絶することはない、というトムボーイもいる。女性の男らしさを後押ししたり支持したりしない現代社会において、男っぽい成人女性、ブッチ、大人のトムボーイなど（呼び方はなんであれ）でいることは、思春期前にトムボーイでいることに比べて困難であり、そういう人は少なくなる。自分がジェンダーを正しく実践していると感じるのは難しくなる。子どもの頃はジェンダーという海を渡って、他人が用いる代名詞やジェンダーの誤解を正すのに多大な時間を使ってきたが、今はどんな代名詞を使われようが関心はない、とヒメネスは言った。「何に見えるか、ということ。〝彼女〟に見えるなら彼女と呼べばいい。〝彼〟に見えるなら彼と呼べばいい」。多くの人にとってジェンダーを間違われることがひどくつらいのは知っているが、ヒメネスは既に子どものトムボーイのときその苦痛を経験してきた。今は平気だ。

ローレルは、二〇代で長いポニーテール（＝生まれたときは女性だったと世間に知らせるもの）を切って「共和党の上院議員みたいな」髪型にしたおかげで、自分のセクシュアリティを正しくしただけでなくジェンダーも正しくしたと感じることができた。男っぽい姿、女性の体、ブッチのレズビアンという性的指向を持つことで、ローレルの人生におけるあらゆるものが複雑になった。彼女を箱の中にきちんとおさめたがる世間は困惑した。だが、多くの利点もあった。特に生徒たちと話し合うときに。「特定の社会的プレッシャーの枠外にいることがどんな感じか、人と違うのはどういうことかが実感できた」

ヒメネスにとって、ブッチのレズビアンでいることとトムボーイでいることは「源は同じだった。カミングアウトしたとき、子どもに戻ったみたいな気がした。ジェンダーという点で、私は今トムボーイでいられると思った。それが私の正直な本当の姿だった」

## アレックス

育ったのはメイン州の田舎。ロングヘアーでイヤリングをしたガーリーな女の子でも、週末には家のトラクターを運転するような土地だ。そういう行動は、トムボーイじゃなくても完全に受け入れられていた。

私がスポーツ好きで、男子用の服を着てショートヘアーにすると言い張っても、誰も変だと思わなかった。年配の女の人たちは、ちょっと懐かしそうに「あなたくらいの年頃だったとき、私もトムボーイだったわ」と言ったものだ。そしてそれを、「私の人生で自由だったとき」と表現した。

〝トムボーイ〟は肯定的な言葉だった。私にとっても、周囲の人々にとっても。でも、私がトラクターを運転するほかの女の子と違う理由を説明する言葉でもあった。私はトムボーイだからワンピースを着るのが嫌いで、トムボーイだから絶対に化粧をせず、トムボーイだから仲良しの友達は男の子で、トムボーイだから「うへっ、そんなことやるもんか」と言うことができた。トムボーイだから、あることはでき、あることはしなくてよかった。この言葉のおかげで、認められていると感じられた。

でも、私のジェンダーが〝単なるトムボーイ〟よりも複雑であることを示すヒントはあった。三年生のとき、転校してきた男の子が、私は男か女かと訊いてきた。私は考えもせず「男の子だよ」と答えた。その瞬間に悟った。「どうしよう、男の子だと言っちゃった、だって男の子だから、男の子だと思っているから、本当のことが口から出たんだ」。だけど、その真実は心の内にとどめた。それにどんな名前をつけたらいいか、どういうことかわからなかったから。その思いは、トムボーイというラベルの内側で育っていった。

六年生のとき、先生がk・d・ラングのアルバム『アブソルート・トーチ・アンド・トワング』を学校に持ってきた。そのジャケットでk・d・ラングはすっくと立ち、小麦畑を背にして遠くを見ていた。カウボーイハットを手に持ち、デニムのシャツの上に革の上着をはおり、短い髪を風になびかせて。先生はみんなに言った。「アリス以上に男っぽく見える女の人の写真を見つけました」「私の本名を知られてもかまわない」。私はジャケットを見つめながら思った。「大きくなったらこの人みたいになれる。できるんだ」

ブッチ・レズビアンの象徴k・d・ラングは、私が初めて出会った大人バージョンのトムボーイだった。たくましくなく、スポーティでもないのに、男に見えた。それこそ、私がなりたいものだった。ただし、男の子っぽく見えたいだけじゃなかった。私は男の子だった。でも、それを理解するにはしばらくかかった。最初に見つけたのは〝レズビアン〟という言葉だ。当時見つけられた中では、いちばんしっくりきた。私のことを説明するのに、いちばんふさわしかった。ブッチのレズビアンとして生きられるのなら、喜んでそうしただろう。超ブッチな友達はたくさんいるし、ある意味彼女たちのアイデンティティがうらやましい。すごくカッコよく思えるけれど、私はそれとは違う。だってほら、私はトランスの男性的な人間だから。トランスの男。

大学でようやくそのことを理解して、一九九六年にハーバード大学初のカミングアウトしたトランスジェンダーの学生になった。今は世界じゅうを回ってジェンダーについて講義し、『革命（*Revolutionary*）』（未邦訳）と『大陸の分断（*Continental Divide*）』（未邦訳）という小説を書いた。どちらも登場人物はトランスジェンダーの人々だ。

# 第一二章　言葉の戦い

## ――トムボーイ、それともトランスの男の子？

「びっくりさせてあげる。私は女。だけど今は男の子になったから、なんだってできるんだ」
――アーネスト・ヘミングウェイ、『エデンの園』（集英社、沼澤洽治訳、一九九〇年）[1]

二〇一七年、私は『ニューヨーク・タイムズ』紙に、大人たちが私の娘をトランスだと思い込み、時にはそう言い張り、たとえそうだったとしても私は娘を応援する、という署名入り記事を書いた。するとソーシャルメディアやマスメディアに多くの反発が寄せられた。二一世紀風に言うと、私はクズ認定され、トランスジェンダー嫌悪、シスノーマティブ［シスジェンダーを正常・普通と見る考え方］のクソ野郎、児童虐待者などと呼ばれた。トランスの権利の支持者としては非常に腹立たしかったが、批判者の何人かと話をして、彼らが私のどこが悪いと思っているのかを知ることができた。

騒ぎの一因は、『ニューヨーク・タイムズ』紙に寄稿する四年前に、あえて人と違うことをする娘に対する矛盾した感情について『ペアレンティング』誌に書いたエッセイにあった（といっても娘は意図的にそうしていたのではなく、自らの気持ちに正直に従っていただけであり、私たち親はそれを後押ししていた）。私は、娘は男の子になりたいという願望を婉曲的・直接的に表していたと書いた。だがそれは真実ではなかった。当時私はピンク／ブルーという区別を全面的に受け入れており、娘がショートヘアーやブレザーを望むのは女性性を捨て去りたいからだと解釈していた。その記事で私は、「男の子みたいな服装をしたい？　それは素敵。自分は本当は男の子だと思っている？　それは複雑」と書いた。このエッセイは『娘は男の子になりたがっている！』というタイトルで掲載されたが、それは内容を正確に表現したものではなかった。[2] 執筆者は自分で見出しをつけないのだ。実際には、性別不適合に対する私の心の葛藤を述べた内容だった。私の家系には性別不適合者が多くいたのだが。私は娘に、非凡ではあっても周囲に溶け込んでほしかった。承認欲求は持たなくていいけれど、承認を得る力は持ってほしかった。雑誌が廃刊となる日に無編集でアップロードされたエッセイは、当時はなんの騒ぎも起こさなかった。

『ニューヨーク・タイムズ』紙が『娘はトランスジェンダーではない。トムボーイだ』という、これまた人目を引くが誤解を招く見出しで私の記事を掲載するまで、あのエッセイのことはすっかり忘れていた。この見出しが誤りであるひとつの理由は、私は娘をトムボーイとは呼んでいないことだ。私は娘を女の子と呼び、娘も自分をそう呼んでいた（ただし、当時私は娘にそれ以外の選択肢を示していなかった）。いつの日か娘がトランスを自認するかもしれないとは思っていたが、私の論点はそこではなかった。我々はトランスの子どもを認めようとするあまりに、男性に典型的な興味を持つシスジェンダーの女の子と、社会的・医学的に性別移行を求める人とを混同してしまい、彼女たちが本当は女の子ではないと言うことによって女の子のカテゴリーを狭めている、ということを言いたかったのだ。

その後の騒ぎの中で、私は存在することも知らなかったものの渦に巻き込まれた。言語と存在をめぐる戦い、誰がトムボーイで誰がトランスか、そういった用語が何を意味するかに関する戦いである。私の記事はトランスの子どもへの全面的な支持を表明していたが、多くの人はそこにトランスジェンダー嫌悪や無知のにおいを嗅ぎ取った。批判者は『ペアレンティング』誌の記事のタイトルを、私の子どもは本当は男の子であり、私が性別移行させてやらなかったら自殺するかもしれないということの証拠だ、と指摘した。トランスの人々が以前より目立ち、認識されている原因は、ジェンダーに対する大人たちの見方が狭いことにある、と私は主張している――彼らはそう言った。

最後の部分については、彼らはある意味正しかった。私はその後二年間にわたる研究によって、幼い子どもが短い髪型やフットボールを求めるのは男の子を自認しているからだと決めつける考え方は、子ども時代の過度なジェンダーによる意味づけの副産物であることを知った。

チェイス・ストランジオという〈アメリカ自由人権協会〉の弁護士は、娘はジェンダー不適合でなくジェンダー役割不適合だという私の主張に対して「ジェンダーの二分法の枠外にいることを自認する白人のトランス男性」の視点から反論を書き、大きな反響を呼んだ。私は「娘は我々大人がいまだに子どもたちに押しつけている型に当てはまらない」と書いていた。我々は子どもの体を見て女の子だからこういう行動を取るだろうと想定するが、単に想定に当てはまらない行動をするからといって、そういう女の子に独立したカテゴリーを作る必要はない、と言いたかったのだ。

ストランジオはそれに対してこう書いた。「何が違うというのか？　役割や行動はジェンダーに帰するものである。役割や行動でないなら、いったいジェンダーとは何なのだ？」[3]。ジェンダーやジェンダー不適合、トランスとはどういう意味かについて私は根本的に誤解している、と彼は主張した。彼の言うとおりだった。私はそうした用語を何も理解していなかった。特に、ストランジオのような理解はしていなかった。だから理解すべく取り組んだ。

## 〝ジェンダー不適合〟の解読

まずは、〝ジェンダー役割不適合〟と〝ジェンダー不適合（GNC）〟に違いはないというストランジオの主張について検討した。私にとって、ジェンダー役割不適合とは性別に基づく社会の期待に沿わずに生きることを意味しており、そのため独立したカテゴリーを必要とするひとつの状況でなく、あらゆる人間が求めるべきものを指していた。

だが私が見出した定義のほとんどは、GNCを、決められた性別に基づく社会の期待に従わない人、あるいは一般に異なるジェンダーと関連づけられる行動的・文化的・心理的特性を示す人を表す、広い意味を持つ形容詞だとしていた。『トランスの子どもたち　二一世紀に性で区別されて（*Trans Kids: Being Gendered in the Twenty-First Century*）』（未邦訳）を著したコロンビア大学社会学者ティ・メドウは、GNCの人々は必ずしも社会的に性別移行するわけではなく、「周囲の人がジェンダーのカテゴリーと一致しないと解釈することをしている」のだと話してくれた。それはまさにトムボーイがしていることだ。彼女たちは、女の子はこう行動すべきと社会が命じるように行動せず、大人が男の子と女の子のあいだに引いた線を無視している。現在〝トムボーイ〟という語は流行していないが、GNCは自認の用語として広く使われるようになっている。そしてトムボーイと違って、あらゆるジェンダーの人間、あらゆる方法でジェンダーを実践している人間を包含している。ニューハンプシャー大学の『偏見のない用語ガイドブック』は、トムボーイという語は「問題が多い／時代遅れ」で、「ジェンダー不適合の子ども、ジェンダーバリアントな子ども」と言い換えるべきだとしている。

トランスジェンダーの教師で作家のアレックス・マイヤーズは、ニューハンプシャー州の私立学校でティーンエイジャーを教えている。彼はそこで「女の子として育てられて女性の体を持つジェンダー不適合の人々」に会っているが、「それらの人々に特別男性的なところはない。トムボーイだと呼ぶような要素はない。運動能力に優れているわけではない。特に男らしい外見はしておらず、〝彼〟と呼ばれることを望まず、〝彼ら（they）〟という代名詞を用いている。しかし彼らが本当に思っているのは、『私は女の子じゃない。若い女性にはなりたくない。それは私じゃない』ということだ」

こうした子どもたちはジェンダー不適合であることを誇らしく思っている。それは他人から押された烙印ではなく、診断名でもなく、窮屈なピンク／ブルーの区別を捨て去るという宣言である。「ジェンダー不適合は必ずしもトランスジェンダーかトムボーイのどちらかに限るわけではない」マイヤーズは言った。「子どもたちは今までとは別のカテゴリーとして〝ジェンダー不適合〟に属している。それが過去に使えなかったのは、私の若い頃にはその用語やカテゴリーが存在していなかったからだ」。つまり、その用語に私が抵抗を感じたのは、トムボーイ全盛期に古い世代のメンバーとして育てられたからだった。多くの現代人にとって、トムボーイとGNCは実質的に同じことを意味しているのである。

## トランスの持つ多くの意味

理論上、ジェンダー不適合はトムボーイと同じく行動を指すのに対し、トランスはアイデンティティである。誕生時に決められた性別とは異なるジェンダー自認を行っていること。男性・女性・どちらでもない・両方といった、心の中での自己意識。メドウはそれをこう表現した。「トランスであるという中核的なジェンダー自認を抱いていることと、自分のジェンダーのカテゴリーだと世間に思われているものに合致しない発言や行動や生き方をすることには、違いがある」

ストランジオは、トランスとジェンダー不適合は同義語の場合もあるが、そうでない場合もあると説明してくれた。「トランスを自認して、ジェンダーの二分法の反対側に肉体的に移行し、ジェンダー適合のトランスになることもある」。つまり性別移行したあとはジェンダー規範を守り、ピンク／ブルーの分断線の反対側に忠実に従う、ということだ。あるいは、トランスとして二分法のあいだのどこかに自らのアイデンティティを見出し、肉体的には移行しない人もいる。トランスジェンダーを自認し、なんの悩みも持たず、ホルモン療法や手術の必要性を感じず、「間違った体に閉じ込められている」感覚（よくマスメディアで言われるがあらゆる人が抱くわけではない感覚）を持たない人もいる。

「自分の体に満足していてもトランスだという場合もある」カリフォルニア大学サンフランシスコ校〈青少年ジェンダー・センター精神衛生部門〉の部門長ダイアン・エーレンサフトは話してくれた。「トランスというのは体の話ではない。ジェンダー自認の話だ」。体を何も変えない人もいる。「体を根本的に変える人もいる。そんな人たちもすべてトランスと言える」。トランスの経験やアイデンティティは恐ろしく多様なのである。

ストランジオにとって〝トランス〟と〝トランスジェンダー〟は同じ意味だが、そうでない場合もある。『隠されたジェンダー』や『クィアと快適な危険（*A Queer and Pleasant Danger*）』（未邦訳）など多くの本を著したトランスジェンダーの作家ケイト・ボーンスタインは、彼女の世代（私が二〇一七年に話したとき六九歳だった）の人々のあいだで〝トランスジェンダー〟とは「ジェンダーに従わないあらゆる人の総称（umbrella term）」だったと述べた。それには、自らを「服装倒錯者・異性装者・ブッチの女性・女っぽい男・ペニスを持つ女・男女と呼ぶ人々、あるいは私たちがトランスセクシュアルと呼ぶ人々――生まれたとき男性とされて女性に移行したり、生まれたとき女性とされて男性に移行したりした人々――が含まれていた」。トランスセクシュアルとはセックス、つまり肉体的なジェンダーを変える人だった。トランスジェンダーとは、肉体以外のあらゆること、ジェンダー役割、ジェンダーの社会的概念に関する話だった。

ボーンスタインはそこでいったん言葉を切り、人々は彼女が〝umbrella〟という語を用いることに眉をひそめると言った。

「なぜ？」私は尋ねた。

「保護みたいに聞こえるから」。現在は〝包括的（inclusive）〟が用いられる。「うん。まあそういうこと、包括的用語。言葉は変化するから」

この用語体系において、〝トランス〟はかつて〝トランスジェンダー〟が意味していた行動・肉体的特性・アイデンティティなどを指し、〝トランスジェンダー〟はかつて〝トランスセクシュアル〟が意味していた、肉体や男女の二分法に関することを指している。現在、トランスセクシュアルは一般的に侮蔑的だと考えられている。それが歴史的にトランスやＧＮＣの人々を食い物にしたり虐待したりしてきた医学界や心理学界に起源を有する（これについては後述）からかもしれないし、単なる肉体的な変化よりはるかに広い意味を持つトランスという状態を病気扱いしているからかもしれない。

とはいえ、ジェンダーに深くかかわる多くの人の中でも、用語について完全な意見の一致は見られない。トランスジェンダーの健康問題を専門とする非営利団体〈世界トランスジェンダー健康専門家協会（ＷＰＡＴＨ）〉は〝トランスセクシュアル〟を、「医学的な女性化・男性化（ホルモン治療や手術）を通じて主なあるいは副次的な性的特徴を変えたいと願い、あるいは変えて、ジェンダー役割の恒久的な変更を成し遂げる人々」を意味する名詞と定義している。トランスセクシュアルは今でも医学文献でよく用いられている。〈ＷＰＡＴＨ〉は、〝トランスジェンダー〟とは「文化的に規定されたジェンダーのカテゴリーを超越する多様な人々の集まり」を表す形容詞だとしている。「トランスジェンダーの人々のジェンダー自認は誕生時に決められた性別と異なるが、その異なる程度もさまざまである」[4]

スーザン・ストライカーは著書『トランスジェンダー史（*Transgender History*）』（未邦訳）の中でトランスジェンダーを次のように定義した。「誕生時に決められたジェンダーから遠ざかる人、彼らのジェンダーを定めてそこに封じ込めるため文化が築いた境界線を越える（＝トランス）人」[5]。それはGNCであり、トランスであり、ノンバイナリーであり（第一三章参照）、そしてトムボーイである。

## トムボーイ？　トランスの男の子？　GNC？

トムボーイもGNCもトランスも同じことを意味する、あるいは人間の同じあり方を表現することができるので、社会的なジェンダー境界線を超越して他人と異なる場所、自分自身であるための場所を求めている人々と、医学的・精神的な治療を必要としている人々とを区別するのは難しい。ジェンダー自認とジェンダーで二分された行動とは、重なる場合が多いとしても、まったく同じものではない。心理学者シェリ・ベレンバウムは私にこう言った。「アイデンティティは、外に現れたジェンダーで二分された性質と同義ではない。スポーツなど男の子がよくする活動に従事し、オーバーオールを着、髪を短く切った女の子が、それでも『私は女の子』と言うこともある」

誰がジェンダー不適合か、誰がトムボーイか、誰がトランスか、誰がそれらの組み合わせかに関して混乱や論争が起こるのは、おそらくこれらの定義が重なり合っていて明確でないからだろう。その混乱の一部は、トムボーイがガール・パワーの女の子に取って代わられてまるまる一世代のあいだ姿を消したことと関係があると思う。男のような服装や行動をして、男っぽく見えたり男っぽいふるまいをしている女性を見て、トランスだった、あるいはトランスだと思う人もいるだろう。数多くの論文が、『ウエスト・サイド物語』のエニボディズからルイーザ・メイ・オルコットに至るまでの実在や架空の有名なトムボーイは実際にはトランスだ、と主張している。先にも触れたが、オルコットはかつて「私の心は自然のいたずらによって女性の体に入れられた男性だ、と半ば信じている」と言った。

確かにそうかもしれない。ジョー・マーチ、ジョー・ポルニアツェック、飛行士アメリア・イアハート、ジャンヌ・ダルクが現在生きていたなら、ミズやミスやミセスではなくミクス（Mx）やミスターを選び、女性以外のさまざまな自認を行ったかもしれない。だがオルコットが先のような発言をしたのは多くの女性と恋をしたからであり、彼女が生きていたのは、ジェンダー自認、セクシュアリティ、誕生時に決められたセックスが、人々の頭の中で分離されていなかった時代だった。だから、本当のところはわからない。

大事なのは、有名なトムボーイにトランスジェンダーというアイデンティティをさかのぼって押しつけること、歴史を書き換える（あるいは正しくする）ことは、文化戦争の一側面であることだ。反対側には別の側面がある。〝単なるトムボーイ〟だったと主張するあまりにも多くのシスジェンダーの成人女性は〝トランス化〟している――つまり、性別移行して治療を受ける必要があると確信しているのである。

さらに別の側面は、トランスの男の子が、君は性別違和ではないとか本当はトランスではないなどと言われることだ。ホルモン治療や手術や新しい名前や新しい代名詞は必要ないと言われ、その経験は疑問視され、否定され、信用されない。〝単なるトムボーイ〟だからだ。シスジェンダーで元トムボーイの成人が、自分は思春期のとき診断を受けていたら性別違和の基準に合致していただろう――トランスという言葉があれば自分はカミングアウトするかトランスだと言われたかしただろう――がのちにそういう状態を脱した、だから今トランスだと確信しているトムボーイもやがてそういう状態を脱するだろう、と公言すると、ソーシャルメディアで論争が巻き起こる。こうして、〝トムボーイ〟という語が若いトランスを攻撃する武器となってしまうのだ。

『女性の男らしさ（*Female Masculinity*）』（未邦訳）の著者ジャック・ハルバースタムはかつてトムボーイと呼ばれ、不本意ながらそれを受け入れた。「トムボーイという表現に私は超ハッピーだったわけではない。私の望みは男の子になることだったからだ」。人がハルバースタムをトムボーイと呼ぶとき、彼らは境界線を引き、それを越えてはいけないとハルバースタムに命じていた。サッカーをするのはいいが、学校には女子チームがないから部活ではできない。ショートパンツをはくのはいいが、公式なイベントでは許されない。「結局、トムボーイというカテゴリーは私を後押しするためでなく規律を課すために用いられていた」。そして、この語のおかげで人々はハルバースタムの真の姿を見ないでいられたのだ。ハルバースタムはかつてこう書いた。「ティーンエイジャーだった一九七〇年代に〝トランスジェンダー〟という言葉を知っていたなら、荒れた海で救命胴衣をつかむように、きっとその言葉に飛びついていただろう」[6]

だがトランスとGNCが別で、異なる領域――〝中核的アイデンティティ〟対〝行動〟――をカバーするのだとしたら、共通する用語は医学的・精神的ケアのためにトランスジェンダーとGNCの両方を扱う〝TGNCケア〟である。これは、ホルモン治療や手術といった医学的介入を必要とする人・

しない人の両方を対象としている。多くの親が、TとGNCを分ける線があるのか、自分たちの子どもはそのどこに当てはまるかを知ろうとしている。そのため、非営利団体〈プランド・ペアレントフッド〉が二〇一〇年に発表した『トムボーイはトランスジェンダーと同じか?』のような問いを発する論文が山ほど発表されているのだ（簡単な答えは「違う、しかし同じこともありうる」である）。

質問サイトの『クオーラ（Quora）』には、同じような質問が多く寄せられている。

・「トランスジェンダーとトムボーイの見分け方は?」
・「本当のところ、私はトランス、それとも単なるトムボーイ?」
・「トランスの男性は皆、昔はトムボーイだった?」
・「私は両性具有、クィア、それともトムボーイ?」
・「トランスの女性でなおかつトムボーイでいることは可能?」
・「私はトムボーイの女の子です。トランスであるという兆候は何がありますか?」
・「トムボーイとトランスの女性の違いは?」
・「私は女の子の性質を持ったトムボーイでしょうか、それともジェンダーフルイドでしょうか?」

エーレンサフトはこうした質問の多様なバージョンに答えてきた。回答が明確な――明確らしく見える――ときもある。子どもがこんなふうに言うときもある。「生まれたときに貼られたラベルに関係なく、私は自分が自分であることに満足してる。だけど、ジェンダーについてのここでのルールは気に入らない。私はただ、物事を独自のやり方でする自由が欲しいだけ」

子どもが誕生時に決められた性別と異なる中核的なジェンダー自認を表現しており、それでひどく苦しんでいる場合もある。シスジェンダーで異性愛者のトムボーイと、ジェンダー自認がLGBTQ+のスペクトルのどこかに位置する者たちとの顕著な違いは、後者が女の子らしくするよう強いられたとき感じる途方もない苦痛である（シスジェンダーのトムボーイも大喜びするわけではないが）。

性別違和の診断基準には、「著しい苦痛や機能障害」や「自分のジェンダーが異なるという主張」が含まれている。[7] 着るもの、遊び相手、遊び方といったことだけで、性別違和かどうかが決まるわけではない。だがこの診断、正常と異常の判別、変種と正常範囲の逸脱の区別には、長く複雑な歴史がある。医学界・精神医学界は長年、トランスジェンダーのアイデンティティだけでなくジェンダー不適合も病気と見なしていたのである。

## GIDとGDの簡単な歴史

精神科医や心理学者は精神疾患を分類・診断するのに『精神疾患の診断・統計マニュアル（DSM）』を使用する。一九六〇年代、DSM-Ⅱで服装倒錯（異装による性的興奮）と同性愛は小児性愛や露出障害と並んで〝性的倒錯〟に分類されていた。これらはそれぞれ類似した異常で、治療が必要な病気とされた。[8] DSMを執筆した精神科医や心理学者は、女性の服を着る男性のすべてが性的快感のためにそうしているわけではないことに気づいていなかった。たとえそうだとしても、そのどこが〝異常〟なのか？　どうやら性革命は、象牙の塔にまで達していなかったらしい。

　同性愛がＤＳＭから削除されたのは一九七三年で、ようやく異常ではなく単なる個性になった。これは一九六九年のストーンウォールの反乱［ゲイバーに警官が踏み込んでＬＧＢＴＱ当事者が立ち向かった事件］を受けての変革行動や、同性愛者は精神障害ではなく、同性愛は一般的だと示す多くの研究の成果である。だがもちろん、国全体がそれに同意したわけではない。同性愛嫌悪はいまだに強い勢力を保っているし、我々は男の子にピンクを着せないという同性愛嫌悪的な習慣を維持して、男の子は男らしくシスジェンダーでストレートであるべきだというメッセージを伝えている。それでも、これは大きな進歩だった。

　その後一九八〇年、ＤＳＭ－Ⅲに〝性同一障害〟というカテゴリーが追加された。それには三種類の診断名が含まれていた。小児期性同一障害（ＧＩＤＣ）、性転換症（青年および成人）、およびいずれにも分類されない精神性的障害。[9]最後のカテゴリーには「精神性的障害の診断分類において、ほかのいかなる特定のカテゴリーにも属さない精神的障害」を持つ「その他」すべての人々が含まれる。たとえば、「自ら課した男性性・女性性の基準に照らして不適合であるという顕著な感情」を持つ人。つまり、自分は間違ったジェンダーに属していると感じている、ということだ。時代遅れで抑圧的なジェンダー役割に支配されている世界にあって、これは精神障害なのか、それとも自然の性質なのか？

　ＧＩＤＣの診断基準は男の子と女の子で少々異なっている。おそらく我々が持つ〝正常〟の観念が異なるからだろう。女の子どもについては、次のように述べられている――

Ａ：男の子になりたいという強く持続的な願望、もしくは自分は男の子であるという主張（男の子で

あることの文化的有利性と認められるものに対する欲求だけではない)
B：次に示す主張の少なくともひとつを繰り返し述べることに現れる、女性の身体構造の持続的な拒絶
（1）自分は大人になったら男になる（役割上だけでなく本当に）
（2）自分は生物学的に妊娠が不可能である
（3）自分の乳房は大きくならない
（4）自分に膣はない
（5）自分にはペニスがある、あるいはいずれなくなる
C：思春期前の障害の発症

男の子については――
A：女の子になりたいという強く持続的な願望、もしくは自分は女の子であるという主張
B：次の（1）か（2）のどちらか
（1）次に示す主張の少なくともひとつを繰り返し述べることに現れる、男性の身体構造の持続的な拒絶
a　自分は大人になったら女になる（役割上だけでなく本当に）
b　自分のペニスと睾丸は気持ち悪い、あるいはいずれなくなる
c　ペニスや睾丸はないほうがいい

（２）異装や女性の服装の模倣への好み、あるいは女の子の遊びや娯楽に参加したいという強い願望によって表明される、女性のステレオタイプ的な活動への執着

Ｃ：思春期前の障害の発症

大きな違いに注目してほしい。第一に、女の子であることに文化的有利性は存在しないとの前提だ。男の子はこの障害がなければ決して女の子になりたがらないのに対して、女の子はピンク／ブルーのブルー側にいいことがあるから男の子になりたがる場合もある、ということである。そして、これは障害と分類されていた。おかしいのは、ジェンダーの正常性について狭い視野を持つ大人のほうかもしれないのに。

第二に、男の子は自分の身体構造を拒絶する、または「女性のステレオタイプ的な活動」に執着することがあるという。女の子と一緒に遊ぶことや人形で遊ぶことは、ペニスを取り去りたいと望むことや自分は女の子だと主張することと同じ重みがあるとされた。理屈の上では、女の子はトムボーイになったり男っぽくなることが許されるのに、女っぽい男の子は、自分を女の子だと思っていようがいまいが、苦しんでいようがいまいが、治療の必要な〝障害〟があるとされる。我々はこのピンク／ブルーの分断線を作り出し、それを越える者を障害や病気があると診断してきたのだ。

長年のあいだ、一部の研究者は〝両性具有的トムボーイズム〟を〝女性の役割〟の正常な変種とし、〝男性的トムボーイズム〟を性同一障害と診断してきた。女の子を〝永遠の〟トムボーイと〝一時的な〟トムボーイのように分別し、永遠のトムボーイは問題のある病気、一時的なトムボーイは健康だ

とした。[10]

心理学者や精神科医の中には、将来のトランスセクシュアル（当時はそのように呼ばれていた）と見なされる女性的な男の子や男性的な女の子にとって人生は困難なので、その傾向を〝矯正〟あるいは治療するほうがいい、そうしたら典型的な精神性的成長によってもっと幸せな人生が送れるようになる、と考える者もいた。文化自体を変えて不適合を容認するようにはできないので、子どもを適合させる、あるいは適合するのを〝助ける〟ために、セックスとジェンダーが異なるという〝病気〟を幼いうちに取り除こうとしたのだ。現在、これは転向理論と呼ばれており、一八の州とワシントンDCで違法とされている。ジェンダーに非典型的な幼年期の行動は同性愛の前兆だという場合があるため、精神医学界はゲイを病気と見なす別の方法を考え出したのだ、と批評家は主張する。GIDはDSMにおける「同性愛の言い換え」と見られた。[11]

一九八七年、子ども時代が過度にジェンダーで意味づけられるようになり、トムボーイがメディアから姿を消したのと時を同じくして、DSM-ⅢがDSM-Ⅲ-Rに改訂され、女の子のGIDCの診断基準に「標準的な女性の服装への持続的で顕著な嫌悪と、男子用下着やその他の装飾品などのステレオタイプ的な男性の服を着ることへの固執」が付け加えられた。男の子は行動だけでGIDCに当てはまるとされたのに対して、女の子はワンピースを着たがらないことや男子用下着を身につけたがることが診断基準に入れられたのだ。

この改訂版には男の子や女の子であることへの「持続的で強い苦痛」が含まれたため、違和感も診断の一部となった。トムボーイや女っぽい男だから、親や学校や世間が不愉快になる行動を取るから、というだけの理由で子どもが治療されることはなくなった。大切なのは本人の違和感である。

GDICは付け加えられ、改変され、自分たちの好み・自意識・行動・アイデンティティは病気ではないと主張する人々から反発を受けた。ゲイやレズビアンが病気ではないのと同じく、それは生き方であって欠陥ではない。バリエーションであって異常ではない。

フィリス・バークの一九九七年の著書『ジェンダー・ショック（*Gender Shock*）』（未邦訳）は、GDICと診断されて〝治療〟という名目でその性向を侮辱された多くの男の子、そして何人かの女の子の悲惨な状況を記している。この診断基準を何十年も用いてきた男性の一部（と何人かの女性）は同性愛嫌悪だった。この診断を推奨して実践してきた著名な反ゲイ活動家のジョージ・レーカーズ博士は、二〇一〇年、男性セックスワーカーと顧客とを結びつけるSNS『レントボーイ・コム』から派遣された男性と一緒に旅行しているところを目撃されている。彼はゲイで、内在化した同性愛嫌悪に苦しみ、そのため、ほかのゲイを不当に差別していたのかもしれない。[12] 精神医療専門家はGDICの名の下で、ジェンダーに非典型的な行動を取る子どもたちに実験を行った。彼らの出発点は、ゲイや女っぽい男の子や男っぽい女の子やトランスジェンダーには道徳的・心理的に悪いところがある、という推定である。だがこうした子どもの多くに必要なのは、治療ではなく支えや自由だった。子どもたちの苦しみをもたらしたのは主に、親が彼らを変えようとすること、社会が受け入れてくれないこと、いじめられ、拒絶され、辱められることだった。少なくとも何度か悲惨な結果が生じた。レーカーズの元患者カーク・マーフィーは自殺し、家族はその原因がレーカーズの〝女っぽい男の子実験〟にあるとした。[13]

二〇一三年になってようやく、DSM‐VでGIDは〝性別違和〟に変更された。〈アメリカ精神医学会（APA）〉によれば、これは「自らの感じ方や考え方（体験または表出されたジェンダー）と肉体的または誕生時に指定されたジェンダーとの葛藤から引き起こされる重大な苦痛や問題[14]」である。このことは、トランス、ノンバイナリー、ジェンダー不適合の人々にとって大きな勝利だった。依然としてDSMに掲載されているのは、ホルモン療法や手術という治療を受けるために診断を必要とする人々向けの医療が続けられるからだが、それまでのような侮辱的な扱いはなくなった。「診断名の〝障害〟から〝違和〟への変更は、臨床性科学用語により適合していて矛盾がないだけでなく、患者が〝病気である〟という示唆を取り除いたものである[15]」〈APA〉はそう説明した。

さらに、DSM‐Vで性別違和はもはや性機能障害群・パラフィリア障害群に分類されてはいない（異性装障害は小児性愛、露出障害とともにまだこの分類に入っているが、相手の同意を得た行動と同意を得ない行動は別の項に分けられた）。性別違和は性向であって、行動自体やアイデンティティではない。子どもを〝治療〟してトランスでなくするのではなく、精神医学界はいわゆる〝ジェンダー肯定〟療法によって彼らをサポートし、正常視し、性別移行を容易にしている。これは病気ではない。単に他とは異なる個性である。

## トムボーイ対トランス男子の戦い

興味深いことに、ジェンダーで二分された行動は今なお性別違和の診断基準に含まれている。たとえば次のようなものだ。

1　反対のジェンダーになりたいという強い願望、もしくは自分は違うジェンダーだという主張
2　反対のジェンダーに典型的な服を着るのを強く好むこと
3　ごっこ遊びや空想遊びにおいて反対のジェンダーの役割を強く好むこと
4　反対のジェンダーに典型的に使用されたり行われたりする玩具、ゲーム、活動を強く好むこと
5　反対のジェンダーの遊び友達を強く好むこと
6　指定されたジェンダーに典型的な玩具、ゲーム、活動を強く拒むこと
7　自分の性器の構造を強く嫌悪すること
8　自分の体験するジェンダーに合う体の性的特徴を強く望むこと

7と8以外はトムボーイにもジェンダー不適合の人々にも共通している。〝異性になりたいという強い願望〟も共通しているため、いまだに混同されているのも理解できる。私が話したシスジェンダーのトムボーイにも、子どもの頃どこかの時点で男の子になることを願った人は多かった。四歳までずっとそれを切望していた、あるいはなんとなく願っていた、と言った人もいる。トップレスになる、野球チームでポジションを得るといった〝男の特権〟に憧れた人もいる（かつて少年野球では試合に出られる女の子の数に制限があった）。

心理学者ランディ・エトナーの調査で、自分は男の子だと述べたトムボーイは男の子になりたいと

述べたトムボーイに比べて性別移行する割合がはるかに高かったことを思い出してほしい。現在、性別移行はひとつの選択肢となり、誕生時に女性とされた人々がそれを望むことが増えている。イギリスの国民保健サービスの報告では、二〇一七年には性別変更の治療を求める女性は男性の二倍で、一〇年前とはまったく逆になったという[16]（ある論文は、この変化を誘発したのは映画『ハンガー・ゲーム』のカットニス・エヴァディーン、『ダイバージェント』のトリス・プライアー、『ストレンジャー・シングス　未知の世界』のイレブンといったトムボーイ的登場人物であるとしており、メディアにおけるトムボーイの衰退という私の主張に反している。しかし、たとえそういうトムボーイ的登場人物の復権が事実だとしても、それが女の子たちに教えているのは、男っぽくても女でいられるということであり、タフであるために性別移行すべきだということではない[17]）。

我々はついに、トランスジェンダーの子どもたちが（少なくとも国内の進歩的な地域では）ようやく受け入れられはじめた文化的瞬間に到達した。正常という範囲を広げ、歴史的に虐待され疎外されてきた人々が受け入れられ、彼らにふさわしい認識やケアや保護が与えられる、素晴らしい瞬間である。だが、何がジェンダー行動で何がジェンダー自認かがよくわからない親は困惑している。治療や性別移行を求める人々と、特定のやり方でジェンダーを実践しろというプレッシャーが減ることを求める人々とは、かなり重なり合っているからだ。親は、自分の子どもに何が起こっているのか、どうしてやるのがいちばんいいのかを知りたがっている。

男の子がワンピースを着たり女の子と遊んだりお姫さまごっこをしたりすることを望んだら、人々はエーレンサフトに「うちの息子は何が悪いのか、と尋ねた。トランスという概念が知られるまでは、

『あの子はゲイに違いない』だった」。今は「『ああ、あの子はトランスの女の子だ』となることが増えた。わかっているのは、それがワンピースを着た男の子だ、ということだけなのに」。トランスの男の子に「おまえはただのトムボーイだ」と言う親もいる。だがエーレンサフトは、フットボールをする女の子はトランスの男の子だという結論に飛びつく大人も見てきた。多くの親が私に、ショートヘアーを望んだり〈ギャップ〉の男子服売り場で水泳パンツを選んだりする自分たちの娘はトランスではないか、社会的・医学的に性別移行する必要があるのではないかと考えている、と書いてきた。「どうしてわかるのですか?」エーレンサフトはそういう親に質問する。「あなた方に見えているのは、単にフットボールのユニフォームを着たがる女の子でしょう」

そう――どうしてわかるのか?

明確なケースもある――明確らしいケースも。あなたの子どもが性別違和を感じていたり、自分のジェンダーで悩んでいたり、別のジェンダーになりたいと執拗に言い張っていたりしたら、彼らのジェンダー健康についてジェンダーを専門とするセラピストや医師に相談すればいい、とエーレンサフトは言う。そのような子どもは、自分に決められた性別に基づいて想定されるものと合わない衣服や遊び相手や玩具の好みを示す子どもと同じではない。そういうジェンダー不適合な子どもはトランスかもしれないが、違うかもしれない。

小さな子どもが「僕は男の子だ」といった発言をした場合、「我々は、その子がジェンダーに関する大人の微妙な理解を有していると考えてしまう」とケイト・ボーンスタインは言った。私たちはこのように応えるべきだ。「『そう、男の子だというのは、どういう意味かな? よく考えてみよう。女の子でいたいなら女の子でいられる、ということも忘れないで。誰でも男の子でいられるし、誰でも女の子でいられるし、どちらかでなければならないということはない。自分なりの生き方をすればいいんだよ』。これが、子どもにより多くの可能性を開く答え方だ」

エーレンサフトは、子どもが「単なるトムボーイかトランスか」をはっきり知るという目標から、「子どものジェンダーに焦点を置く」という目標へと移行することを提唱する。子どもが何者か、彼らが何を考え何を感じているのか、それはなぜかを理解しようと努めるのだ。すぐに明らかにはならないだろうが、やがて徐々にわかってくる。子どもを分類してパターンを見分け、ジェンダーのひとつの箱（箱はいくつあるかわからない）に押し込めたいという願望を満足させることはできないかもしれない、という事実を認めよう。キル・マイヤーズなどジェンダー・クリエイティブ育児を実践する人々の例にならって、子どもがピンク／ブルーの分断線の両側に足を踏み入れて探索できるようにしよう。

エーレンサフトは、子どもたちの声に耳を傾けよう、曖昧さを認めよう、心の準備をして情報収集しよう、と言った。専門家の協力が必要だ、協力を歓迎すると思うなら、子どもを特定の方向に押し出そうとしない精神衛生専門家や医師と連携しよう。どんな道を進むこともできる、とエーレンサフトは言う。「だから私たちは、すべての道を開放しておき、子どもにどれかの道を無理に進ませたりドアを閉ざしたりしないことだ」

フォーダム大学心理学准教授セリン・グルゴスは、トランスユース・プロジェクトに取り組んでいる。肯定的な家族を持つ、社会的に性別移行したトランスジェンダーの子ども三〇〇人を追う長期的研究である。研究対象者には、シスジェンダーのトムボーイもいればトランスジェンダーのトムボーイもいる。「男の子、女の子、トランスジェンダー、シスジェンダーそれぞれに、非常に多様なあり方が存在する」グルゴスは言う。「それに居心地の悪さを感じる人もいる。我々人間は明確さを好むからだ。だが、こうしたアイデンティティが複雑で多様だからこそ感じられる安心もある。こうしたアイデンティティはすべて正当であり、誰にとってもどれかひとつのあり方しかないわけではない」

## トランス・ファミリーへようこそ

『娘はトランスジェンダーではない』と宣言する見出しは、トランスは性別違和を持ち肉体的な性別移行を必要とする人間だという非常に限定的な考えに基づいていた。その見出しに続いて、多くの人から見てトランスのカテゴリーにきちんと当てはまる子どものことが書かれていたのだから、私の記事に多くのトランスジェンダーが抗議したのも当然だろう。ボーンスタインの定義によれば、私の娘はトランスではなかった。トランスとは子どもが自分自身について主張するアイデンティティだからだ。だが娘は〝トランス・ファミリー〟だ、とボーンスタインは言う。私やほかの人がどんな用語を使おうと、娘が今または将来どう主張しようと、私の娘のように常にジェンダーを間違われる子どもを持つ人間は、「トランスの人々が置かれているのとまったく同じ不愉快な状況に置かれる。それで家族がトランスになるわけではない。しかし家族は家族だ」。だから、トランスの人々が直面するもの枠外あるいは反対側に私の家族を置いた見出しは、侮辱と感じられたのだ。こうした多様な子どもたちと共生するにはどうすればいいかという疑問を投げかければよかった、と後悔している。どのように自認していようと、私の娘はジェンダーフルイドを体現している。これは『ニューヨーク・タイムズ』紙に記事が掲載されたあと、ある読者が親切だが批判的なメールで教えてくれた用語で、私はそれまで一度も耳にしたことがなかった。当時私はそれに抵抗したが、今はもう受け入れている。

　どうしたらほかの箱を小さくせずにひとつの箱を大きくできるかと思案するのは、箱と箱のあいだに仕切りがあることを意識しすぎているからかもしれない。箱という考え方が間違っているのかもしれない。トランスやトムボーイ、あるいはジェンダーそのものの定義は非常に曖昧なので、言葉と実体験の直接的な相関関係を見出そうとするのは、必ずしも子どもの利益に結びつかない大人の偏った考えかもしれない。かつて〝トムボーイ〟は（条件はいろいろあっても）曖昧さという一時的な保護バブル〔外部と遮断して中の者を守るもの〕を意味していた。しかし、そもそも明確さを求めるのが間違いなのかもしれない――求めるべきは、曖昧さを受け入れる力、曖昧さの保護バブルをもっと多く生み出す力ではないだろうか。

　私は娘とその親友で一〇歳のトムボーイのジュードに、彼女たちやそのアイデンティティに人がどう反応するかを尋ねてみた。

「みんな興味を持って、『君は男の子？　女の子？』みたいに訊いてくる。興味があるのは、どうしても知りたいからじゃないかな」ジュードは言った。「トランスジェンダーだとか、ジェンダー不適合だとか、トムボーイだとか、そういうことを人は受け入れられないんだと思う」いったん言葉を切って続ける。「男の子のものが好きな女の子って、いったいなんなの？」

「人間！」娘は叫んだ。そして、自分は女の子、人間、虹色のバナナだと宣言した。娘は、自分が誕生時に決められた性別を知っている。今は、アイデンティティに、医学に、代名詞に、多くの選択肢があることを知っている——衣服にも、玩具にも、行動にも、性格特性にも、色にも。そして、現在、自分にはそれらのどれも拒絶しなくていい特権があることを知っている。

ジェンダーの実践における唯一の誤りは、他人にあなたはジェンダーを誤って実践していると言うことだ——私はそう確信するに至った。トランスの人々や、一部の男っぽいシスジェンダーの女の子が、常に言われていることである。私は物心ついてからずっと、私に特定の種類の女の子になれと迫る有形無形の圧力を意識していた。その圧力のせいで、自分は決められた水準を満たせない落伍者だという思いを抱いた。だが、女の子だと自認しろと迫る圧力について考えたことはなかった。自分のジェンダー自認に疑問を持ったことはなかった——娘のジェンダー自認について考えているときですら。私は騒がしく攻撃的で強情で生意気なことがよくあり、男性的だと文化的に烙印を押された性質の多くを体現しているにもかかわらず。だが思い返してみれば、自分はジェンダーを誤って実践しているという感情を内在化していたのは間違いない。

大切なのは、自分が望む、あるいは求めるようにジェンダーを実践する力を持つことだけではない。自己認識、そして自己決定だ。これこそ多くの人々が、ラベルを押しつけられることなく自分は何者かを宣言するために、必死で手に入れようとしているものである。新しい世代《ジェネレーション》——〝ジェンダレーション〟と呼ぶ人もいる——にとって、ジェンダー不適合やトランスやトランスジェンダーは、最悪のシナリオではなく、親の悪夢でもなく、精神疾患でもない。真正で、受け入れられ、完全に正常で、多くの場合素晴らしい、誇りの言葉である。それは広範囲の人々に当てはまる。性別違和の人にも、そうでない人にも。トランスの定義は広がりつづけているので、境界線は移動し、箱は変化し、トランスの人々はどんどん増えていくだろう。

私を批判した人の一部は正しかった。私は無知ゆえに、ジェンダーに関してあまりにも単純な見方をしていた。あんなに知ったかぶりをせず、本書で論じた複雑さを八〇〇語から成る論説記事におさめることができればよかったのにと思う。その記事で私は、娘の髪型や服装は単なる外見の問題だと書いたが、それも間違いだった。ピンク／ブルーの分断線の両側に足を置いたり分断線を無視したりする子どもは、ジェンダー適合の子どもとは異なる経験をしており、それが彼らの進む方向を変えている。単なる外見ではない。生き方なのだ。

## クラーク

私は一九九〇年代、ワシントンDC郊外の田舎でトムボーイとして育った。髪は短く、男子の服を着、兄の友達と遊び、上半身裸で走り、暴れ回り、〈レゴ〉のブロックで遊んだ。競争が嫌いだったのでスポーツは好きじゃなかったけれど、木登りやハイキングといった、ちょっとした活動は大好きだった。私がトムボーイ的だったのは、遠慮なくものを言い、声が大きく、自信たっぷりで、おバカだったところ。ほかの女の子は違っていた。大声でわめきながら追いかけっこをして廊下を走りはしなかった。トイレに集まっておしゃべりしたりしていた。

自信、体を使う活動、率直な物言いが、男の子の専売特許でいいはずはないと思っていた。女だって自信を持てる。持つべきだ。といっても、周囲の人によって高められるような生まれながらの自信は、根本的に男性的な特性だと思う。男は、女がよくするみたいに、いつもお互いを傷つけ合ったりしていないから。お互いを傷つけ合わない代わりに、社会に傷つけられるんだけど。いずれにせよ現実は、女の子はこう、男の子はこうと分けられていた。で、私は男の子の側だった。

一五歳まで生理が来なかった。そのおかげで、社会に受け入れられるトムボーイとして、人より長い猶予期間を過ごすことができた。でも生理が来て胸が大きくなったのは悪夢だった。心の底から、「私の体にこんなことが起こってはいけない」と感じた。月経痛に耐えられないと母に言い、ピルを服用して生理を止めた。

ある意味、いちばんつらいのはトムボーイというアイデンティティを捨てることだった。その言葉によって、私のジェンダー表現が受け入れられていたから。思春期を過ぎると、女の子たちは私がトムボーイの生き方を続けていること、暴れ回る男みたいな女の子であることをからかった。私は、募る不安をセクシュアリティのせいだと考えた。自分はレズビアンだと弁解した。

それで問題が解決する可能性もあった。ただ、私は男の子も好きだった。でも男の子は私を好きにならないだろうと思った。私自身が男の子みたいだったから。

ニューヨーク州北部の小規模な四年制大学に進んだとき、トランスやジェンダー不適合の人たちと出会った。彼らのおかげで、私はタイトな服を着たり体の一部分を強調したりしなくていいし、文化的に女性的と規定されたものに固執しなくていいことを知った。一年生のとき、生まれたときつけられた非常に女性的な名前をクラークに変えた。ジェンダークィアだとカミングアウトし、大学卒業後は一年間男性を自認したあと、ホルモン療法と手術を受けた。

仮に思春期のとき男になる選択肢があったとしても、それをつかんだかどうかはわからない。長いトムボーイ期をすっ飛ばしてすぐ男性になったほうがよかったかどうかはわからない。誰にもわからないし、私自身にも永久にわからないだろう。けれども、強くて有能で独立心のある女性として育てられたことは、いろいろな意味でとても有益だったと思う。有害な男性性に浸ることなく男になれたのだから。悩んだ年月、自分が何者かわからなかった年月、服装やいろいろなものの好みから自分はゲイだと思い込んでいた年月がなければ、幸せだったかもしれない。でもそうしたら、今の私はまったく違う人間になっていただろう。

私はトムボーイだった。それは、自分がどんな人間かを知るのに大きな役割を果たしていた。

# 第一三章　二分法を打ち破る

「私は人から好かれる子どもだった。上半身裸で自転車に乗る幼い男の子。そう、誰に見られてもかまわなかった」
——ダー・ウィリアムズ、『私が男の子だったとき（*When I Was a Boy*）』（未邦訳）

四年生になるまで、当時フィービーと名乗っていたフェニックスは（生まれたときの名前を人に知られても平気である）、たいていの小さな女の子と同じに見えた。超ガーリーではなかったし、そもそも母親のステファニーは、伝統的に人から個性をはぎ取るようなピンクのお姫さまグッズを避けていた。それでもフェニックスはワンピースやスカート（少なくともキュロット）を身につけるのがいやではなかったし、祖母が喜ぶなら進んでイヤリングをつけた。だがやがて、男の子と女の子はまったく別々の方向に進んでいること、自分が属するのは男の子のほうだと思うようになった。いちばんの魅力はキックボールができることだった。

フェニックスの両親は、娘はトムボーイだと考えた。彼ら自身が若いときに流行していた言葉だ。とはいえ、周囲にフェニックスのような子どもはいなかった。しかし、フェニックスが中学に入るときには、その言葉は適切でないように思えた。「自分が女の子とは感じられないし、男の子とも感じられない」フェニックスは母親に言ったが、母親もフェニックス自身も、その感情を表現する言葉を知らなかった。

フェニックスは図書館からLGBTQ+を扱った本を何冊も借りており、ステファニーも娘のあとそれらを読んだ。ほとんどの物語は視野が狭く、かえってピンク／ブルーの二分法を強調しているように思えた。誕生時に男性とされたが女性という強い中核的アイデンティティを持つことに加えてピンクやキラキラが好きな人間、あるいは誕生時に女性とされたがピンクやキラキラが嫌いでショートヘアーやスウェットパンツを望む人間。「単純すぎるジェンダーの見方だった」ステファニーは言う。「そういう考え方は、ジェンダーのカテゴリーをまったく疑いもしていなかった。単に男女を逆にしただけ」。フェニックスは、どちらのジェンダー役割にいる人にも共感できないと明言した。

二〇一九年、七年生の終わり頃、フェニックスは『13歳から知っておきたいLGBT+』（ダイヤモンド社、須川綾子訳、二〇一七年）という本を読んだ。そこにはジェンダークィアからデミガール（誕生時に決められたセックスに関係なく部分的に女性を自認する人）まで数十ものジェンダーのアイデンティティやラベルの選択肢があった。その中から〝ノンバイナリー〟という言葉が目に飛び込んだ。「男女の中間か、その枠外。明確な男でも女でも、男の子でも女の子でもない」。フェニックスはノンバイナリーだとカミングアウトして改名し、〝彼ら（they/them）〟という代名詞で呼ばれることを求めた。それまで、人に男だと間違われてもあまり気にしなかったが、女扱いされると不愉快だった。今、フェニックスには自分の真のジェンダーを世間に知らせるアイデンティティ、代名詞、そして名前がある。

## ノンバイナリーの誕生

カリフォルニア大学サンフランシスコ校〈青少年ジェンダー・センター〉のセラピスト兼臨床研究者でトランスのノンバイナリー、ミア・エイブラムズは、ノンバイナリーを「男性であり女性でもある人、男女の中間に位置する人、または男性とも女性とも違う人」と定義する。エイブラムズのウェブサイトにはこう書かれている。「ノンバイナリーのジェンダーは、男女どちらとも決めつけられることなく男性性と女性性を認めて祝福するひとりひとりのための空間を作り上げている」[1]

類似した語も用いられるようになっている。ジェンダーフルイド〈固定したジェンダーを持たない〉、バイジェンダー〈ふたつのジェンダー〉などだ。そしてノンバイナリーは標準的な選択肢になりつつある。公的な書類で用いられ、一般人に認識されるようになっている。本書執筆時点で、ワシントンDCとニューヨーク市、それに保守的なアーカンソー州やユタ州をも含む一四の州で、運転免許証にノンバイナリーという選択肢が設けられている。[2] ハリウッドには男女の二分法の枠外にあるジェンダーを自認する俳優が増えている。ジェンダーフルイドの俳優ニコ・トルトレッラ、ジェンダーフルイドの俳優兼モデルのルビー・ローズ、ノンバイナリーの俳優兼モデルのインディア・ムーア、ノンバイナリーのモデルで活動家のレイン・ダヴ、ノンバイナリーの俳優ローズ・マッゴーワンやレア・ブッチャー、ノンバイナリーで『トランスペアレント』監督のジル・ソロウェイ。現在、AP通信、米国現代語学文学協会（MLA）、『シカゴ・マニュアル』などのスタイルガイドで単数の代名詞として〝彼ら（they/their/them）〟の使用が認められており、それが奨励されているところもある。[3]二〇一八年に『ニューヨーク・タイムズ』が公言したように、「彼らは新時代の素晴らしい人々であり、その代名詞は they/their/them である。ファッションは彼らを賛美する。出版社は彼らを追い求める。企業は彼らに将来の消費を見る――なぜなら、伝統的に構築されてきたジェンダーの概念はダイヤル式電話機以上に古くさいと考える世代が成人になったからである」[4]

カリフォルニア大学サンフランシスコ校でエイブラムズの同僚ダイアン・エーレンサフトは、二〇一三年頃からノンバイナリーの若い成人、青年、子どもたちをよく見るようになった。グーグルトレンドによれば、二〇一三年からノースダコタ州、サウスダコタ州、ワイオミング州以外でこの語の使用が急増し、歌手サム・スミスがノンバイナリーだとカミングアウトした二〇一九年三月に最高を記録した。[5]ジェンダーを専門とするニューヨーク市のクリニック〈アッカーマン家族療法研究所〉では、二〇一九年にジェンダー&ファミリー・プロジェクトで治療を求めた子どもたちの少なくとも四分の一がノンバイナリーを自認していた。

このアイデンティティの爆発的増加を示すさらなる証拠は、〈グーグル〉が二〇一九年にノンバイナリーを示す絵文字を導入したことだ。彼らは、見るからに男性的・女性的な髪型とは違って、ビートルズっぽいシャギーな髪型をしている。だがノンバイナリーのアイデンティティは肉体的な外見とはなんの関係もなく、両性具有の体を持っているとは限らず、ある特定の見え方をするわけでも、ある特定の役割を演じるわけでもない。ノンバイナリーの人々は外見や肉体や代名詞や名前を変えることもあるが、変えないこともある。ノンバイナリーとは、分断線の両側に入ることのできるアイデンティティである。彼らはセックスに応じた期待に縛られないのだ。

〝ノンバイナリー〟という語は、長年フェニックスの中でモヤモヤしていた気持ちを明確に表現していた。フェニックスは幸せで、周囲に順応し、友人がいて、成績もいい。性別違和も肉体を変える必要も感じていない——少なくとも今のところは。将来感じるようになるかもしれないが。名前を変え、代名詞を変え、自分自身のラベルづけや他人による自分へのラベルづけを変える必要はあった。自分はジェンダーの二分法と無縁であると宣言しなければならなかった。

## 二分法の境界線を越えて

多くのアメリカ人にとってノンバイナリーのジェンダーは新しい概念だが、実際には古くから存在していた。男と女の中間、あるいはその枠外のどこかに位置する人間は、昔からいた。たとえば、派手なサリー、にぎやかな舞踏、厚化粧などで知られるインドの第三の性、ヒジュラー（hijra）。ヒジュラーはウルドゥー語で〝宦官〟のような意味で、大多数のヒジュラーは生まれたとき男性とされた者だが、インターセックスの場合もある。[6] サモアのファファフィネ（fa'afafine）は、誕生時に男性とされたが子どもの頃に女性的な行動を示す傾向のある人々だ。[7] 彼らには明確な女性としてのジェンダー役割があり、多くの場合アンドロフィリア（男性に性的魅力を感じる人）である（サモアでは同性愛は非難され、違法とされる場合もある）。[8] 公共放送PBSのウェブサイトに掲載されている双方向型マップでは、世界には男／女の二分法以外に、インドネシアのワーリア（waria）からインカのクアリワルミ（quariwarmi）まで、新旧合わせて三六のジェンダーがあることが示されている。こうした第三の性は西洋より東洋文化で多く見られ、社会から疎外されることもあるが、たいていは認められている。[9]

アメリカでは、ヨーロッパの植民者が訪れるよりずっと前、ファースト・ネーション（先住民族のこと）には二分法の枠外にあるジェンダーの人々がいた（現在もいる）。彼らは男性のことも女性のこともインターセックスのこともあるが、伝統的な先住民文化の中で日常生活において男性的・女性的両方のジェンダー表現や役割や規範や活動からは距離を置いており、たいていは第三の性と考えられていた。彼らを男性と女性で分けるなら、四つのジェンダーがあったことになる。昔のヨーロッパ人は、ジェンダー規範に従わないこうした人々をベルダーシュ（berdache）と呼んだ。

だがヨーロッパ人は、ファースト・ネーションの民族からジェンダーの自然な広がりについて学ぶのではなく、自分たちの道徳主義的で制限的な二分法を彼らの文化に押しつけるほうを選んだ。とはいえこの目論見は完全に成功したわけではない。一九九〇年、カナダのウィニペグで開かれた〈アメリカ先住民・ファースト・ネーション・ゲイ・レズビアン・アメリカ協議会〉ですべての民族が自ら選んだ用語（全北米先住民用語）として〝トゥー・スピリット（two spirit）〟が採用された。[10] 現在トゥー・スピリットの人々は多く存在し、毎年トゥー・スピリットの地方大会や国際大会が開かれている。

歴史的には、トゥー・スピリットの人々は同性愛関係を持った場合もあり（そうでない場合もある）、彼らに特別な地位が与えられることもあった。インディアン衛生局によれば、「かつてトゥー・スピリットのアイデンティティは幻視や夢といった超自然的な介入の結果だと広く信じられ、部族の神話によって是認されていた。多くの部族で、トゥー・スピリットの人々は治療師やシャーマンや儀式のリーダーとして特別な宗教的役割を果たした」。トゥー・スピリットの人々は除け者でも追放者でもジェンダーを誤った人間でもなく、特別な存在、天からの賜りものと見られることがあったのだ。

二〇一一年にトゥー・スピリットの人の写真に出合ったとき、エイブラムズの人生は一変した。それまでエイブラムズは弟の持つスーパーヒーローの下着、弟の服、玩具、男子だけのスポーツのチーム、弟に対する人々の見方、弟が自分のあり方に抱いているらしい安心感に憧れていたものの、子ども時代はトムボーイとしてまずまず幸せでいられた。けれども思春期は不安、混乱、疑問だらけだった。大学生のとき〝一種のクィアで不適合な女性〟としてカミングアウトしたが、それもしっくりきていなかった。セクシュアリティではなくアイデンティティの話だったが、それを表す言葉はなかった。二分法の片側からもう片側に移行してジェンダー適合となったトランスの人々の存在は知っていた。しかし二一世紀初頭の現代のユダヤ教・キリスト教アメリカ文化には、この構造の枠外を表す一般に認められた名前はなかった。

トゥー・スピリットについて読んだことで、エイブラムズの世界は変わった。「そこには、ふたつの肯定があった。『そう、これは現実だ。昔からずっと現実だった』」。白人であるエイブラムズはトゥー・スピリットという語を用いなかった。しかし、ヨーロッパ白人による植民地化によって多くが消滅させられた先住民社会は、植民地化を行った文化が広範なジェンダーを理解するのにきわめて大きな役割を果たすことができる、ということを知った。二〇一二年、エイブラムズは当時まだあまり知られていなかった語であるノンバイナリーをカミングアウトし、やがてこの問題に関する主導的な教育者になった。

エイブラムズは、トランス（自らを誕生時に決められた性別だと認めない）でありノンバイナリー（男性とも女性とも決められない）だと自認しているが、ノンバイナリーの中にはフェニックスのようにトランスを自認しない人もいる。実際、私の若い頃ならトムボーイと呼ばれただろう多くの子どもは、現在ならノンバイナリーだと自認するかもしれない――彼らのアイデンティティを認めたり応援したりする家族やコミュニティがあり、彼らがその用語を知っているなら。二〇一五年に〈全米トランスジェンダー平等センター〉がアメリカで行った調査では、質問に答えたおよそ二万八〇〇〇人のトランスジェンダーのほぼ三分の一がノンバイナリーを自認しており、その八〇パーセントは生まれたとき女性とされていた[11]。トムボーイを自認していた人がノンバイナリーという選択肢、用語、概念を知り、大人になってノンバイナリーだとカミングアウトすることもある。

オレゴン州ポートランドで書籍出版の仕事に携わるノンバイナリーのジェシーは、一九八〇年代後半にワシントンDCで筋金入りのトムボーイとして育った。ショートヘアーでシャツを着ず、男の子と間違われるのをたいていは喜ぶ。「ブッチでジョックの女の子」というよりは「オタクっぽい男の子みたいな女の子」。本を多く読み、傷ついた動物の赤ん坊の世話をし、男の子と一緒にミリタリー・スクールという危険なゲームをし、海岸で走りながら互いに石を投げ合う。

「思春期になる頃には、なんでも進んで試し、おじけづくことはなく、本当に勇敢だった」ジェシーは言った。ある意味、思春期はジェシーの内面を強くしてくれた。「大きな胸をして女らしくなって、すごく性的な人間であるのを喜ぶ、スーパーパワーみたいなものがあった気がする。たぶん、私の性衝動は男性的なものだったと思う」。自分が子どもを望んでいるのはわかっていたし、生殖能力も一種のスーパーパワーだと感じられた。自分が女性だとか女性らしいとかは思えなかったけれど、女であることは受け入れていた。「男性だと感じたことはない」ジェシーは言う。「男の子だとは感じていた」

かつてクレアという名前だった友人が二〇一八年に性別移行してフォスターになったとき（生まれたときの名前を知られるのは平気だし、今でも仕事上で使用している）、俗に言う電球がピカッと光った。「その『ノンバイナリーという』用語は聞いたことがあったけれど、それを自認して、私が自分に似ている、共感できると初めて感じた人間はフォスターだった。これは……私のことだ」

私はジェシーに、ノンバイナリーという言葉が子ども時代にあったらそう自認していたか、と尋ねた。「きっとそうしていたと思う」ジェシーは答えた。ではトムボーイではなかったのか、と訊くと、答えは「ノンバイナリーとトムボーイは同じものだと思っていた」だった。

ジェシーにとって、トムボーイとノンバイナリーに違いはなかった。トムボーイは、このもっと正確でジェンダー中立的な言葉が生まれるまで使われていた不完全で不充分な言葉にすぎなかった。ジェシーやその他多くの人たちにとって、〝ノンバイナリー〟という語はかつてのトムボーイと同種の心理的な安心を与えてくれる分類学用語だが、トムボーイよりもっと広範囲で包括的である。過去にはトムボーイという肩書を誇らしく名乗り、今は女の子であることを選んで誇らしくトムボーイを否定する、ミラのような女の子もいる。しかし今後は、二分法の枠外にいることを自認する子どもがもっと増えるだろう。

だからといって、ノンバイナリーである大人がすべて、トムボーイだった子ども時代を否定するわけではない。「私は今でもトムボーイを自認している」エイブラムズは話した。「でも、トムボーイからノンバイナリーに変わったとは思わない。最初からノンバイナリーだったと思う」

## ノンバイナリー医学の課題

ジェシーは自分の体を何も変える必要を感じなかった。フェニックスも感じていないが、やがて感じるかもしれない。しかし必要を感じるノンバイナリーの人々もいる。これは医学界にとって頭の痛い問題である。トランスジェンダーの治療は主に、人が二分法の片側からもう片側に移行してシスジェンダーとなるのを手助けする、ということに基礎を置いてきた。「それは私の目指すところではない。だからこういう治療は私に当てはまらない」エイブラムズは言った。肉体を女性から変えるが男性にはならないとしたら、どんな外見になるだろう?

エイブラムズはそれを自ら考え、自らの道を描かねばならなかった——高等教育を受け、情報源があり、ジェンダー医学や精神衛生の分野で働いているエイブラムズには、それができた。性別違和への対処としてテストステロンを服用したが、声は低くしても喉仏を大きくしたり髭を濃くしたりせず、万が一将来子どもを産みたくなったときに備えて生殖能力を残すため、通常より低い用量にしておいた。両乳房切除手術を受けた。このように肉体を変化させたのは、男性になることなく「男らしさや男性性を感じる」ためだった。ある意味、この変化によってエイブラムズは永遠のトムボーイになれたのである。

「多くのノンバイナリーの子どもがクリニックに来て、たとえばちょっとテストステロンを出してくれと言う。ほんの少し声を低くして、ほんの少し顔に産毛が生えたら、それでテストステロンをやめる。それ以上声が低くなれば、もう元に戻れないから。一方通行ということ」エーレンサフトは言った。「若者が来てこう言うことがある。『乳房の切除だけやってほしい。それは私に似合わないから。私は男じゃない。だけど女でもなく、ノンバイナリーだし、乳房はいらない』。私たちは、これに関する自分自身の偏見を見つめ直さねばならなかった。どうして、人が『私は男だ』と言ったときだけ、それ［乳房切除手術］がオーケーなのか？　乳房を除去してもらうことはできるが、もしもその人が『私は男でも女でもない』と言ったら、私たちは『いや、それはちょっと』と思うだろう」

エーレンサフトはノンバイナリーの子どもに対する医学的介入について意見を求められるようになったとき、こうした子どもたちは混乱してまだ自分のいるべき場所に着地せず中間的な場所にいるのだと考え、最初は否定しようと思った。だが子どもたちと充分に話し合って彼らの傾向をじっくり見たことで、彼らが実は着地しているのに気がついた。彼らは、まさにこの中間地点に着地していたのだ。それが彼らの望む場所だった。

「四歳や五歳くらいの幼い子どもが、『あのさ、あたしはどっちでもないんだ。男の子じゃない。女の子でもない。男女とか、レインボー・キッドなんだ』と言う。彼らは本当に、自分を男か女のどちらかだと考えていない。〝こっちかあっちのどちらかに属する〟ではなく、〝どこにでも、すべてのところに属する〟ということだ」。自らを男でも女でもないと宣言する子どもたちの世代に直面することによって、「ジェンダーとは何かという我々の考えが根本から揺さぶられる」とエーレンサフトは言う。

トムボーイとして育ったエーレンサフトは、自分や同じトムボーイの友人も、今子どもだったらノンバイナリーと自認したかもしれない、と語った。「私たちはジェンダーを二分法でとらえていなかったから」。エーレンサフトは数学、ポーカー、自転車、バレエが得意だったし、必要なら女らしく装うこともできた。「そういうのは行動だった。内面がどうありたいかとは関係なかった。でも私たちは、女の子という箱にはまったくおさまらなかった。今はジェンダーを見るレンズが変わってきているだけで、ノンバイナリーというものは昔から存在していたのだと思う」

## アイデンティティとステレオタイプ

エーレンサフトの例で、ポーカーをしたり数学が得意だったりするから女の子の箱におさまらないというのは、その箱の小ささを示している。〝女〟とは単なる社会的カテゴリーであって生物学的分類ではないと考える人もいるが、このカテゴリーはあまりにも狭く、あまりにもピンクに染まってハートや虹がちりばめられてキラキラになっているため、この箱におさまるのはひと握りの選ばれた人々だけだ。私の中のフェミニストは、ジェシーやフェニックスやミアのような人々も入れるよう女というカテゴリーを広げることがなぜできないのか、と疑問に思ってしまう。人が自分自身でいられる自由を感じるためには、このカテゴリーは放棄されねばならなかったのか？

二〇世紀の子ども服におけるピンク／ブルーの分断の台頭を記録した歴史家ジョー・B・パオレッティは、一九五〇年代にトムボーイだったとき自分は応援されていると感じた。「幼い頃は、大人になったらカウボーイになるんだと空想したし、兄と一緒にカウボーイとインディアンごっこをするときは、自分はジョンという名前だと思い込んだ。私は女の子で、トムボーイは文化的にオーケーだったから、それで問題なかった。トムボーイであるゆえに、自分を女の子以外のものだと考える必要はなかった」。一九九〇年代の過度にジェンダーで意味づけされた時代以降に同じことをする女の子は「『男の子とはこういうもの』『女の子とはこういうもの』という非常に強いメッセージを受け取っている」とパオレッティは言った。

つまり、男らしさと女らしさ、男の子カテゴリーと女の子カテゴリーの範囲が狭まっているため、すべての領域に対応する数多くの新たなカテゴリーが生まれたのだ。しかし私は疑問を抱きつづけている――ノンバイナリーの人々は、独立したジェンダー分類をどれだけ歓迎しているのか、ジェンダーのステレオタイプになんらかの意味で従いながらもどれだけ拒絶しているのか。

女の子であるとはどういう意味かについてのジェシーの考え方の一部は、ステレオタイプ的な女らしさと結びついているように思える。「私は真っ黒に日焼けして、すごく力が強かった。腕の筋肉をぴくぴくさせる感覚を覚えているし、その様子が好きだったことも覚えている。女の子だと感じないでいられる、ということ」。ジェシーの仲のいい友人はほとんど女性だが、心が通じ合うのは男性のほうだ。「私は攻撃的だし、男性的な性質をたくさん持っている」。女性に対して上から目線でものを言うことや、人の話を遮って発言すること、ボクシングやレスリングをしたがることなどだ。「男と話すほうがいいと思うことは多い。互いに相手の話を遮りながら思ったままを口にするのが好きだし、そう簡単には引き下がらないから」

自己主張が強いこと、軍隊ごっこをすること、髪を短くすること、海岸を走り回ること、勇敢なこと、性欲があることが、男性であることとどんな関係があるのか、と私は疑問に思う。相手の話を遮って率直にものを言うのが、なぜ〝男らしい〟のか？　セックスとジェンダーを分離し、いわゆる〝男らしい〟性質を持つ女性を数多く見ているおかげで、伝統的な女性らしさ・男性らしさは互いに相いれないものではなく一方の性の専売特許でもないことを、我々は学んだはずではないのか？

いや、セックスとジェンダーは分離したが、それでもまだ結びついている。今日、多くの人は男らしさと女らしさ——男の子や女の子の外見や行動がどうあるべきかという社会におけるステレオタイプ——と、肉体的・生物学的な男性と女性、あるいはジェンダーや社会的アイデンティティとしての男と女や男の子と女の子を、区別していないように思える。エイブラムズによるノンバイナリーの説明にすら、男らしさや女らしさが含まれている——肉体やアイデンティティだけでなく文化的な表現においても。「ノンバイナリーでいるという感覚を、ジェンダーで二分されたステレオタイプを用いずに説明するのは難しい。それ以外にうまく表現できる言葉がないから」とジェシーは書いた。

近年の子ども時代の過度なジェンダー二分法は、このセックスとジェンダーの結びつきをさらに強くした。玩具や衣服や性格特性や色を男らしい・女らしいとジェンダーで二分したことで、我々は男性と女性のカテゴリーを狭めてしまったのかもしれない。ジェンダーを指定せずにセックスを指定するのは不可能なのかもしれない。こうした語や考え方はすべて強力な糊で接着されているかのようだ。

それらを引きはがしてジェンダーのステレオタイプから自由になるひとつの方法は、箱を取り除き、ジェンダーの二分法を粉々に爆破することだろう。ジェンダーの二分法を爆破するため点火するのは、こうした語やその結びつきが狭くなりすぎて適合できなくなった人たちだろう。ジェンダーは非常に強力なので、境界を押し広げるにはそれくらい過激なことをせねばならない。一般に、二分法というのは非常に窮屈なものだ。男の子／女の子、同性愛／異性愛、トランス／シス、善／悪。

女の子だったときは人にジェンダーを間違われないため男の子みたいな格好をする必要があった、とフェニックスは話してくれた。「ノンバイナリーになった今は、とにかく自分らしい格好をしている」――絞り染めの服や紫色の髪。誕生時に決められた性別を否定するために無理をしなくていい、ということである。代名詞やノンバイナリーというアイデンティティが、自分が何者かを伝え、明らかにしている。表現やステレオタイプの問題ではない、と私がインタビューしたノンバイナリーの人々は言った。自分は何者かという中核的な意識の問題である。

二分法やそれにまつわる言葉を根絶やしにしたらどうなるのか、という私の問いに、エーレンサフトは「ジェンダーのカテゴリーをまったく、あるいは大まかにしか基礎にしない世界が待っているかもしれない」と答えた。

「自分はノンバイナリーだと宣言するこうした子どもたちが、『私はあなたたちのジェンダーの概念を拒絶する』と言って世に出てきたら、世界はどうすればいい？」私は尋ねた。

「世界はジェンダーの概念を緩やかにして、ジェンダーをふたつの箱に押し込めることをやめ、私がジェンダー無限性《インフィニティ》と呼ぶものを認めるべきだと思う」エーレンサフトは答えた。「自問してほしい

――そもそも、なぜ人をジェンダーで分類する必要があるのか、と。ノンバイナリーというジェンダーの状態の可能性にもっと心を開き、我々の務めはそれを取り締まるのではなく促進することだと認識しよう」

私はトランジェンダーの作家でジェンダー理論家ケイト・ボーンスタインに、より多くの人々にこうした考え方を受け入れさせるにはどうすればいいかと尋ねた。「男性とは何か、女性とは何か、私たちがこのどちらかであるべきだなんて、誰が言ったのか?」ボーンスタインは空中に円を描いてみせた。この円は永遠の昔から半分に分けられ、片方に男、もう片方に女が置かれていた。向こう側にある欲しいものを手に入れるには、この線を越えなければならなかった。線を消し去ってしまいたい人は多い。確かに、二分法の境界に固執する人もいるだろう。だがそれ以外の人は皆、いずれジェンダーというスープの中で交ざり合い、円の外からどれでも好きな材料をつかめるようになるだろう。中間地帯を無人地帯と見るのではなく、正しく健全で尊重すべき場所として見よう。

エーレンサフトはこれを、「動きだした詩の世界」と表現した。

## ケーラ

私は一九七〇年代にイリノイ州シカゴでリベラルなユダヤ人の娘として育ったが、両親はジェンダーについて非常に旧弊な考え方を持っていた。母は私が多数派に同調することを心から望んでバレエを習わせ、私の短い髪を花柄のバレッタで留め、花柄模様の〈シュウィン〉の自転車を買いもした。そして私の体を無理やりワンピースに押し込んだ。

ほかの女の子が好きな人形遊びや馬やユニコーンやバービー人形、私を将来の専業主婦にさせるための玩具には、興味がなかった。男の子の世界を支配した『スター・ウォーズ』のフィギュアが欲しかった。〈レゴ〉が好きだった。外を走り回るのが好きだった。モノ作りが好きだった。私が好きなことの数々を男性的とか女性的とかいう言葉でまとめることはできない。でも、私が好きなことは、たいてい男の子がやっていることだった。

髪は中性的なマッシュルームカットにして、男の子にも女の子にも似合いそうな服を着た。正装するときは？　父は海軍のパイロットをしていて、ファスナーとポケットのついたつなぎの制服と、マウスピースと調節式のひさしがついたパイロット用ヘルメットを持っていた。あれにまさるものはなかった。ネグリジェなんて比べものにならなかった。私はいつも男子用の服を選んだ。そのほうが着心地良かったし、子どもに似合っていたし、何より私は子どもでいたかった。女性的という古くさい概念を装いたくなかった。私は男と女の中間、まさにジェンダー不適合だったけれど、もちろん一九七〇年代や一九八〇年代初頭にそんな語彙はなかった。今子どもだったとしたら、ノンバイナリーということになっただろう。

そんな中間という存在でいられたのは、思春期が近づくまでだった。やがて体が女性化しはじめた。一〇歳のある日、友達がショッピングモールへ行ってピアスの穴を開けてもらおうと言ったとき、私は試されているんだと思った。「私は自分が女性だと宣言する決定をしようとしている」と感じた。その覚悟ができているかどうか、自分でもわからなかった。でも、穴は開けた。

数カ月後、『ニューズウィーク』誌が表紙にゲイの男性数人を載せた。ひとりはイヤリングをしていた。そのとき初めて、イヤリングは女性専用でないことを知った。メディアやポップカルチャーのおかげで、自分らしくいることはオーケーなんだと感じられるようになった。デヴィッド・ボウイやプリンスといったアーティストは中性的でセクシーで天才で愛されていた。初めてMTVでアニー・レノックスやボーイ・ジョージを見たときは、衝撃で息が止まった。決定的な瞬間だった。

自分の女性性、女性である自分の体というものと折り合いがつけられたのは、もう少し大きくなって、一〇代でレズビアンだとカミングアウトしたときだった。

# 第一四章　もう〝トムボーイ〟という語は退場すべきか？

「木登りをし、荷車の後ろにしがみつき、しつけのいい女の子がすべきでないことをする女の子が、なぜトムボーイと呼ばれるのか、まったくわからなかった。女の子がなってはいけないものがあるとしたら、それは〝トムガール〟だと私はいつも思っていた」

――ジャネット・ギルダー、『あるトムボーイの自伝（*Autobiography of a Tomboy*）』（未邦訳）、一九九〇年

カレン・ミシェルが二〇一三年にオーダーメイドのフォーマルウェアやボウタイや虹色のブレスレットやアスリート風ファッションを売るインターネットの小売りサイト『オートブッチ』を開いたとき、最初はなかなか注文が入らず苦労した。

「店を開いた当初、ウェブサイトには〝ブッチ〟ばかり載せていた」ミシェルは言う。「そのうち、〝ブッチ〟という語はトムボーイほど検索されていないことに気がついた。〝トムボーイ〟はものすごく検索されていた」。ミシェルがウェブサイトじゅうにこのキーワードをちりばめた結果、現在『オ

ートブッチ』は「ブッチとトムボーイのものならなんでも揃う、強烈なファッションとライフスタイルのブランド」であり、「ブッチ、スタッド［ブッチと同様、男性的な女性のこと］、そしてトムボーイに向けてデザインされている」。

注文は殺到した。「このキーワードで金鉱を掘り当てた。すべて〝トムボーイ〟という言葉のおかげ」

初めて肯定的な意味で女の子に用いられて以来約一八〇年のあいだ、〝トムボーイ〟という語に関してさまざまな議論がなされてきた。この語は引退すべきだと最初に宣言がなされたのはおそらく一八九八年、『ハーパーズ・バザー』誌が『トムボーイの消滅』という記事を掲載したときだろう。一九一七年には『トムボーイの消滅』と題するエッセイが広く読まれ、再び引退が宣言された。「この生物種は残念ながら絶滅したか、もしくはそういった性質があまりに一般的になったため特徴的でなくなったかのどちらかである」。トムボーイは「無意味な用語」[1]になったのだ。一九二六年、『トムボーイたちの消滅』という記事はこう告げた。「もはやトムボーイは存在しない。スタンダードは変化した」[2]

二〇世紀を通じて、同様の宣言がなされつづけた。一九八〇年代の新聞には、『トムボーイのラベルはもはや使い古し』『〝トムボーイ〟という語は投石器並みに時代遅れ』『〝トムボーイ〟、去年の世界に潜り込む』『トムボーイはもう死語』と題したコラムが次々と掲載された。[3]一九九三年、社会学者バリー・ソーンは、「なぜ、女の子が着心地のいい服を着たり、スポーツをしたり、木に登ったり、冒険に出たり、男の子と遊んだりするからといって、その子を〝疑似〟男の子と呼ぶのか？」[4]という疑問を提起した。二〇一六年、オンラインマガジンの『バサル』『バブル』『ハフィントンポスト』はそれぞれ、自分の娘をトムボーイと呼ぶのをやめるよう世間に求める母親による投稿を掲載した。[5]「スポーティで冒険好きな女の子をボーイッシュと呼ぶとき、我々は、ある種の行動や興味は男の子や成人男性のほうに適しているという考えを強調している」発達心理学者アンドレア・バスティアーニ・アーチボルド博士は二〇一九年四月、ガールスカウトのブログにおいて『もう彼女をトムボーイと呼ぶのはやめよう』と題した投稿でそう書いた。同じ議論は何度も喚起されてきた。体を動かすことや冒険が好きな女の子を表すのに〝ボーイ〟という語を用いるのは、ジェンダーのステレオタイプに反抗するどころか逆に強化していることになるから、そんなものは拒絶すべきだ、という考え方である。

　私は研究する中で多くの人からこう言われた――トムボーイという語は衰退してよかった、なぜなら人は進歩の結果〝男子用のもの〟が男の子だけのものではないと悟ったのだから、と。この点が初めて指摘されてほぼ一〇〇年経って、ようやく基準が変わったのだ。こうした思いを話してくれたのは主に、地質学やテレビ制作といった男性優位の分野で成功し、男の子と交流したり男の子のように行動したりすることで恩恵を被り、両親から男女平等に扱われ、おそらくは生まれつき〝男の子〟側に引きつけられて受け入れてもらえた、上位中流階級の元トムボーイの白人だった。彼女たちはジェンダーによって制約を受けなかったため、ジェンダーが他人を制約することもないと考えていた。

　コロンビア大学でジェンダー研究と英語の教授を務めるジャック・ハルバースタムは、現在女の子には非常に多くの選択肢があり、メディアでさまざまなリプリゼンテーションがなされ、めったに〝男の子のこと〟から排除されないので、男の子の世界に越境する女の子を表す言葉は必要ない、と話す。サッカー場で爆走するポニーテールの女の子、STEM分野で活躍する女の子、彼女たちが過去数十年で挙げてきた途方もない成果を考えてみるといい。「トムボーイというカテゴリーは少々時代錯誤的だと思う」ハルバースタムは語った。「我々はいずれ、トムボーイというカテゴリーは二一世紀ではなく二〇世紀のカテゴリーだと考えるようになるだろう」

この語の問題ある歴史――優生学との結びつき、かつて乱暴な男の子や成人女性の性欲を意味したという事実など――を知らない者でも、この語に問題があることは知っていた。フェミニスト・ファッションの会社〈ワイルドファング〉共同設立者エマ・マッキルロイが言ったように、「トムボーイというのは意見の対立を招く単語」である。

マッキルロイは一九八〇年代、九〇年代にアイルランドでスポーティな女の子として育ち、トムボーイという肩書を誇っていたが、今はその複雑性を理解している。「トムボーイを気に入ってそう自称する人もいる」。しかし、要塞を作って速く走る女の子を〝トム〟+〝ボーイ〟という二重に男性的な語で表現することを嫌ったり、これはシスジェンダーの女性のためだけの言葉であってジェンダーのスペクトルにおけるその他の人々を除外していると感じたりする人もいる。

カレン・ミシェルは『オートブッチ』へのアクセス急上昇を喜んだが、〝トムボーイ〟という語を好きなわけではなく、販売促進のために〝ブッチ〟という語を犠牲にせねばならなかった。「トムボーイなんて、すごく薄っぺらくてつまらない言葉」だと彼女は言う。それでもトムボーイたちが象徴することは認めている――独立心、自信、勇敢さ、体を隠せと命じる世の中でシャツも着ずに走り回ること。「トムボーイの性質、その行動――私たちが好きなのはそういうもの」

ファッションライターで起業家のリジー・メトラーは二〇一五年にファッション関係のブログ『トムボーイ・スタイル』を閉鎖した。理由のひとつは一部の読者からの〝トムボーイ〟という単語そのものへの反発だった。二〇一二年にブログを始めたときには、マスメディアでもてはやされたのだが。「思慮深くて頭のいいコメンテーターたちは、『なぜこのブログに〝クールな女性〟といった名前をつけなかったのか理解できない』と言った」メトラーは話した。「どうして、こんな古くさいタイトルにする必要があるのか？」

## それでもトムボーイは残った

しかし、少なくとも時代遅れで、多くの人にとって不愉快であるにもかかわらず、トムボーイはゾンビである。何度死亡宣告を受けても、また生き返る。一例を挙げると、〝TOMBOY〟という語をでかでかと書いた〈ワイルドファング〉のTシャツは大変人気があったため、ファッションチェーンの〈フォーエバー21〉はそれを模倣した〈〈フォーエバー21〉は〝TOMBOY〟と書いた〝トムボーイ・チューブトップ〟を販売した。そのフレーズは自己矛盾しているように思えるのだが）。

〝トムボーイ〟は多くの人に慰めや意味をもたらした。大人は、男の子のような遊び方をする女の子を理解して受け入れるため、ほぼ二世紀のあいだこの語を使いつづけた。この語は、避難所、境界線を越える安全な通路、女の子が仲間やコミュニティから非難されず（時には称賛もされて）探検できる自由を提供した。社会のはみ出し者は、この語によって理解されていると感じることができた。多くの意味で、この分類用語は優秀な仕事をした。説明し、肯定し、認識した。不安を静め、疑問に答えた。親が子どもを理解でき、子どもが自分自身を理解できるようにした。

だからこそ、クララ・バートンからドリー・パートンまで多くの有名女性がトムボーイの子ども時代を誇らしく、懐かしく思い返すのだ。それによって、自分たちは社会の規範に従わず、自信にあふれ、仲間がどんな方向に進むかに関係なく自分のしたいことをしていた、と伝えているのである。今でもさまざまな音楽のジャンルで歌に歌われている。ポートランドには、デヴィッド・ボウイをカバーする、女性を自認するアーティストによるメジャー・トムボーイズというバンドもある。

プリンセス・ノキアが二〇一七年に発表した歌『トムボーイ』は、自らのジェンダー独立性とパワフルなセクシュアリティを称える賛歌である。「あたしの小さなオッパイと小さな子宮で、あんたの男を奪ってあげる、あんたの許しさえあればね」彼女はそうラップで歌う。

デスティニー・ロジャースは二〇一九年の『トムボーイ』でこう歌った。「ママは言った、『金持ちの男と結婚しな』、あたしは言った、『ママ、あたしがその金持ちの男だよ』」

ミランダ・ランバートは二〇一六年の歌『トムボーイ』で「中間にいるトムボーイ、爪には土、ジーンズには穴、あんたの夢をぶち壊し、ロデオの女王みたいに馬に乗る」と歌った。これらの例におけるトムボーイとは、上半身裸で自転車に乗って草原を駆け回る女の子というよりは、自らの運命を切り開く力を持つ若い女性のようだ。

ファッションやエンタテインメント業界では、トムボーイはまだ生きている――キーワードやハッシュタグとして。先述したように、ソーシャルメディアには #tomboy というタグをつけた投稿が何百万もある。多くは、#tomboystyle ファッションに身を包んだ、セクシーで中性的か男性的な女性、スタイリッシュでセックスアピールのあるノンバイナリーの人々の画像だ。この語の過去や、これが子どもたちに用いられたことなどは、ほとんど意識されていない。だから、この語が自分の娘に用いられることへの不快感を母親たちが述べるとき、私はいぶかしく思ってしまう——そもそも、こういうことはそんなに頻繁に起こるのか？

## 新たな語は何であるべきか

〝トムボーイ〟という語に反発する親は、女の子のカテゴリーはより深くより広くなっているからこれはもう死語だ、と思っている。彼らの考え方は理解できる。これについて研究してきた私も、大人の狭い許容範囲からはみ出した行動を取る子どもたちになぜステッカーを貼らねばならないのか、と疑問に感じることがある。しかし、現実はその逆だと思う。私たちは、女の子のカテゴリーを広げて多様な行動や表現や特性を包含する複合的なものにするのではなく、多くの新たなカテゴリー、何十ものグラデーションを作り出した。人類は曖昧さという保護バブルを作ったわけではないようだ。それよりも、男の子／女の子という窮屈な二分法やピンク／ブルーの分断からは絶対に生まれなかったジェンダーの自由が生まれることを願って、どんどん多くの分類を生み出したのである。

第一二章で触れたように、〝トムボーイ〟という語を嘲ったであろう多くの人が、自らや自分の子どもをジェンダー不適合と誇らしく呼んでいる。ウェブサイト『プリンセス・フリー・ゾーン』を開設したミシェル・ユーローは、ジェンダー不適合の子どもの育児に関して素晴らしいTEDトークを行ったが、「トムボーイではない。男の子のものが好きな女の子ではない。ガーリーでない女の子ではない。単に女の子である」というインターネット・ミーム〔インターネットで模倣されて拡散される情報〕を生み出しもした。彼女やその他多くの人にとって、〝ジェンダー不適合〟と〝女の子〟は対立概念ではなく、むしろ容易に重なり合うものだ。GNC？ もちろんオーケー！ トムボーイ？ 論外！

ここに難しい問題がある。それ以外の人々、特に元トムボーイたちにとっては、この新たな用語体系こそが問題なのだ。作家リジー・アッカーは二〇一六年に『ウィラメット・ウィーク』誌で、自分が子どもの頃いちばんの親友に「ママがあたしたちはトムボーイだって言った」と言われてとても誇らしかった、と書いた。「互いを、そして自分自身を認識した、魔法のような瞬間だった。その友人が『ママがあたしたちはジェンダー不適合だって言った』と言ったとしたら、同じように感じたとは思えない。何かを〝不適合〟とか〝変種《バリアント》〟とか呼ぶのは、ジェンダーの正しい表現法はひとつだけだと想定していることにならないのか？[6]」

もともと、〝トムボーイ〟という語はジェンダー役割を打ち破るためのものだった。その後、これはジェンダー役割を恒久化させるようになった。今日、一九九〇年代以降に生まれたZ世代と、その中で着実に増えているノンバイナリーやジェンダーフルイドの子どもたちは、ジェンダーという概念を大きく変革している。これは、〝トムボーイ〟という語ではなしえなかったことだ。ジェンダーの用語は変化する。スチュワーデスはフライトアテンダントになった。議員は"councilman"でなく"councilperson"、消防士は"fireman"でなく"firefighter"、警察官は"policeman"でなく"police officer〟。フェミニズム全盛期の一九七〇年代には〝ミス（Miss）〟と〝ミスター（Mr.）〟に〝ミズ（Ms.）〟が加わり、現在ではジェンダー中立的な〝ミクス（Mx.）〟が普及しつつある。新しい語句はどんどん生まれている。しかし、かつてならトムボーイと呼ばれたであろう子どもに「ジェンダーバリアントな子ども」と名づけるほうがいいのか、〝トムボーイ〟という語を好んだ人々は新しい用語の感情を排した響きを好んだりトムボーイの退場を望んだりしていないのか、私にはわからない。トランスの女性の中には、トムボーイを自認する人も存在する。すべての人が納得できる用語はまだ見つかっていない。だから、新しい語を追加し、男性的・女性的や男性・女性の定義を広げる中で、男らしさ・女らしさという考え方も広げていきたい――というより、こういう語を完全に消し去ってしまいたい。これらは不適切な概念なのだから。

〝トムボーイ〟という語が衰退したのは、私たちの文化が平等という雲に包まれて、女の子に――男の子、インターセックス、トランス、ノンバイナリーなどすべての子どもに――とって禁制のものは何もなくなり、ジェンダーの制約からの自由が得られたからだ、と私は思いたい。だが本当のところ、平等が実現したから〝トムボーイ〟という語が引退したわけではないだろう。

人、特に子どもたちをジェンダー別に分けた道にとどめておくための、性差別主義のもっと巧みでもっと有害な形態を、我々は見つけたのだと思う。〝トムボーイ〟という語がいまだに見られるひとつの理由は、子どものものは今なお女の子と男の子のセクションに分かれているため、自分用ではないセクションを訪れたい者のための名前が必要だからだ。平等の実現という任務はいまだ完了していない。

イギリスの〈ノッティンガム青少年家族センター〉所長キャリー・ピーチターは、トムボーイと女の子の遊びや、子どもが決められた性別に基づいて自分たちに容認されているものをどう考えているかについての調査を行った。その結果、ピーチターが〝活発な少女期〟と呼ぶものはまだ標準的でないことが判明した。イギリスの一部の女子中学校には運動場と呼べるスペースがほとんどない。こうした学校の女の子は、スポーティであってはならない、〝男の子みたいに〟遊んではいけない、というメッセージを、物理的環境からも受け取るのだ。そしてもちろん、メッセージは文化的環境からも送られてくる。

「社会は、活発になるなと彼女たちに命じているのだと思う」ピーチターは話した。「女の子はある年齢に達すると、『女の子はみんなこういうもの』『大人の女性はみんなああいうもの』『私たちはこれこれをしてはならない』と考えるようになる。実際、私が調査したトムボーイのひとりは言った。『あのね、もちろん六歳になったら走り回っちゃいけないんだよ』。非常に大きな社会的圧力が存在するのだろう」。もちろん、ショートヘアーでスウェットパンツをはく活発な女の子もいる。それが、今もトムボーイを自認する、あるいはトムボーイと呼ばれる女の子たちだ。彼女たちは自らをジェンダーバリアントと表現しないかもしれないが、例外的存在であることに変わりはない。

私に言わせれば、〝トムボーイ〟という単語ばかりに焦点を当てるのは的外れである。問題は、この語がジェンダー的に不適切だということではない。子ども時代が過度にジェンダーで意味づけられていることである。これほどまでにピンクとブルーに分けられていなければ、トムボーイという語も必要なかっただろう。だから、どうぞこの語におさらばするがいい。もともと、私はこの語にこだわりを持っていない。私がこだわっているのは、子どもがさまざまな活動やモノを自由に探索できる文化、それらに〝男子用〟・〝女子用〟とマークをつけるのをやめる文化を創造することだ。

しかし、トムボーイの存在を認めることにもこだわっている。トムボーイ――ジェンダー多様性のための空間を作ってきた人、考え方、言葉、一部の女の子が幸運にも二世紀近くにわたって行使できた特権――が存在しなければ、アメリカの女の子や成人女性は現在のような自由を持てなかったかもしれない。実際、トムボーイがいなければガールスカウトはできなかっただろう。「ガールスカウトは女の子に彼女たちの兄弟と同様の組織を与えようという運動の一環だった」歴史家レネ・センティレスはそう書いた。ガールスカウトが誕生したのは一九一二年、女の子を男の子と同じように育てることで最高の女性、最高の市民ができるという急進的な考え方を公言したヴィクトリア時代のトムボーイ運動最盛期だった。

この語について論じるのではなく、トムボーイが成功し、社会的に受け入れられ、大人になっても存続する自信を持った、長い歴史に目を向けてはどうだろう？　ジェンダーとは、実はひとつのスペクトル、ひとつの球体、単独のふたつの点ではない別の形状だ。そして最高に幸せで自己実現した子どもとは、大人の持つジェンダー化された期待によって人生が制限されていない子どもである。トムボーイの歴史がそういったことを証明しているのではないか？　空間を増やし、柔軟性を増し、ラベルを減らし、より多くの可能性を開いてみてはどうだろう？

可能性――そもそも、それこそトムボーイが昔から追い求めていたものである。

# 結び

## ピンクのポニーテール

「ジェンダーなんて実際には存在しない。だってほら、遠くからならジェンダーが見えるけど、人に近づいたら見えるのは肌だけだから」

――ティグ・ノタロ、テレビドラマ『ワン・ミシシッピ』

「やってあげるよ、お嬢ちゃん」男性はそう言って私の娘の手からチャイルドシートを取り上げ、エイビスのバスの網棚に置いた。私と娘は顔を見合わせ、ぷっと噴き出した――「お嬢ちゃん」？それまでの六年間、他人は娘を「相棒」や「ぼうず」と呼び、荷物を娘から取り上げるのではなく自分で運ぶよう促してきた。娘はショートヘアーで男子向けの服――だぶっとしたショートパンツやスウェットパンツ、Tシャツ――を身につけ、一〇〇パーセント男の子に見えていた（現在の文化的スタンダードによれば）。だから他人から男の子と呼ばれ、男の子として扱われてきた。

娘はそれで平気だった。娘は自分が何者かわかっていた。男子と女子の友人グループを行き来し、野球はするがバービー人形で遊んだり壊したりするのも好きな子どもとして、〝彼女〟という代名詞は使うけれど他人がどんな代名詞を使うかには無頓着だった。私が話したトムボーイたちの大半は、他人に男の子だと思われるのを楽しむか、どう思われても気にしないかだった。男の子／女の子の区別は彼女たちに当てはまらなかった。それは大人が作った社会の仕組みであって、彼女たちには関係なかった。中には男の子扱いされるのに憤慨し、自分のこと——男の子のことでなく自分自身のこと——を行う女の子であるのを誇る者もいた。トランスで男の子を自認する者の場合、〝ジェンダーを間違われる〟のは実のところ気分がよく、逆に女の子だと誤解されることを恐れていた。

娘は四年生のとき、髪を伸ばしてビートルズみたいにし、一部を赤紫色に染め、私たちの住む区域ではユニコーンの角と呼ばれる、頭の前部で結んだポニーテールにすることに決めた（ふたりの娘は、色は別としてその髪型はすぐ男友達にも採用されたと言った）。娘に関して、髪以外で変わったことはなかった。同じよれよれのショートパンツとTシャツ、同じ昔ながらのボーイッシュな態度や活発さ。それでも他人による娘の扱い方は一変した。

最初は、マンハッタンのチェルシー地区の屋台で五ドルの日よけ帽を買っているときだった。「お嬢さんにお似合いですよ」娘がピンクの髪に麦わら帽子をかぶると、屋台の男性は言った。

屋台から歩み去りながら、娘は言った。「初めてジェンダーを間違われなかった」。娘は驚きながらも喜んでいた。だが、それは呼び方だけの話だった。娘はまだ、呼び方に伴ってまったく異なる相互作用が生まれることを知らなかった。祖父母を訪ねるため空港に着いたときには、娘は自分に対する人々の態度が変わったことを知った。自分の身体的能力について、どんな歯ブラシを好むか（青いクマよりもピンクのお姫さま）について、どのように話しかけるか（「お嬢ちゃん」対「相棒」、〝愛情の対象〟対〝仲間〟）についての、人々の思い込みを知ることになった。娘は、大人が子どもを男と思うか女と思うかによって話しかけ方や扱い方を変えるという研究結果の生きた見本だった。

若者にはまた別の思い込みがある。ある夜、私たちは娘の野球の試合のあと公園でのコンサートに行った。その日の昼間にコニーアイランドで毎年恒例のマーメイド・パレードが行われており、私たちの隣には、明るいウィッグをつけて虹色に輝く服を着た、二〇代とおぼしき酔った女性ふたりが座った。ふたりは、青い野球のユニフォームを着てピンクの髪をした私の娘を見て、うれしそうに「おっ、ノンバイナリー？」と言った。

私は少々むきになって「違います」と答えた。それは、私の二〇世紀的ジェンダー二分法信念体系を手放したくないという思いの名残だった。それまで丸一年間、そんな考え方から脱却しようとしていたのに。私を弁護して夫が言ったように、中年になって新たな言語を習得するのは難しいのである。もっと適切な答えは、「さあ、どうかしらね」だっただろう。

子どものジェンダー自認はその子が選ぶスポーツや髪を染める色で見分けられるという他人の思い込みに直面したとき、私はうろたえたのかもしれない。二分法を爆破してジェンダーの地図を描き直している世代にとっても、その革命の根底にはジェンダーのステレオタイプというぼんやりした土台があったようだ。

とはいえ、私の反発について最も大きな問題は、大多数の人はゼイビーを育てているのでない限り自分の子どもをシスジェンダーだと決めつけ、肉体的なセックスと結びついた代名詞を用いるということだ。私たちは、体を見て子どもについてさまざまな決めつけをしている。「人に、私の子どもに『君は本当に男の子じゃないのか？　本当に女の子じゃないのか？』と訊いてほしくない。だが実際のところ、子どもは『君は女の子だ』と言われることのほうが多い――それが出生時に決められたセックスだからというだけで」〈アメリカ自由人権協会〉の弁護士チェイス・ストランジオは言った。「異性愛の非トランスジェンダーでいろと我々に促す目に見えない力のことを、しっかり把握しなければならない」

子どもたちが、探索しながらも、我々の社会を形作るセックス／ジェンダーのシステムやジェンダーの考え方の枠内にいられるための余地をどうしたら作れるのか、それを知るのは難しい。だからこそ、多くの人々がそんな考え方に反発しているのだ。

私が話した人たちのほとんどは、自らのトムボーイの日々を自由と結びつけていた。多くが上半身裸で走り回ったことや荒っぽい遊びをしたことを話した。だから私は長いあいだ、自由とはそういう意味だと考えていた――物理的に好きなように走ること。しかし今は、ジェンダーの物理的・文化的・心理的プレッシャーからの解放であることがわかった。ジェンダーのステレオタイプからの自由、大人にステレオタイプを押しつけられることからの自由。自分自身でいられる自由。ジェンダーの自由とは素晴らしいものだ。子どもはもっとそういう自由を持つべきである。

「だけど、女の子がピンクを好きで何が悪いの？」学校近くの運動場で、ひとりの母親が尋ねた。彼女は資金調達のため校名の入ったTシャツや野球帽を売る責任者で、彼女がこれらを〝男の子〟色と〝女の子〟色で出すことを論じているとき私は少々不愉快な発言をしてしまった。彼女は色がジェンダーで二分できるという考えを自分がどこから得たのかまったく考えたこともなく、男の子をピンクから遠ざけることの背景にある同性愛嫌悪について何も知らなかった。「小さな子どもにスカートやワンピースを着せることの、どこが悪いの?」

何も悪くない。スカートやワンピースやピンクやキラキラやハートやユニコーンや虹には、なんの文句もない。私だってそういうものが大好きだ。だが、女子向けの服や、服(ポケットや靴底)が不可能にしている活動や、女の子に外見を重視させ男の子に能力を重視させる多くの玩具には、真に構造的な問題がある。私が反対しているのは、子ども時代の過度なジェンダーによる意味づけ、子どもに何をさせるかを一方的に決めるジェンダーのステレオタイプである。そうしたステレオタイプは子どもにとっても、その子どもが成長したあとの大人にとっても、心身両面の健康に甚大な影響を与えるからだ。

男の子と女の子には一般に生物学的な違いがある。微細運動能力(女の子のほうが早く発達する傾向がある)や自制心(男の子の発達が遅い場合がある)など小さな違いだが、それらは男女に分かれたジェンダーという川を泳ぐあいだに大きくなっていく。しかし、子ども時代のジェンダーによる二分の多くはあとから作られたもので、両性の生物学的な差異に根差して**いない**。それでも作られたものは現実となり、我々は自ら作った区別に、あたかもそれが絶対的な真実であるかのように従ってしまう。多くの子どもたちの経験は、大人が考えるジェンダーについての〝真実〟と合致しない。そういうジェンダーの考え方が差別、虐待、暴力、機会の喪失、狭い視野、鬱、抑圧などにつながるのだ。

トムボーイに関する本を書こうとしたとき、ひとつ非常に意外なことに気がついた。男の子も含むすべての子どもたちについて論じる必要がある、ということだ。目を通した資料の中でも突出して力強く感じられたのは、大人気の『プリンセス・イン・ブラック（*Princess in Black*）』（未邦訳）シリーズを書いた児童文学作家シャノン・ヘイルによる論説記事だった。ヘイルが読み聞かせのためある学校へ行ったとき、司書はこう告げた。「さあ女の子たち、楽しみにしてちょうだい。シャノン・ヘイルさんの本はきっと大好きになるわ。男の子たち、とりあえずお行儀よくしてね」[1]。あろうことか学校の司書が、ジェンダーによって異なる規範を適用し、子どもたちに異なる期待を抱かせているのだ。ヘイルは全国をめぐる中で、主人公が女の子であるヘイルの本に男の子は興味を持たないだろう、と大人たちから聞かされる。ところが聴衆の男の子たちは（たとえ強制されていやいや来た場合でも）朗読を聞いて魅了され、そのあとヘイルの本を買ってくれと頼む（親や教師からそれは男子向けの本ではないと言われるのだが）。この事実は、男の子を含むすべての子どもが、モンスターと戦うという予想外の面を持つお姫さまの物語に充分に興味があることを示している。

結局のところ、男の子には、女っぽくなってはいけない——女性的になったり、ゲイになったり、女の子や多種多様な女性的な子どもに興味を持ったりすべきではない——とのメッセージが送られるのだ。これは全世界に共通である。イギリスのジェンダー平等支持団体〈レット・トイズ・ビー・トイズ〉の調べによれば、コミックの『ビッグ・ヒーロー・シックス』や『アベンジャーズ』の男子用Tシャツには男性の登場人物しか描かれておらず、再発売された『スター・ウォーズ』のクラシックなフィギュア一二種にはルーク・スカイウォーカーが二体含まれているのにレイア姫は一体もなかった。[2]

なぜ男性ばかりで女性がいないのか？　男性が基本だからである。〝ガイ（guy）〟は男も女も意味するが、〝ギャル（gal）〟は違う。女の子は男子向けの服を着てもいいが、逆は許されない。ジョーやサムやフランキーという名前の女の子は？　すごく可愛い！　ジェニファーやリサやサラという名前の男の子は？　ありえない。こういう考え方によれば、女の子は男の子のものでも女の子のものでも見ていいけれど、女の子に向けたものを見ていいのは女の子だけだ。J・K・ローリングがファーストネームのジョアンの代わりにイニシャルを用いているのには理由があるのかもしれない——男の子も本を買えるようにする、という理由だ。なぜなら私たちは、男の子はジェンダーの境界線を越えて女性らしさと結びつくものに入っていこうとしない、と考えているからだ。

これこそ、成人男性や男の子が言われていること、感じるようプレッシャーをかけられていることである。男の子は女の子と遊んだり女の子を見たり女の子を連想させるものを着たりしたがらない、と私たちは決めつけている。だが現実には、私たちが男の子に命じているのだ——そんなことを望んではならない、女の子や女の子の世界や女子向けの本や玩具や色や服、あるいは女性的と分類される共感や親切心や優しさや美しいものへの好みといった性質に興味を持ってはならない、と。もしもそういう傾向や興味があるなら抑え込まねばならない、それらは男の子向けでなく、ゆえに価値が低いからだ、と。

さまざまな色や遊びや性格特性が男性的・女性的とラベルづけされているため、社会の半分近くの人はそれらから切り離されていると感じている。「人形や柔らかな玩具から遠ざけられたら、男の子はコミュニケーション能力や育児能力、共感能力を養う機会を逃すことになる」〈レット・トイズ・

ビー・トイズ〉のジェス・デイは言う。「建築玩具や身体的活動から遠ざけられたら、女の子はそういう能力を発達させるチャンスを逃してしまう」

息子にジェニファーやジュリーと名づけてピンクのドレスとティアラ姿で学校へ行かせようとする親がいたら、私は全面的に支持する。だからといって、すべての親がそうすべきだと言っているわけではない。私が言っているのは、男の子が女子用とマークされたものに近づき、遊び、読み、着るのを許さない親は、彼らに暗黒の地に通じる可能性のある道を歩ませている、ということである。「女の子についての本を読むこと、女の子に共感すること、女の子の気持ちを理解しようとすること、女の子を気づかうこと。そういうことは恥じるべきだと教えられた男の子はどうなるだろう？　そんな男の子は、成長してどんな男性になる？」シャノン・ヘイルは問いかける。

民族誌学者で『運動場でのジェンダー実践　学校におけるジェンダーの克服（*Doing Gender in the Playground: The Negotiation of Gender in Schools*）』（未邦訳）を著したマリア・ド・マー博士によると、ジェンダーのステレオタイプを守れというプレッシャーを感じる男の子は、酒を飲み過ぎ、感情を無理に抑え、軽度の（時には重度の）暴力を振るい、不安に苦しむ大人になるという。トムボーイは活動の自由があって、男子の服を着たり男の子の名前を持ったり男の子のゲームをすることが許されるが、女の子の大部分は痩せろという途方もないプレッシャーを感じている。だから五パーセントもの女の子に摂食障害があり、およそ六〇パーセントはダイエットに励んでいる。[3] スポーツが好きなのに、やろうとしない女の子もいる。女らしくないと思われてしまうからだ。しかし私たちは、スポーツが心身の健康にどれほど重要かを知っている。〈女性スポーツ財団〉によれば、女の子が一四歳までに競技スポーツをやめる割合は男の子の二倍で、その理由は肯定的なロールモデルがいないことや、女の子がそんなことをするのは恥ずかしいという思いがあるからだという。[4] マリア・ド・マーは研究の結論としてこう述べている。「このように人の日常生活を常にジェンダー規範に沿って支配しようとすることが、重大な精神的苦痛、不安、ストレス、低い自尊心をもたらす――男の子にも女の子にも、学校で〝人気のある〟若者にも、低い地位の若者にも」[5]

多数の研究が同様の結論を出している。ある研究では、ジェンダーに関して伝統的な考えを持つ教師に一年以上教えられると数学や言語の試験の成績が悪くなり、そういう教師のもとで過ごす時間が長くなればなるほど成績はいっそう落ちる。[6] また別の研究によると、一〇歳から一五歳までの女の子は、女性は男性に対して性的魅力を持たねばならないというメッセージを内在化すると成績が悪くなった。[7] 子ども時代のジェンダーのステレオタイプは大人になっても持続し、何を非難して何を称賛するかや、金や権力にも影響を及ぼす。男性主導のスタートアップ企業は、女性主導のスタートアップ企業の五倍の資金を集める。[8]〈世界経済フォーラム〉二〇一九年の報告によれば、アメリカ合衆国で男女平等を成し遂げるには二〇八年かかるという。[9]〈経済協力開発機構〉は、ジェンダー差別によって潜在能力が失われたことによる世界経済の損失は、毎年十二兆ドルにものぼるとの試算を示した。[10]

私はこれ以外にも多くの数字や統計を集めたが、それらすべてから根本的なものが浮かび上がる。恥の意識だ。恥の意識が持つ規制力。それは、人を支配し、人に自分はジェンダーを正しく実践していないと感じさせる、非常に単純で基本的な力である。子どもはきわめて幼い頃からそれを学び、それによって仲間を作り、ルールを守らない者に制裁を加える。そういうジェンダーのルールがいかに恣意的であろうとも。ジェンダーを正しく実践できないのではという不安は、ほとんどの人が感じている。恥の意識の機会均等だ。

自分の願望や生き方が間違っていると言われるのは、なんと恐ろしいことだろう。私がここで話題にしているのはシスジェンダーの男の子だが、おまえは本物ではないと言われてシスジェンダーの人々よりはるかに大きな不安と危険と苦痛を感じて生きているトランスやノンバイナリーの子どもを加え、〝女の子〟を正しく演じていないと言われる私の娘のような子どもを加えれば――ほぼ全員が含まれることになる。ジェンダーへの非同調が我々のゴール、最終的には我々の標準状態であるべきなのだ。

カーリーン・ペンドルトン・ヒメネスが四年生から一二年生までの生徒を対象としたジェンダーに関する作文ワークショップでカナダを回ったとき、全員がジェンダーについて不完全なルールを持ち、全員がジェンダーをめぐる不安――ジェンダーの実践を誤っているのではないか、自分自身でいられる自由がないのではないか――を感じていた。シスジェンダーで男性的なストレートの男子は、もっと男らしくなれというプレッシャーを感じ、乗馬やダンスに興味を持ったり〝女子の膝〟みたいにすりむいていたりするとからかわれる。女の子はスポーツをするなと言われたり、チームのメンバーとして選ばれなかったり、男の子からボールを回してもらえなかったりする。もっと女らしい格好をし、おとなしくしていろと言われる。「ジェンダーによるこのような規制は、あらゆるところで見られる」ヒメネスは言った。「誰もが皆、こういうジェンダーに関する根深い経験をし、自分は正しくジェンダーを実践できていないと感じている」

ジェンダーのステレオタイプに寛容さはない。恥の意識にも。

私たちは今ようやく、さまざまな独創的、刺激的なやり方で軌道修正しているところなのだと思う。〝お嬢ちゃん〟事件の一週間後、家に帰ろうと飛行機に乗っているとき、サッカー女子アメリカ代表チームが女子ワールドカップで決勝ゴールを決めた。飛行機じゅうが歓喜の渦に包まれた。着陸したときも、乗客はまだ喝采していた。翌日、多くの幼い少年が女子選手の名前と背番号を書いたサッカーのユニフォームを着ているという記事を目にした。[11] 進歩だ！ そこいらじゅうにミーガン・ラピノーの髪型がある！

〈レット・トイズ・ビー・トイズ〉のような団体は玩具メーカーに圧力をかけ、玩具の広告に男女両方を登場させることに成功した（私は〈レゴ〉のフレンズの箱に男の子が登場するのを楽しみにしている）。〈玩具工業組合〉は男女のカテゴリー分けに反対する親たちの組織的な協力と要請を受けて二〇一七年のトイ・オブ・ザ・イヤー大賞から〝男子部門〟・〝女子部門〟を廃止したし、男子向けに売られる人形はわずかながら増えている。[12]〈ターゲット〉と〈アマゾン〉はウェブサイトの玩具のカテゴリーから〝男子向け〟・〝女子向け〟という区別をなくした。ニュージャージー州のあるティーンエイジャーが弟のために活動したおかげで、調理玩具イージー・ベーク・オーブンが黒や銀色でも売られるようになった。[13] 表向きそれらは男の子の色だが、もちろん女の子やインターセックスやノンバイナリーの子どもも気に入るだろう。バービー・シリーズにも多様な人形が登場し、イスラム教徒の剣士や、体形が人間かどうか怪しいもの、マンバン［髪をお団子状に結んだ男性の髪型］のケン人形などがある。バービーの製造元〈マテル〉は、二〇一九年にジェンダーフルイドの人形を発売した。

子ども服の世界にも進歩がある。イギリスの衣料品チェーン〈ジョン・ルイス〉は二〇一七年、〝男子用〟・〝女子用〟というラベルを廃止すると発表した（批判がなかったわけではない）[14]。二〇一八年、九歳の女の子はNBAのステフィン・カリー選手に、彼のモデルのスニーカーを〝男子〟サイズだけで売るのをやめるよう訴えた。二〇一九年、〈オールド・ネイビー〉は「恐れるな」「私の叫びを聞け」といったスローガンを書いた女子向けのシャツを販売した[15]。ジェンダー中立的な服のブランドが数多く生まれている。たとえば〈フリー・トゥー・ビー・キッズ〉は、男女両方に向けて、ユニコーンを描いたピンクのシャツを売り出した（男子服・女子服のセクションでなく、〝男子にインスパイア〟・〝女子にインスパイア〟というセクションを設けている）。こうした服は従来のものより高価でニッチになりがちだ。〈ボーイ・ワンダー〉はアイスクリームとブルドーザーを描いた二五ドルの男子向けピンクのシャツや、ユニコーンや虹やキラキラを描いたピンクや紫の男子用Tシャツを売っている。それらは素敵だが高くつき、明確にジェンダーで二分された服、少なくとも女性用の服が高価だった時代とは完全に逆転している。それでもこういった変化は、少なくとも購買力という点において、もっと自由を生み出すという取り組みに貢献している。そうした購買力の大部分は、消費者が従来の商品に反発し、商品の購入という形で意見を表明し、もっと改善するよう大手企業にプレッシャーをかけることで生まれたのである。

雇用の面でも進歩が見られる。ある研究によると、二〇〇九～二〇一七年、CEOから化学者まで一般的に男性優位だった職種のほぼ四分の一を女性が占め、料理人から薬剤師まで一般に女性優位だった職種の四分の一強を男性が占めていた[16]。

多くの人がジェンダーに対する考えを見直している。二〇一九年、一一年前に性別披露パーティを考え出したとされる女性ジェナ・カーヴニディスが〈フェイスブック〉を通じて、この流行についての考えを改めたと発表した。「赤ちゃんが男か女か、そんなの誰が気にする?」彼女は書いた。「当時私は気にしていた。時代は二〇一九年ではなく、今私たちが知っていることを知らなかったから――生まれるときの性別を重視したら、赤ちゃんの脚のあいだにあるものとはなんの関係もない可能性や能力の多くを除外してしまう、ということを」。そして新たな発表を行った。一一年前にピンクのアイシングで世界に紹介された娘は、今スーツを着るショートヘアーの女の子になっている。ジェンダー自認ではないとしてもジェンダー表現において「ジェンダー不適合の子ども、ジェンダーバリアントな子ども」の定義に合致する子どもである。

言い換えれば、カーヴニディスの娘は、彼女がピンクのアイシングのケーキを作ったときに想像したのとはまったく違う人間に育ったのだ。しかし、ほとんどのメディアが報じたのとは違って、性別披露パーティの誤り、そういうパーティを開いたとき私たちが抱く期待感の誤りにカーヴニディスが本当に気づいたきっかけは、彼女の下の娘がクリスマスに〝男子用〟〈レゴ〉セットをもらってピンクではないと泣いたことだった。「あの子は、『ピンクだったら私の、ピンクでないなら私のじゃない』という結論に達していた。私たちは、そんな状況から脱却しなければならない」彼女はそう話してくれた。

と同時に、自らが作り出した流行を否定すると宣言したときカーヴニディスは世界じゅうのメディアで取り上げられたが、ほとんどはスーツを着る娘をノンバイナリーだと決めつけており、カーヴニディスが誤りを指摘するまでそのように報じていた。焦点はジェンダーのステレオタイプではなく、娘の代名詞やアイデンティティに置かれた。人々はカーヴニディスの「生まれるときの性別を重視」しないという記述を、「性別を決めない」という意味だと誤解した。だが、メディアが娘の代名詞にこだわることは、性別を重視しないのと同じことではない。ジェンダーの別の側面を重視しているにすぎない。

　高校でネクタイをしてチアリーダー部の部長を務めたカーヴニディスが言ったように、生まれるときの性別を重視すべきではない、根本的な意味で子どもを平等に扱うべきだ、ピンクのポニーテールは女の子が荷物を持てないという意味だと決めつけてはならない、というのは過激な提案ではない。それを言うなら、ショートヘアーや野球のユニフォームは、その子が新しい名前や代名詞やアイデンティティを求めているという意味だと決めつけるべきでもない。知りたいという願望、どうしても分類したいという思いは、大人が自分の経験やラベルを子どもに押しつけることから生じる。本当に大人になりたいなら、曖昧さを受け入れられるように努めればいい。我が家にはこんな合言葉がある。「居心地よくないことに心地よくなろう」。私はまだ上手にできないけれど、それを目標にしている。

　今日の多くの若者は既に、ジェンダーに関してそれまでの人間よりはるかに広い視野を有している。二〇一九年のピュー世論調査によれば、（とんでもなく時代遅れのX世代である私たちの一六パーセントに対して）Z世代の三五パーセントとミレニアル世代［二〇〇〇年代に入って成人になった世代］の二五パーセントは、ジェンダー中立的な代名詞を用いる人を個人的に知っているという。[17] ある調査では、ミレニアル世代の半数はジェンダーを二分法というよりスペクトルとして見ていることがわかった。[18]

とはいえ、すべての人がセックス／ジェンダーのシステムをことごとく見直したり、ジェンダーの考え方を転換させたりしようとしているわけではない。私は本書の草稿を読んだ人たちから何度か、自分の子どもはトランスではないかとの不安を持つトムボーイの親に語りかけることを求められた。そういう親とはおそらく、暴力、高い自殺率、受け入れられないこと、健康保険をめぐる厄介な問題、地方裁判所から始まって最高裁判所まで持ち込まれる争いなどの話を聞いたことのあるトランスの人々と接した経験がほとんどない、シスジェンダーの親だろう。ここは彼らにとって未知の世界であり、彼らはびくびくしている。答えを欲しがっている。自分の子どもにはどんなラベルが適切なのか、子どものアイデンティティが何になるのか、どうしたら協力できるか、子どもが人生を一変する間違った決定を下さないためにはどうすればいいのかを、知りたがっているのだ。

あなたの子どもが〝単なるトムボーイ〟かどうか、彼らが成長したら何になるのか、私にはわからない――それを知っているのは子ども自身だけだ。あなたの子どもが自分のジェンダーについて真剣に悩んでいるなら、トムボーイが一般的に享受する自由を味わってはいないのだろう。しかし本書は、非常に成功した、頭がよくて幸せで社会に適応したトランスやノンバイナリーの人々の物語を多く紹介している。彼らの人生は鬱病や自殺率の統計的な数字を反映していない。必要とする支援や協力を得ているからだ。彼らは苦痛という海を渡って、向こう岸に無事たどり着いた。私が話した人々は、完璧な人生を送っているわけではないけれど、性別違和に支配されてはいない。つらい時期を過ごしたあと、社会的にも肉体的にも性別移行することなく反対側にカミングアウトした人もいる。自分のジェンダーについてなんの悩みも違和感も覚えていない男っぽい娘の親とも多く話した――悩んでいたのは親だけだった。ありとあらゆる経験の可能性がある。

トランスの子どもとその家族を研究するコロンビア大学の社会学者テイ・メドウは、幼い頃からずっとトランスのままで変わらない子どもも存在すると考えている。だがジェンダー適合やジェンダー不適合を含むそれ以外の多くの子どもにとって、将来どうなるかはそれほど明確ではない。ジェンダーは「変化し、変質し、相反して矛盾する状態に満ちた、人の人生から発生する特質」でありうる、とメドウは言った。「子どもが次にどんなカテゴリーに当てはまるようになるかはわからないので、我々にできるのは、自分自身の不安を子どもに押しつけすぎずに可能性の扉を開いておき、物事が自然に展開するに任せることだけだ」

重要なのは、親と子どもが、セックスとジェンダーとセクシュアリティが時代によってどのように理解されてきたかを知り、私たちが今経験して理解していることは進化の一部であって学ぶべきことはまだ多くあると認識することだと思う。現在、ジェンダーや男らしさや女らしさやアイデンティティのさまざまな側面は固定したもので、肉体は変えることができる、と考える人は増えている——かつて多くの人が信じていたのとは逆である。だが、生物学と文化は常に変化している。セックスとジェンダーとセクシュアリティはそれぞれ独立していながら、かつ相互に依存している。最も自然なのは、これら三つすべての中に多様性がある状態だ。

ジェンダーは子どもにとっても大人にとっても、非常に重要である。これによって人間は初めて区別を学び、世の中を理解する。私が話した研究者たちによると、ジェンダーのない文化は存在せず、子どもたちがどこかの時点でなんらかの形でセックスやジェンダーによって分けられない文化もない。それを無視や否定はしなくていいが、かといって利用しなければいけないわけでもない。私は、子ども時代をあまり男女のセクションに分けないことを提案する。ピンクを女子の色として売るのはやめよう。もっと多くの女の子に野球をさせ、多くの男の子にバレエを習わせよう。性格特性を表すのに〝女性的〟・〝男性的〟という語を使わないようにしよう。子どもに好きな服装をさせよう。ジェンダーを子どもの人生の中心に置くのはやめよう。セックスを意思決定における最も重要な基準にしないでおこう。そういったものに子どもや子ども時代を支配する強大な力を持たせないようにしよう。

文化を変えるとは、ショートヘアーの女の子やピンクを着る男の子が増えるということだ。古い言葉に新たな意味を持たせること、一部の人々にとっては新たな用語体系を学ぶことだ。幼い子どもに男女別の活動を行わせなくなること、トランスやノンバイナリーやインターセックスの子どものための空間が増えること。ジェンダー不適合の子どもは、スペクトル上に多くの点があり、軸に沿って多くのドットがあることを証明している――男の子と女の子のあいだだけでなく男性的と女性的のあいだにも。時代遅れのトムボーイ（どういう語を使ってもいいが）を呼び出し、境界線をまたがせ、恥の意識を感じることなく両側に何があるかを探索させ、あるいは境界線が消えるまで踏みつけさせよう。

それは極端に思えるかもしれないが、私からすれば、既に起こっている子ども時代の過度なジェンダーによる意味づけのほうがもっと極端である。

子どものジェンダー表現やジェンダー自認、あるいはその両方を容易にしてサポートすると心の健康のリスクを大幅に削減できることが、研究からわかっている。[19] よく引き合いに出されるのはサモアのファファフィネである。彼らは認められた（軽んじられることもあるが）第三の性で、欧米のトランスの子どもが苦しむ心の健康の問題を抱えることは少ない。生きづらさを感じていないからだ。「ジェンダーの垣根を越えた行動やアイデンティティ自体がその人間に悩みをもたらすという説得力のある証拠は存在しない」と、ある研究は結論づけた。[20]だから、子どもを危険にさらしているのは、トランスやジェンダー不適合やノンバイナリー、あるいはトムボーイという状態そのものではなく、それを家族や社会が受け入れないことだ。子ども時代のジェンダーによる二分を減らすことによって、あらゆるジェンダー自認やジェンダー表現の子どもが受け入れられるようにできるのである。

「自分のジェンダーを正したときの純粋な喜びについては、誰も話そうとしない」ヒメネスは言った。パンセクシュアルやジェンダーからの独立という新たな時代——自己決定の時代——、広告調査団体〈J・ウォルター・トンプソン・インテリジェンス〉の報告ではZ世代の五六パーセントがジェンダー中立的な代名詞を使う人を知っており、間違いなく異性愛者だと自認する人は四八パーセントにすぎないという時代において、自らの複雑なジェンダーやセクシュアリティを自由に表現して探索できると感じる子どもは、もっと増えていくだろう。[21]私はそう願っている。こうした研究や物語から得られる教訓は、子ども時代の多様な行動やその結果としての大人の多様な生き方を細かく分類しよう、ということではない。子どもが大人を喜ばせて執拗な分類欲を満足させるために自分自身を定義しろというプレッシャーを感じず自由に探究できる余地を残しておこう、ということだ。

「あらゆる若者は、なんらかの方法、なんらかの形で、自らのジェンダーを探索すべきだ」トランスでバイナリーのセラピスト兼教育者、ミア・エイブラムズはそう話した。「シスジェンダーの人も含めて。ジェンダー自認の発達はあらゆる人にとって人間的発達の一部であり、すべての概念を探索しなければならない。その結果、自分に最も適したものが見つかるだろう」

私は、娘たちがどんな人間になろうと、どのように自認しようと、心を開き、応援し、愛し、受け入れるつもりだ。娘たちとはジェンダーの複雑さについて話し合っている——女の子の多様なあり方、女の子というアイデンティティにとどまらない多くの選択肢について。

ジュリアード音楽院の教授がラジオで話すのを聞いたことがある。彼は数十年にわたって学生を教える中で得たさまざまな知見について語っていた。ひとつの結果にあまりこだわりすぎるな、と彼は警告した。ミスしたら両手を上げて「これは面白い！」と叫ぼう。将来について思い悩むのではなく、将来に期待を寄せて、「どうなるか楽しみだ」と言おう。

子どもたちのことを尋ねられたら、私もそう答えるつもりだ。迷うことはあるだろう。心配することもあるだろう。でも、居心地よくないことに心地よくなろうと努めるつもりだ。そして胸が痛くなるほど彼女たちを愛するつもりだ。

娘たちの将来については？　どうなるか楽しみにしている。

## 謝辞

非常に多くの人々が、本人が望んだにせよそうでないにせよ、本書の執筆に協力してくださいました。ありがとう、子どもたち。あなたたちは、リサーチと執筆のあいだ少なくとも二〇回は「ジェンダーのことを話すのはやめて！」と叫ばなければなりませんでしたね。あなたたちのおかげで、私は毎日宝くじに当たったたような気がしています。そして、心優しく陽気な夫アレックスには最大の感謝を。私に執筆のための時間と空間を与えるため、あなたは大変苦労してくださいました。

子どもたちの六人の祖父母には心からの感謝を捧げます。母親と作家の両立という大変な課題を達成させるために、さまざまな形でご助力くださいました。編集し、フィードバックをくれたヘレイン・セリンとボブ・ラコフ、執筆のアドバイスをしてくれたピーター・デイヴィス、ビヴァリー・レイザー・デイヴィス、スーザン・シャーウィン、マーティン・シャーウィン――あなたたちのために短いパラグラフをいくつか挿入しました。そして私のきょうだい、エイドリアン・デイヴィス、ベン・デイヴィス、リサ・サンディッツ、ティム・デイヴィス、超クールで、協力的で、才能豊かな人々でいてくれてありがとう。

エージェントのイヴ・アッターマンにもお礼を申し上げます。あなたがいなければ本書は生まれませんでした。あなたは偉大な救い主、そして時には精神安定剤ザナックスでした。私たちを結びつけてくれたデボラ・タネン、本書に関心を持ち信頼してくれた編集者のクリシャン・トロットマン、多大な苦労をしてくれた彼女の助手キャリー・ナポリターノ、ありがとう。それ以外のアシェット社の素晴らしいチームの面々――サラ・フォルター、マイケル・バーズ、シスカ・シュリーフェル、ありがとう。

とてもたくさんの方々が、途方もなく寛大に時間を割き、才能を示し、話をしてくださいました。私の子どもたちを含めて本書に登場する人たちの大部分は、ご自分の登場する章やそれ以外の興味のある部分を読んで、修正の提案をしてくれました（そう、子どもたちはいっぱい直してくれました）。本書の執筆にはできる限り多くの人を巻き込んで協力してもらい、多様な視点やジェンダーの考え方を紹介するよう努めました。インタビューした方々は、インタビューを受けるだけでなく私がそのインタビューをどう処理したかを読むのにも時間を取ってくださいました。本書のプロジェクトに参加してくださった方すべてに深く感謝しています。ページ数の関係で体験談やインタビューを載せられなかった方もいますが、ご協力ありがとうございました。

草稿の一部を読んだりその他の形でサポートしたりしてくださった方々、ジェンダーに関して私との長時間の会話に応じてくださった方々、ありがとうございました。何人か忘れているかもしれませんが、お名前を挙げさせていただきます。リジー・アッカー、グレッチェン・アギアル、シーナ・アルクヴィスト、セレスト・アレクサンダー、ローラ・アレン、サミ・アレン、ジェフ・オールレッド、ジェニー・アンゼロニー、リーガン・アーサー、キャサリン・エアーズ、キャスパー・ボールドウィン、クリス・ビーム、デイヴ・ボードリー、ウラ・ベルグ、ジェニファー・ブロック、ケラ・ボロニック、エレン・ボンジョルノ、ボビー・ブッカー、エイミー・ブリル、クリスティーナ・スピアーズ・ブラウン、ミーガン・バトラー、サラ・クレメンス、コニー、スーザン・コープ、リサ・サヴォイ・デイヴィス＝ロス、サラ・ディグレゴリオ、ダイアン・エーレンサフト、エリックとゾーイ、ランディ・エトナー、ステファニー・フォイエル、ミア・ゴーディン、ジーン・ゲイジス、サラ・ジー、ジェシカ・グレン、エリザベス・ゴールド、エイミー・グッドマン＝カス、スーザン・グリーン、マルウィナ・グロコフスカ、パメラ・グロスマン、ジャック・ハルバースタム、サラ・ジャッフェ、カーリーン・ペンドルトン・ヒメネス、ディランとエリーとサマンサ、ジュード、ミトラ・S・カリタ、ジェナ・カーヴニディス、ジョシュア・ケンダル、エリン・キアノン、ギャビー・キルシュベルク、ソーレン・キシエル、キャロリン・コーガン、カーリン・コルカー、アニー・クンジャッピー、チャック・ロエスナー、ジュディ・ロタス、ジョージア・ロウ、トリス・マモーネ、メアリー・スチュアート・マスターソン、アン・マクダーモット、テイ・メドウ、リジー・メトラー、カレン・ミシェル、ミーガン・ミルクス、キル・マイヤーズ、エスター・ニュートン、ジェニ・オルソン、ロバート・オステルタグ、ペニーとニッキー、アリッサ・クォート、ナンシー・ローリンソン、アリソン・レイ、グレニス・レッドモンド、ロズ・リタ、ケイト・ロープ、サラ・サックス、ジョシュア・セイファー、ローレン・サンドラー、レオナルド・サックス、リースル・シュワーベ、ミシェル・ユーロー、デボラ・ソー、リサ・トーリン、ルイーサ・タッカー、タリ・ヴァルディ、デル・ラグレース・ヴォルケーノ、ケイト・ウォルター、ローリン・ワーテイマー、ワイルド一家。メリッサ・オンスタッドとデヴィッド・ミズナーには、最後の最後まで長時間にわたって原稿を読み直してくださったことに特別な感謝の意を表します。

私の娘が幼稚園のとき、子どもが自分のジェンダーについて混乱した場合に用いる合言葉を考えておくよう提案してくださったカレン・ハースコウィッツにお礼を申し上げます。長年のあいだ、あなたは私たち家族をおおいに助けてくださいました。

インタビューに応じてくださった上に、ご自分が登場する章に目を通してくださった学者、作家、専門家の方々、特にキャロル・マーティンとシェリ・ベレンバウム、それにC・リン・カー、マリオ・ディギャンギ、リーズ・エリオット、メイ・リン・ハリム、ありがとうございました。トムボーイの歴史に関する著書をお持ちのレネ・センティレスとミシエル・アバーテの歴史研究、ジョー・パオレッティとエリザベス・スウィートの研究と著作は、きわめて貴重なものでした。リサーチを補佐してくれたモニカ・ベルとジェーン・アッカーマン、ありがとうございます。お時間を割き、ジェンダー・スペクトラム会議に誘ってくださった〈ジェンダー・スペクトラム〉のリサ・ケニー、ありがとうございます。アレックス・マイヤーズとミア・エイブラムズには最大の感謝を。あなた方はご自身の体験談に加えて専門知識を披露し、草稿の微妙な表現をチェックしてくださいました。おふたりからはたくさんのことを学びました。ケイト・ボーンスタインとチェイス・ストランジオにも、時間と専門知識を提供してくださったことにおおいなる感謝を表します。

エイミー・ファーリー、マイク・ウッズワース、スージー・クラヴェッツ、サラ・ボリエロ、何度もぎりぎりでお願いした保育に応じてくださってありがとう。ランニング仲間のジャニーン・リカータ、私がこのプロジェクトについて話すのを誰よりも多く聞いてくださってありがとう。そしてハンナ・パーディ、私を泊めてくれて、そして私に耐えてくれてありがとう。

そして、このプロジェクトについて私がとめどなく話すのを我慢して聞いてくださった皆さま、ありがとう。朗報です——もうこれからは別のことを話せるのです！

# 訳者あとがき

「トムボーイ tomboy――普通は男の子らしいと考えられるような行動をする女の子」（『メリアム・ウェブスター英英辞典』より）

本書は、娘をトムボーイと呼ばれた著者が、その語を核として、男の子らしさ・女の子らしさとは何か、男の子・女の子のカテゴリーはどういうものか、男の子＝ブルー／女の子＝ピンクという分断はどのように生まれてどう発展してきたか、そういう分断の中でトムボーイはどういう位置づけにあるか、こうしたジェンダー二分法を打ち破るにはどうすればいいかに関して、さまざまな研究、多くの〝トムボーイ〟や〝性別違和〟を感じてきた人々の体験談を引き合いに出して考察を進めたジェンダー論です。

近年、ジェンダーという語はすっかり市民権を得た感があります。新聞やテレビやネットで、ジェンダーという言葉やそれにまつわる問題について見聞きしない日はほとんどないくらいです。多くの社会問題が、ジェンダーという視点から論じられるようになりました。ジェンダーを論じた書物も多く出版されています。

その中で、「トムボーイ」という特定の観点からジェンダー問題を論じたものは（少なくとも日本では）ほとんどなく、本書はジェンダーに新たな視点を提供してくれています。

著者リサ・セリン・デイヴィスはジャーナリスト・エッセイスト・小説家。ジェンダー、マーケティング、ステレオタイプ、アイデンティティに関する講演を数多く行い、ライティングの講師も務めています。これまでに出版された書物は青春小説二冊と本書だけですが、『ニューヨーク・タイムズ』紙、『ワシントン・ポスト』紙、『タイム』誌など多くの新聞や雑誌に、ジェンダーをはじめ種々の問題に関して寄稿しています。

著者自身が本書の中で書いているように、ジェンダーというのは非常に複雑で難しいものです。ジェンダー学の歴史はまだ浅く、研究者によって見解が異なることが珍しくありません。近年ジェンダーのカテゴリーは細分化しているため、一般人の理解が充分に追いついているとは言えません。ジェンダーという言葉自体はかなり広く知られるようになり、生物学的なセックスとは異なる社会的な意味を持つことはかなり認識されています。しかしジェンダーとセクシュアリティの違いがわからない人もまだ多くいますし、日本には〝性的指向〟を〝性的嗜好〟と混同して「同性愛は趣味みたいなもの」と放言する国会議員もいました。私たちがジェンダーに関して学ぶべきことは、まだ多くあります。

今後も種々の視点からジェンダーが論じられるようになり、ジェンダーに関する理解がよりいっそう深まっていくことを願ってやみません。

二〇二一年八月

上京　恵

# 原注


## はじめに　トムボーイの出現

1. Janet S. Hyde, B. G. Rosenberg, and Jo Ann Behrman, "Tomboyism," *Psychology of Women Quarterly* 2, no. 1 (September 1, 1977): 73–75, https://doi.org/10.1111/j.1471-6402.1977.tb00574.x.
2. Betsy Levonian Morgan, "A Three Generational Study of Tomboy Behavior," *Sex Roles* 39, no. 9 (November 1, 1998): 787–800, https://doi.org/10.1023/A:1018816319376.
3. "Do You Know How to Say Tomboy in Different Languages?," accessed December 5, 2019, https://www.indifferentlanguages.com/words/tomboy.
4. BBC News, "Kim Jong-Un's Sister: 'Sweet but with a Tomboy Streak,' " BBC.com, February 7, 2018, https://www.bbc.com/news/world-asia-36210695.
5. "Virginia Woolf and Her Sister, Vanessa Bell," Smith.edu, accessed October 30, 2019, https://www.smith.edu/woolf/vanessawithtranscript.php.
6. "How Common Is Intersex? | Intersex Society of North America," INSA, accessed October 31, 2019, https://isna.org/faq/frequency/.
7. Sheana Ahlqvist et al., "The Potential Benefits and Risks of Identifying as a Tomboy: A Social Identity Perspective," *Self and Identity* 12, no. 5 (September 1, 2013): 563–81, https://doi.org/10.1080/15298868.2012.717709.

## 第一章　ところで、トムボーイって何？

1. Josephine Pollard, *Freaks and Frolics of Little Girls & Boys* (New York: McLoughlin Bros, 1887), https://ufdc.ufl.edu/UF00055359/00001/6j.
2. "Newspapers.Com Search," Newspapers.com, accessed October 30, 2019, http://www.newspapers.com/search/.
3. "Our Daughters--Tom-Boys," *Lancaster Examiner*, March 16, 1859.
4. Renee M. Sentilles, *American Tomboys, 1850–1915* (Amherst and Boston: University of Massachusetts Press, 2018), https://muse.jhu.edu/chapter/2242189.
5. Laura Ingalls Wilder, *Pioneer Girl: The Annotated Autobiography*, Pamela Smith Hill, ed. (Pierre, SD: South Dakota Historical Society Press, 2014), 103.（ローラ・インガルス・ワイルダー『大草原のローラ物語——パイオニア・ガール』大修館書店、谷口由美子訳、2017年）
6. E. Lynn (Elizabeth Lynn) Linton, Sallie Bingham Center for Women's History and Culture, NcD, and Leona Bowman Carpenter Collection of English and American Literature, NcD, *The Girl of the Period: And Other Social Essays* (London: Richard Bentley & Son, 1883), 138.
7. "Pocahontas | Biography, History, & Cultural Legacy," Britannica.Com, accessed October 21, 2019, https://www.britannica.com/biography/Pocahontas- Powhatan-princess; Florence Cornelia Fox, *The Indian Primer* (American Book Company, 1906), 97.
8. Eliza Bisbee Duffey, *What Women Should Know: A Woman's Book about Women, Containing Practical Information for Wives and Mothers* (J. M. Stoddart & Company, 1873), 35.
9. Michelle Ann Abate, *Tomboys: A Literary and Cultural History* (Philadelphia: Temple University Press, 2008), 6, https://www.jstor.org/stable/j.ctt14bt346.
10. Sentilles, *American Tomboys, 1850–1915*, 11.
11. *Evening Star*, August 27, 1898, 17, accessed October 9, 2019, http://www.newspapers.com/image/46348407/
12. *Sioux City Journal*, May 13, 1917.

13. Miriam Forman-Brunell and Leslie Paris, The Girls' History and Culture Reader: The Nineteenth Century (University of Illinois Press, 2011), 226.
14. Miriam Forman-Brunell and Leslie Paris, The Girls' History and Culture Reader: The Nineteenth Century (University of Illinois Press, 2011), 234.
15. Linton Weeks, "Baseball in Skirts, 19th-Century Style," NPR History Dept., NPR.org, July 12, 2015, https://www.npr.org/sections/npr-history-dept/2015/07/12/421818565/women-s-baseball-in-the-1800s.
16. Joseph B. Treaster, "Little League Baseball Yields to 'Social Climate' and Accepts Girls," *New York Times*, June 13, 1974.
17. Maddie Koss, "Madison Girls Soccer Team Bristles at Critics Who Say Players Are Boys," *Milwaukee Journal Sentinel*, accessed October 25, 2019, https://www.jsonline.com/story/news/2017/08/05/madison-girls-soccer-team-bristles-critics-who-say-players-boys/459741001/.
18. Chuck Schilken, "Girl with Short Hair Kicked out of Soccer Tournament: 'They Only Did It Because I Look like a Boy,' " *Los Angeles Times*, June 6, 2017, https://www.latimes.com/sports/sportsnow/la-sp-girl-disqualified-soccer-20170606-story.html.
19. Sheana Ahlqvist et al., "The Potential Benefits and Risks of Identifying as a Tomboy: A Social Identity Perspective," Self and Identity 12, no. 5 (September 1, 2013): 563–81, https://doi.org/10.1080/15298868.2012.717709.
20. Abate, *Tomboys*, xxii.

### 第二章　トムボーイ？　オーケー！　なよなよ男？　とんでもない！

1. "When Did Girls Start Wearing Pink?," Smithsonian, accessed November 25, 2019, https://www.smithsonianmag.com/arts-culture/when-did-girls-start-wearing-pink-1370097/.
2. "Our Daughters--Tom-Boys."
3. Jack Drescher, "Out of DSM: Depathologizing Homosexuality," Behavioral Sciences 5, no. 4 (December 4, 2015): 565–75, https://doi.org/10.3390/bs5040565.
4. Elizabeth Sweet, "Toys Are More Divided by Gender Now Than They Were 50 Years Ago," *Atlantic*, December 9, 2014, https://www.theatlantic.com/business/archive/2014/12/toys-are-more-divided-by-gender-now-than-they-were-50-years-ago/383556/.
5. Anna de Koven, "Athletic Activity of Women Is Nation-Wide," Good Housekeeping, August, 1912.
6. Regina Lee Blaszczyk and Uwe Spiekermann,*Bright Modernity--Color, Commerce, and Consumer Culture* (London: Palgrave Macmillan, 2017), 5.
7. "Homogenizing Fashion,"*Time*, November 14, 1927, accessed October 17, 2019, http://users.rowan.edu/~mcinneshin/5120/wk13/fashion5.htm.
8. Richard Johnson, "Iowa's Pink Visiting Locker Room: 6 Things to Know," SBNation.com, September 23, 2017, https://www.sbnation.com/college-football/2017/9/23/16320460/iowa-hawkeyes-pink-locker-rooms.
9. Dorothy Barclay, " 'TOMBOY' PHASE CALLED NATURAL; Pamphlet Says That 'Rowdy' Period for Girls 7 to 10 Is Common Occurrence," New York Times, September 20, 1950, sec. Archives, https://www.nytimes.com/1950/09/20/archives/tomboy-phase-called-natural-pamphlet-says-that-rowdy-period-for.html.
10. Blaszczyk and Spiekermann, *Bright Modernity*.

キャサリン

1. Charlotte Chandler, *I Know Where I'm Going: Katharine Hepburn, A Personal Biography* (Simon and Schuster, 2010), 29.

2. "Arresting Dress: A Timeline of Anti-Cross-Dressing Laws in the United States," *PBS NewsHour*, May 31, 2015, https://www.pbs.org/newshour/nation/arresting-dress-timeline-anti-cross-dressing-laws-u-s.
3. Charles Higham, *Kate: The Life of Katharine Hepburn* (W. W. Norton & Company, 2004), 71.
4. Mary McNamara, "It Was Her Defining Role: Life," *Los Angeles Times*, July 1, 2003, sec. A.
5. Katharine Hepburn, 1981 Barbara Walters Interviews of a Lifetime, accessed November 25, 2019, https://www.youtube.com/watch?v=Bdr9FMhJRaA.

### 第三章　スポーティ・スパイス、トムボーイを蹴っ飛ばす

1. Alice Vincent, "Here's the Story from A to Z: How the Spice Girls Made Wannabe," *Telegraph*, July 8, 2016, https://www.telegraph.co.uk/music/artists/heres-the-story-from-a-to-z-how-the-spice-girls-made-wannabe/.
2. Abate, *Tomboys*, 222.
3. Peggy Orenstein, "What's Wrong with Cinderella?," *New York Times*, December 24, 2006, https://www.nytimes.com/2006/12/24/magazine/24princess.t.html.
4. Nancy Lee, "Focusing on Diversity," Google, June 30, 2016, https://blog.google/topics/diversity/focusing-on-diversity30/.
5. Elizabeth Sweet, "Guys and Dolls No More?," *New York Times*, December 21, 2012, https://www.nytimes.com/2012/12/23/opinion/sunday/gender-based-toy-marketing-returns.html.
6. LEGO Systems Inc, "LEGO Systems Built Tenth Consecutive Year of Growth in U.S. Toy Market," accessed December 4, 2019, https://www.prnewswire.com/news-releases/lego-systems-built-tenth-consecutive-year-of-growth-in-us-toy-market-300035004.html.
7. Judith E. Owen Blakemore and Renee E. Centers, "Characteristics of Boys' and Girls' Toys," *Sex Roles* 53, no. 9 (November 1, 2005): 619–33, https://doi.org/10.1007/s11199-005-7729-0.
8. Women You Should Know, "Little Girl from 1981 Gender Neutral Lego Ad Tells the Story in Her Own Words," Bustle.com, February 12, 2014, https://www.bustle.com/articles/15378-little-girl-from-1981-gender-neutral-lego-ad-tells-the-story-in-her-own-words.
9. Jason Bainbridge, "Beyond Pink and Blue: The Quiet Rise of Gender-Neutral Toys," The Conversation, June 5, 2018, http://theconversation.com/beyond-pink-and-blue-the-quiet-rise-of-gender-neutral-toys-95147.
10. Elizabeth A. Harris, "Family of Boy Who Wears Dresses Sues Education Department," New York Times, August 29, 2017, sec. New York, https://www.nytimes.com/2017/08/29/nyregion/family-of-boy-who-wears-dresses-sues-education-department.html.
11. Lauren Spinner, Lindsey Cameron, and Rachel Calogero, "Peer Toy Play as a Gateway to Children's Gender Flexibility: The Effect of (Counter)Stereotypic Portrayals of Peers in Children's Magazines," *Sex Roles* 79, no. 5 (September 1, 2018): 314–28, https://doi.org/10.1007/s11199-017-0883-3.

### 第四章　ジョーに捧げる歌

1. *The Facts of Life*, "A Death in the Family" (TV Episode 1984), IMDb, accessed November 22, 2019, http://www.imdb.com/title/tt0575285 /characters/nm0924075.
2. *Shortchanging Girls, Shortchanging America: Executive Summary: A Nationwide Poll That Assesses Self-Esteem, Educational Experiences, Interest in Math and Science, and Career Aspirations of Girls and Boys Ages 9–15* (Washington, DC:

American Association of University Women, 1994).
3. AAPF, "Black Girls Matter: Pushed Out, Overpoliced and Underprotected," December 30, 2014, http://aapf.org/recent/2014/12/coming-soon-blackgirlsmatter-pushed-out-overpoliced-and-underprotected.
4. George Gerbner and L. Gross, "Living With Television: The Violence Profile," Journal of Communication 26 (June 1, 1976): 182, https://doi.org/10.1111/j.1460-2466.1976.tb01397.x.
5. "Where We Are on TV," accessed October 30, 2019, https://glaad.org/files/WWAT/WWAT_GLAAD_2017- 2018.pdf.
6. Gallup Inc, "In U.S., Estimate of LGBT Population Rises to 4.5%," Gallup.com, May 22, 2018, https://news.gallup.com/poll/234863/estimate-lgbt-population-rises.aspx.
7. Enid Blyton, *Third Year* (New York: Hachette Children's, 2016); Anita Singh, "New Staging of Enid Blyton's *Malory Towers Story* Suggests 'Tomboy' Bill Is Really Transgender," *Telegraph*, June 25, 2019, https://www.telegraph.co.uk/news/2019/06/25/malory-towers-enid-blytons-tomboy- bill-actually-transgender/.
8. "Hello, Arya! 'Game of Thrones' Baby Names Are for Girls," *New York Times*, accessed December 4, 2019, https://www.nytimes.com/2019/04/29/style/game-of-thrones-baby-names.html.
9. Dr. Dafna Lemish and Dr. Colleen Russo Johnson, *The Landscape of Children's Television in the US & Canada* (The Center for Scholars & Storytellers, April 2019), https://static1.squarespace.com/static/5c0da585da02bc56793a0b31/t/5cb8ce1b15fcc0e19f3e16b9/1555615269351/The+Landscape+of+Children%27s+TV.pdf.
10. May Ling Halim, Diane N. Ruble, and Catherine S. Tamis-LeMonda, "Four-Year-Olds' Beliefs About How Others Regard Males and Females," British Journal of Developmental Psychology 31, no. 1 (March 2013): 128–35, https://doi.org/10.1111/j.2044-835X.2012.02084.x.
11. Bureau of Labor Statistics, "Employment Characteristics of Families--2018," April 18, 2019, https://www.bls.gov/news.release/pdf/famee.pdf.

## 第五章　両方の世界のいいとこ取り

1. Candace West and Don H. Zimmerman, "Doing Gender," *Gender and Society* 1, no. 2 (1987): 125–51.
2. Carol Lynn Martin and Lisa M. Dinella, "Congruence Between Gender Stereotypes and Activity Preference in Self-Identified Tomboys and Non-Tomboys," *Archives of Sexual Behavior* 41, no. 3 (June 2012): 599, https://doi.org/10.1007/s10508-011-9786-5.
3. Ahlqvist et al., "The Potential Benefits and Risks of Identifying as a Tomboy," 564.
4. Katherine Williams, Marilyn Goodman, and Richard Green, "Parent-Child Factors in Gender Role Socialization in Girls," *Journal of the American Academy of Child Psychiatry* 24, no. 6 (November 1985): 723, https://doi.org/10.1016/S0002-7138(10)60115-X.
5. Kristina R. Olson and Elizabeth A. Enright, "Do Transgender Children (Gender) Stereotype Less than Their Peers and Siblings?," Developmental Science 21, no. 4 (July 2018): e12606, https://doi.org/10.1111/desc.12606.
6. Ahlqvist et al., "The Potential Benefits and Risks of Identifying as a Tomboy," 564.
7. C. Lynn Carr, "Tomboy Resistance and Conformity: Agency in Social Psychological Gender Theory," *Gender and Society* 12, no. 5 (1998): 528–53.
8. Esther Newton, *My Butch Career* (Durham: Duke University Press, 2018), 57, accessed May 6, 2019, https://www.dukeupress.edu/

my-butch-career.

9. Sandra L. Bem, "Beyond Androgyny: Some Presumptuous Prescriptions for a Liberated Sexual Identity," in *The Psychology of Women: Future Directions in Research* (New York: Psychological Dimensions, 1978), 1–23.
10. Newton, *My Butch Career*, 57.
11. A. Kathleen O'Neil. "Childhood Tomboyism and Adult Androgyny." *Sex Roles* 34, no. 5 (n.d.): 419–28.
12. Kathryn D. Hilgenkamp and Mary Margaret Livingston, "Tomboys, Masculine Characteristics, and Self-Ratings of Confidence in Career Success," *Psychological Reports* 90, no. 3, Part 1 (June 2002): 743–49, https://doi.org/10.2466/pr0.2002.90.3.743.
13. E. Paul Torrance, Guiding Creative Talent (Pickle Partners Publishing, 2018), 94.
14. Virginia Woolf, *The Selected Works of Virginia Woolf* (Wordsworth Editions, 2007), 627.

## 第六章　トムボーイは生まれ？　育ち？

1. Jane Houlihan, Sonya Lunder, and Anila Jacob, "Timeline: BPA from Invention to Phase-Out," EWG, April 22, 2008, https://www.ewg.org/research/timeline-bpa-invention-phase-out.
2. Melissa Hines et al., "Testosterone During Pregnancy and Gender Role Behavior of Preschool Children: A Longitudinal, Population Study," *Child Development* 73, no. 6 (December 2002): 1678–87, https://doi.org/10.1111/1467-8624.00498.
3. つい最近までＣＡＨの女の子のほとんどは生殖器の〝正常化〟手術を受けていた。しかし、インターセックスを肯定する考えが広まっていることや、ＣＡＨの女の子は女性以外のジェンダー自認を行う割合が一般より高いことから、一部の州においてこうした手術は違法、少なくとも非推奨とされるようになっている。
4. John Money and Anke A. Ehrhardt, *Man and Woman, Boy and Girl: Differentiation and Dimorphism of Gender Identity from Conception to Maturity* (Oxford, England: Johns Hopkins U. Press, 1972).
5. こうした研究や、〝ジェンダー役割〟という用語を生むに至ったインターセックスの人々の研究の一部は、ジョン・ホプキンズ大学の心理学者で性科学者のジョン・マネーによって行われた。彼は多くの革新的で意義深い業績を残したものの、物議を醸し、非難されることも多い人間だった。ジェンダーは社会的に作られたものだと強く確信していた彼は、割礼手術が失敗したデヴィッド・ライマーという男の子の両親を説得して息子を女の子として育てさせたが、この計画は失敗に終わり、ライマーはのちに自殺した（ただし、彼の家系には鬱の傾向があったと言う人もいる）。
6. Sheri A. Berenbaum and J. Michael Bailey, "Effects on Gender Identity of Prenatal Androgens and Genital Appearance: Evidence from Girls with Congenital Adrenal Hyperplasia," *Journal of Clinical Endocrinology & Metabolism* 88, no. 3 (March 1, 2003): 1102–6, https://doi.org/10.1210/jc.2002-020782.
7. Sheri A. Berenbaum, Kristina L. Korman Bryk, and Adriene M. Beltz, "Early Androgen Effects on Spatial and Mechanical Abilities: Evidence from Congenital Adrenal Hyperplasia," *Behavioral Neuroscience, Hormones and Cognition: Perspectives, Controversies, and Challenges for Future Research* 126, no. 1 (February 2012): 86–96, https://doi.org/10.1037/a0026652.
8. Andrew R Flores et al., "How Many Adults Identify as Transgender in the United States?" (The Williams Institute, June 2016), https://Williamsinstitute.law.ucla.edu/wp-content/uploads/How-Many-Adults-Identify-as-Transgender-in-the-United-States.pdf.
9. "Prevalence of Homosexuality Study,"

accessed October 25, 2019, https://kinsey-institute.org/research/publications/kinsey-scale.php.

10. インターセックス状態の人はアンドロゲン不応症（ＡＩＳ）と呼ばれており、通常ＸＹ染色体を持ち、テストステロンなどのアンドロゲンを産出するものの、体はそれらのホルモンに反応しない。そのため遺伝的には男性だが男性生殖器が発達しないので女性として育てられることが多く、思春期になって月経が始まらないことから初めてＡＩＳだと判明する。誕生時に生殖器が男性か女性か判別できない場合もある。女性のジェンダーを自認することが多い。https://ghr.nlm.nih.gov/condition/androgen-insensitivity-syndrome 参照。

11. Simon Baron-Cohen, "The Essential Difference: The Truth About the Male and Female Brain" (2003), https://www.researchgate.net/publication/232430614_The_Essential_Difference_The_Truth_About_The_Male_And_Female_Brain.

12. Hironao Okahana and Enyu Zhou, "Graduate Enrollment and Degrees: 2006 to 2016," September 28, 2017, https://cgsnet.org/ckfinder/userfiles/files/CGS_GED16_Report_Final.pdf.

13. "Google's Ideological Echo Chamber," accessed October 30, 2019, https://web.archive.org/web/20170809220001if_/https://diversitymemo-static.s3-us-west-2.amazonaws.com/Googles-Ideological-Echo-Chamber.pdf.

14. Karissa Sanbonmatsu:, *The Biology of Gender, from DNA to the Brain*, TED Talk, accessed October 25, 2019, https://www.ted.com/talks/karissa_sanbonmatsu_the_biology_of_gender_from_dna_to_the_brain/transcript?language=en.

15. Sarah Ditum, "What Is Gender, Anyway?," *New Statesman*, May 16, 2016, https://www.newstatesman.com/politics/feminism/2016/05/what-gender-anyway.

16. Bob Ostertag, *Sex Science Self: A Social History of Estrogen, Testosterone, and Identity* (Amherst: University of Massachusetts Press, 2017), https://www.amazon.com/Sex-Science-Self-Estrogen-Testosterone-ebook/dp/B07CHB9B7Y.

17. "Usual Weekly Earnings of Wage and Salary Workers Third Quarter 2019," n.d., 10, .[Au: What is the source of this report?]

18. "NAACP | Criminal Justice Fact Sheet," NAACP, accessed December 5, 2019, https://www.naacp.org/criminal-justice-fact-sheet/.

19. Mary Beth Flanders-Stepans, "Alarming Racial Differences in Maternal Mortality," Journal of Perinatal Education 9, no. 2 (2000): 50–51, https://doi.org/10.1624/105812400X87653.

20. Irma T. Elo and Samuel H. Preston, Racial and Ethnic Differences in Mortality at Older Ages (National Academies Press (US), 1997), https://www.ncbi.nlm.nih.gov/books/NBK109843/.

21. "How Gender Affects Health," Rush University Medical Center, accessed October 10, 2019, https://www.rush.edu/health-wellness/discover-health/how-gender-affects-health.

22. Kimberley Tolley, *The Science Education of American Girls: A Historical Perspective* (Abingdon, UK: Psychology Press, 2003).

23. Jessica J. Good, Julie A. Woodzicka, and Lylan C. Wingfield, "The Effects of Gender Stereotypic and Counter-Stereotypic Textbook Images on Science Performance," *Journal of Social Psychology* 150, no. 2 (April 2010):132–47, https://doi.org/10.1080/00224540903366552.

24. Leonard Sax, *Why Gender Matters, Second Edition: What Parents and Teachers Need to Know About the Emerging Science of Sex Differences* (New York: Doubleday, 2005), 150.

25. Jane E. Prather, "When the Girls Move

in: A Sociological Analysis of the Feminization of the Bank Teller's Job," *Journal of Marriage and Family* 33, no. 4 (1971): 777–82, https://doi.org/10.2307/349451.

26. Penelope Eckert and Sally McConnell-Ginet, *Language and Gender* (Cambridge University Press, 2013), 27.
27. Berenbaum, Bryk, and Beltz, "Early Androgen Effects on Spatial and Mechanical Abilities."
28. Melissa Hines et al., "Prenatal Androgen Exposure Alters Girls' Responses to Information Indicating Gender-Appropriate Behaviour," Philosophical Transactions of the Royal Society B: Biological Sciences 371, no. 1688 (February 19, 2016), https://doi.org/10.1098/rstb.2015.0125.

ベッキー

1. Penn Bullock Byand and Brandon K. Thorp, "Reporters Find Tragic Story amid Embarrassing Scandal," CNN.com, June 10, 2011, http://webcache.googleusercontent.com/search?q=cache:JPo3F35KLLYJ:www.cnn.com/2011/US/06/08/rekers.sissy.boy.experiment/index.html+&cd=1&hl=en&ct=clnk&gl=us.
2. George Rekers, "Treatment of Gender Identity Confusion in Children: Research Findings and Theoretical Implications for Preventing Sexual Identity Confusion and Unwanted Homosexual Attractions in Teenagers and Adults," *University of South Carolina School of Medicine*, 2009, https://www.genesisce.org/docs/IdentityConfusion.pdf.

## 第七章　お姫さま期の終わりにご用心

1. Rajini Vaidyanathan, "Before Clinton, There Was Chisholm," BBC News, January 26, 2016, sec. Magazine, https://www.bbc.com/news/magazine-35057641.
2. Diane N Ruble, Leah E Lurye, and Kristina M Zosuls, "Pink Frilly Dresses (PFD) and Early Gender Identity," *Princeton Report on Knowledge* (P-ROK), 2011, 5.
3. May Ling Halim, Diane N. Ruble, and David M. Amodio, "From Pink Frilly Dresses to 'One of the Boys': A Social-Cognitive Analysis of Gender Identity Development and Gender Bias: Changes in Gender Identity and Gender Bias," *Social and Personality Psychology Compass* 5, no. 11 (November 2011): 933–49, https://doi.org/10.1111/j.1751-9004.2011.00399.x.
4. Gerianne M. Alexander, "An Evolutionary Perspective of Sex-Typed Toy Preferences: Pink, Blue, and the Brain," *Archives of Sexual Behavior* 32, no. 1 (February 2003): 7–14.
5. この現象は同じ年齢の男の子にも起こりうる。彼らは自分が女の子だと主張するのだ。トランスである場合もあるし、トランスではないがＰＦＤが大好きになったからという場合もある。クリスティーナ・オルソンのトランスユース・プロジェクトは、シスジェンダーの子どもとよく似たジェンダーの経過をたどるトランスの子どもの記録を残している。
6. Halim, Ruble, and Amodio, "From Pink Frilly Dresses to 'One of the Boys,'" 937.
7. "Women's Wages: Equal Pay for Women and the Wage Gap," NWLC (blog), accessed December 5, 2019, https://nwlc.org/issue/equal-pay-and-the-wage-gap/.
8. Simone de Beauvoir, *The Second Sex* (New York: Vintage Books, 1952), 335.（シモーヌ・ド・ボーヴォワール『第二の性』新潮文庫、「第二の性」を原文で読み直す会訳、2001年）
9. Robert B. Zajonc, "Attitudinal Effects of Mere Exposure," *Journal of Personality and Social Psychology* 9, no. 2, Part2 (1968): 1–27, https://doi.org/10.1037/h0025848.

ココ

1. Linda Simon, Coco Chanel (London: Reaktion Books, 2011), https://www.book-

depository.com/Coco-Chanel-Linda-Simon/9781861898593.

## 第八章　トムボーイはなぜ男子の服を着るのか

1. Jenny Nordberg, *The Underground Girls of Kabul* (New York: Crown Publishers, 2014), 14.
2. Thomson Reuters Foundation, "The World's Five Most Dangerous Countries for Women 2018," accessed October 27, 2019, http://poll2018.trust.org.
3. "The American Tomboy: She Often Becomes a Woman That Men Admire and Worship," *San Francisco Call*, August 2, 1891.
4. Williams, Goodman, and Green, "Parent-Child Factors in Gender Role Socialization in Girls."
5. Mitra Abrahams, "Gender Stereotypes in Kids Clothing--A Data Blog," July 5, 2019, http://mitraabrahams.co.uk/gender-stereotypes.
6. Sara Clemence, "The Gender Divide in Preschoolers' Closets," *New York Times*, August 28, 2018, https://www.nytimes.com/2018/08/28/well/family/the-gender-divide-in-preschoolers-closets.html.
7. Larry O'Dell, "Christian School Pressured 'Tomboy' Not to Come Back | The Spokesman-Review," Spokesman.com, March 30, 2014, https://www.spokesman.com/stories/2014/mar/30/christian-school-pressured-tomboy-not-to-come-back/.
8. American Civil Liberties Union, "R.G. & G.R. Harris Funeral Homes v EEOC & Aimee tephens," accessed October 25, 2019, https://www.aclu.org/cases/rg-gr-harris-funeral-homes-v-eeoc-aimee-stephens.
9. Lacey Henry, "Change Cumberland Polytechnic High School Graduation Dress Code c/o 2019 and After," Change.org, 2019, https://www .change.org/p/daniel-krumanocker-change-cumberland-polytechnic-high-school-graduation-dress-code-c-o-2019-and-after.

## 第九章　ピンクとブルーの育児

1. Ahlqvist et al., "The Potential Benefits and Risks of Identifying as a Tomboy."
2. Letitia E. Kotila, Sarah J. Schoppe-Sullivan, and Claire M. Kamp Dush, "Boy or Girl? Maternal Psychological Correlates of Knowing Fetal Sex," *Personality and Individual Differences* 68 (October 1, 2014): 195–98, https://doi.org/10.1016/j.paid.2014.04.009.
3. Carr, "Tomboy Resistance and Conformity."
4. Williams, Goodman, and Green, "Parent-Child Factors in Gender Role Socialization in Girls."
5. Katie M. Lawson, Ann C. Crouter, and Susan M. McHale, "Links Between Family Gender Socialization Experiences in Childhood and Gendered Occupational Attainment in Young Adulthood," *Journal of Vocational Behavior* 90 (October 1, 2015): 26–35, https://doi.org/10.1016/j.jvb.2015.07.003.
6. Lawson, Crouter, and McHale, "Links Between Family Gender Socialization Experiences in Childhood and Gendered Occupational Attainment in Young Adulthood."
7. Seavey, Carol A., Phyllis A. Katz, and Sue Rosenberg Zalk, "Baby X: The Effect of Gender Labels on Adult Responses to Infants," *Sex Roles* 1, no. 2 (n.d.): 103–9.
8. Laura S. Sidorowicz and G. Sparks Lunney, "Baby X Revisited | Springer-Link," *Sex Roles* 6, no. 1 (February 1980): 67–73, https://doi.org/10.1007/BF00288362.
9. Elaine Mondschein, Karen E. Adolph, and Catherine S. Tamis-LeMonda, "Gender Bias in Mothers' Expectations About Infant Crawling," *Journal of Experimental Child Psychology* 77, no. 4 (2000): 304–16, https://doi.org/10.1006/jecp.2000.2597.
10. David Reby et al., "Sex Stereotypes Influence Adults' Perception of Babies' Cries," *BMC Psychology* 4 (April 14, 2016),

https://doi.org/10.1186/s40359-016-0123-6.

11. Eckert and McConnell-Ginet, *Language and Gender*, 11. 最近のあるメタ分析は、1970年代、80年代の研究と、90年代以降の研究は、異なるタイプの性別育児を示しているとの結論を出した。JJ Endendijk, MG Groeneveld, MJ Bakermans-Kranenburg, and J Mesman は"Gender-Differentiated Parenting Revisited: Meta-Analysis Reveals Very Few Differences in Parental Control of Boys and Girls"(*PLoS ONE* 11, no. 7: e0159193, https://doi.org/10.1371/journal.pone.0159193)で、「1970年代と1980年代の研究では、女の子よりも男の子に対して自主性を養う育児が行われるとされたが、1990年代以降の親は男の子よりも女の子に対して自主性を養う育児を行っている」と述べた。そして「一般的に男の子の育児と女の子の育児の差は非常に小さい」と結論づけた。私には、この結論が正しいとは思えない。
12. "Women and Hollywood, 2018 Statistics," https://womenandhollywood.com, accessed October 10, 2019, https://womenandhollywood.com/resources/statistics/2018-statistics/; "Women, Business and the Law--Gender Equality, Women Economic Empowerment - World Bank Group," Worldbank.org, accessed October 10, 2019, https://wbl.worldbank.org/.
13. Erica Reitman, "10 Gender-Neutral Nursery Decorating Ideas," *HGTV's Decorating & Design Blog*, HGTV.com, accessed October 25, 2019, https:// www.hgtv.com/design-blog/design/10-gender-neutral-nursery-decorating-ideas.
14. Mona Chalabi, "How Many Parents-to-Be Want to Know the Baby's Sex?," FiveThirtyEight, July 22, 2015, https://fivethirtyeight.com/features/how-many-parents-to-be-want-to-know-the-babys-sex/.
15. Robert Wm. Blum, MD, MPH, PhD, "Achieving Gender Equality by 2030: Putting Adolescents at the Center of the Agenda--Global Early Adolescent Study," June 2019, https://static1.squarespace.com/static/54431bbee4b0ba652295db6e/t/5c87bd9ea4222fba7f4f2444/1552399776334/Bellagio_Report_030419.pdf; Robert W. Blum, Kristin Mmari, and Caroline Moreau, "It Begins at 10: How Gender Expectations Shape Early Adolescence Around the World," *Journal of Adolescent Health* 61, no. 4 (October 1, 2017): S3–4, https://doi.org/10.1016/j.jadohealth.2017.07.009.
16. "Ban on Harmful Gender Stereotypes in Ads Comes into Force," ASA | CAP, accessed December 5, 2019, https://www.asa.org.uk/news/ban-on-harmful-gender-stereotypes-in-ads-comes-into-force.html.

## 第一〇章　思春期が来たらトムボーイはどうなるか（非常に大きな疑問への短い序論）

1. Morgan, "A Three Generational Study of Tomboy Behavior."
2. "What Is Gender Dysphoria?," accessed August 6, 2019, https://www.psychiatry.org/patients-families/gender-dysphoria/what-is-gender-dysphoria.
3. Joseph Lee, *The Playground* (Executive Committee of the Playground Association of America, 1919), 229.

## 第一一章　昔はトムボーイ、今は大人のレズビアン

1. Guerrilla Girls (group of artists), Bitches, Bimbos, and Ballbreakers: The Guerrilla Girls' Illustrated Guide to Female Stereotypes (New York: Penguin Books, 2003), 14.
2. 同じ語が人によってまったく異なることを意味するというのは、本書を執筆する中で常に難しい問題だった。私が〝男の子〟・〝女の子〟という語を用いて人の肉体的な区別——生まれたとき男性とされた人と女性とされた人—

ーを示すことに反対する人も多い。多くの人にとって〝男の子〟・〝女の子〟、〝男性〟・〝女性〟は肉体的な特徴とは関係がなく、ジェンダー自認のみを指している。そしてもちろん、さらに多くの人にとって、これらの語は〝男らしい〟・〝女らしい〟と同じことを意味している。多種多様な人々の多くの考え方についてどうバランスを取ればいいのかはわからない。だが私は、たいていは自分が参照した学問的・科学的研究で用いられる定義に従いながらも、さまざまな異なる定義を認めようと努めてきた。〝ブッチ〟も多くの定義があるが、本章でこの語は主に〝男っぽい〟レズビアンを指している。

3. Kathryn Hughes, "Gender Roles in the 19th Century," The British Library, May 15, 2014, https://www.bl.uk/romantics-and-victorians/articles/gender-roles-in-the-19th-century.
4. Sharon Marcus, *Between Women: Friendship, Desire, and Marriage in Victorian England* (Princeton University Press, 2007), https://www.jstor.org/stable/j.ctt7rkz8.
5. Louisa May Alcott, *Little Women* (Penguin, 1989), xiii.（ルイーザ・メイ・オルコット『若草物語』講談社、古田勝江訳、2008年、その他多数）
6. Peter Boag, *Re-Dressing America's Frontier Past* (Berkeley: University of California Press, 2012), 52.
7. Sigmund Freud, "The Psychogenesis of a Case of Homosexuality in a Woman," (1920), accessed October 26, 2019, https://psycnet.apa.org/record/1999-04164-001.
8. Karl Heinrich Ulrichs, *The Riddle of "Man-Manly Love": The Pioneering Work on Male Homosexuality* (University of Michigan: Prometheus Books), accessed October 26, 2019, https://books.google.com/books/about/The_Riddle_of_man_manly_Love.html?id=iOrtAAAAMAAJ.
9. Allison Miller, *Boyhood for Girls: American Tomboys and the Transformation of Eroticism, 1900-1940* (New Brunswick, NJ: Rutgers University, 2012), 7.
10. コムストック法【訳注：19世紀から二〇世紀初頭まで存在した、性的な内容の文書の郵送を禁じる法律】やメディアのヘイズ・コード【訳注：20世紀中頃、アメリカ映画界が性的な内容などを禁じていた自主規制条項】のせいで、女性の同性愛は正常で健全で幸せなものとして描くことが不可能だった、とアバーテは指摘する。トムボーイからブッチに転じた女性は馴化させる必要があったのみならず、正常から逸脱した倒錯者として描かれた。アバーテは、こうした小説に〝変人〟〝邪道〟といった言葉が用いられたこと、レズビアンの女性とともにストレートの男性の興味もかき立てるように書かれていたことに注目する。
11. Jack Drescher, "Out of DSM: Depathologizing Homosexuality," *Behavioral Sciences* 5, no. 4 (December 4, 2015): 565-75, https://doi.org/10.3390/bs5040565.
12. Abate, *Tomboys*, xxi.
13. Randi Ettner et al., "Tomboys Revisited: A Retrospective Comparison of Childhood Behavioral Patterns in Lesbians and Transmen," *Journal of Child and Adolescent Psychiatry* 1, no. 1 (May 30, 2018): 1, https://doi.org/10.14302/issn.2643-6655.jcap-18-2086.
14. Carolyn (Caz) Rowland, "What Is the Netflix Special Everyone Is Talking About?," CAZINC, accessed October 27, 2019, https://www.cazinc.com.au/home/2018/7/20/what-is-the-netflix-special-everyone-is-talking-about.
15. Rebecca Woods, "The Life and Loves of Anne Lister," BBC.com, May 3, 2019, https://www.bbc.co.uk/news/resources/idt-sh/the_life_and_loves_of_anne_lister.
16. Katherine Hiestand and Heidi Levitt, "Butch Identity Development:

The Formation of an Authentic Gender," *Feminism & Psychology* 15 (February 1, 2005): 64, https://doi.org/10.1177/0959353505049709.
17. C. Lynn Carr, "Where Have All the Tomboys Gone? Women's Accounts of Gender in Adolescence," *Sex Roles* 56 (April 5, 2007): 439-48, https://doi.org/10.1007/s11199-007-9183-7.
18. Jack Halberstam, "Toward a Trans* Feminism," *Boston Review*, January 18, 2018, http://bostonreview.net/gender-sexuality/jack-halberstam-towards-trans-feminism.

### 第一二章　言葉の戦い――トムボーイ、それともトランスの男の子？

1. Ernest Hemingway, The Garden of Eden (New York: Scribner's, 1986), https://www.bookdepository.com/Garden-Eden-Ernest-Hemingway/9780684804521.（アーネスト・ヘミングウェイ『エデンの園』集英社、沼澤洽治訳、1990年）
2. 『ニューヨーク・タイムズ』紙の記事が掲載され、『ペアレンティング』誌の（内容ではなく）見出しが私にトランスの子どもがいることの証拠として引き合いに出されるようになったあと、私は過去に『ペアレンティング』誌で働いていて『ペアレンツ』誌（『ペアレンティング』誌を買収した会社）の編集者を知っている友人を通じて、見出しの変更を申し入れた。彼らは見出しを『私の娘はトムボーイだ！』に変更した。
3. Chase Strangio, "An Open Letter to Those Praising the New York Times 'Tomboy' Piece," Medium.com, April 20, 2017, https://medium.com/the-establishment/an-open-letter-to-those-praising-the-new-york-times-tomboy-piece-755e655ce31c.
4. WPATH World Professional Association for Transgender Health, "Standards of Care," 97, accessed August 9, 2019, https://www.wpath.org/publications/soc.
5. Susan Stryker, *Transgender History* (Cambridge, MA: Da Capo Press, 2009), 1, https://www.google.com/books/edition/Transgender_History/kEfZ1knAguMC?hl=en&gbpv=1&bsq=(trans-).
6. Halberstam, "Toward a Trans* Feminism."
7. "What Is Gender Dysphoria?"
8. Drescher, "Out of DSM."
9. Kenneth J. Zucker, "The DSM Diagnostic Criteria for Gender Identity Disorder in Children," *Archives of Sexual Behavior* 39, no. 2 (April 2010): 477-98, https://doi.org/10.1007/s10508-009-9540-4.
10. Carr, "Where Have All the Tomboys Gone?"
11. Kenneth J. Zucker and Robert L. Spitzer, "Was the Gender Identity Disorder of Childhood Diagnosis Introduced into DSM-III as a Backdoor Maneuver to Replace Homosexuality? A Historical Note," *Journal of Sex & Marital Therapy* 31, no. 1 (February 2005): 31-42, https://doi.org/10.1080/00926230590475251.
12. Jeff Muskus, "George Rekers, Anti-Gay Activist, Caught with Male Escort 'Rentboy' [UPDATE: Escort Says Rekers Is Gay]," *HuffPost*, July 5, 2010, https://www.huffpost.com/entry/george-rekers-anti-gay-ac_n_565142.
13. Sarah Anne Hughes, "Family of Kirk Murphy Says 'Sissy Boy' Experiment Led to His Suicide - The Washington Post," *Washington Post*, June 10, 2011, https://www.washingtonpost.com/blogs/blogpost/post/family-of-kirk-murphy-says-sissy-boy-experiment-led-to-his-suicide/2011/06/10/AGYfgvOH_blog.html.
14. "What Is Gender Dysphoria?"
15. 同。
16. Peter Walker, "Popularity of Tomboys Is Encouraging Girls to Swap Gender, Says NHS Psychologist," *Telegraph*, May 8, 2017, https://www.telegraph.co.uk/science/2017/05/08/popularity-tomboys-encouraging-girls-swap-gender-says-nhs-psychologist/.

17. 同。

## 第一三章　二分法を打ち破る

1. Abrams, "Mere-Their."
2. Hollie Silverman, "2 More States Will Offer a 3rd Gender Option on Driver's Licenses," CNN, August 1, 2019, https://www.cnn.com/2019/08/01/health/washington-pennsylvania-gender-x-id/index.html.
3. Merrill Perlman, "Stylebooks Finally Embrace the Single 'They,' " *Columbia Journalism Review*, March 27, 2017, https://www.cjr.org/language_corner/stylebooks-single-they-ap-chicago-gender-neutral.php..
4. Guy Trebay, "For Capitalism, Every Social Leap Forward Is a Marketing Opportunity," *New York Times*, September 18, 2018, sec. Style, https://www.nytimes.com/2018/09/18/style/gender-nonbinary-brand-marketing.html.
5. "Google Trends," Google Trends, accessed October 10, 2019, https://trends.google.com/trends/explore?date=all&geo=US&q=non-binary.
6. David Hicks, *Ritual and Belief: Readings in the Anthropology of Religion* (Lanham, MD: Rowman Altamira, 2010), 319.
7. Nancy H. Bartlett, "A Retrospective Study of Childhood Gender-Atypical Behavior in Samoan Fa'afafine," *Archives of Sexual Behavior* 35, no. 6 (December 2006): 659-666, https://doi.org/10.1007/s10508-006-9055-1.
8. "Samoa | Human Dignity Trust," accessed December 4, 2019, https://www.humandignitytrust.org./country-profile/samoa/.
9. 注目に値する点として、第三、第四、第五の性を認めてジェンダーに関するより広い見方をする文化もあれば、セクシュアリティに関してより狭い見方をする文化もある。ある西洋文化でゲイだと見なされたり自認したりする人が、別の、同性愛が違法な文化、誤解される文化、嫌われる文化では、別のジェンダーを自認するかもしれない、ということである。
10. "Researching for LGBTQ Health," accessed October 25, 2019, https://lgbtqhealth.ca/community/two-spirit.php.
11. "U.S. Transgender Survey" (National Center for Transgender Equality, 2016), https://transequality.org/issues/us-trans-survey.

## 第一四章　もう〝トムボーイ〟という語は退場すべきか？

1. *Sioux City Journal*, May 13, 1917.
2. "The Passing of Tomboys," *Wilkes-Barre Times Leader, the Evening News*, July 20, 1926, http://www.newspapers.com/clip/31372987/wilkesbarre_times_leader_the_evening/.
3. Allan Parachini, "Tomboy Label Wears Out," *Berkshire Eagle*, May 1, 1988.
4. Barrie Thorne, *Gender Play: Girls and Boys in School* (New Brunswick, NJ: Rutgers University Press, 1993), 113.
5. JR Thorpe, "Why We Need to Stop Calling Girls 'Tomboys,' " Bustle.com, August 24, 2016, https://www.bustle.com/articles/180131-why-we-need-to-stop-calling-girls-tomboys; Catharine Connors, "I Refuse to Call My Daughter a 'Tomboy,' " *Babble*, accessed October 20, 2019, https://www .babble.com/parenting/i-refuse-to-call-my-daughter-a-tomboy/; Meredith Hale, "Don't Call My Daughter a Tomboy," *HuffPost*, January 11, 2016, https://www.huffpost.com/entry/don't-call-my-daughter-a-tomboy_b_8950530.
6. Lizzy Acker, "Lady Things: The Plight of the Modern Tomboy," *Willamette Week*, January 26, 2016, https://www.wweek.com/arts/2016/01/26/lady-things-the-plight-of-the-modern-tomboy/.

## 結び　ピンクのポニーテール

1. Shannon Hale, "What Are We Teaching Boys When We Discourage Them from Reading Books About Girls?," *Washington*

*Post*, October 10, 2018, https://www.washingtonpost.com/entertainment/books/parents-and-teachers-please-stop-discouraging-boys-from-reading-books-about-girls/2018/10/09/f3eaaca6-c820-11e8-b1ed-1d2d65b86d0c_story.html.
2. Simon Ragoonanan, "Star Wars: Where Is Princess Leia?," Let Toys Be Toys, May 4, 2015, http://lettoysbetoys.org.uk/star-wars-leia-toy-marketing/.
3. "Statistics & Research on Eating Disorders," National Eating Disorders Association, February 19, 2018, https://www.nationaleatingdisorders.org/statistics-research-eating-disorders.
4. "Do You Know the Factors Influencing Girls' Participation in Sports?," Women's Sports Foundation, accessed November 26, 2019, https://www.womenssportsfoundation.org/do-you-know-the-factors-influencing-girls-participation-in-sports/.
5. Connors, "I Refuse to Call My Daughter a 'Tomboy'."
6. Sule Alan, Seda Ertac, and Ipek Mumcu, "Gender Stereotypes in the Classroom and Effects on Achievement," *Review of Economics and Statistics* 100, no. 5 (July 16, 2018): 876-90, https://doi.org/10.1162/rest_a_00756.
7. Sarah J. McKenney and Rebecca S. Bigler, "Internalized Sexualization and Its Relation to Sexualized Appearance, Body Surveillance, and Body Shame Among Early Adolescent Girls," *Journal of Early Adolescence* 36, no. 2 (November 3, 2014): 171-97, https://doi.org/10.1177/0272431614556889.
8. Dana Kanze et al., "Male and Female Entrepreneurs Get Asked Different Questions by VCs--and It Affects How Much Funding They Get," *Harvard Business Review*, June 27, 2017, https://hbr.org/2017/06/male-and-female-entrepreneurs-get-asked-different-questions-by-vcs-and-it-affects-how-much-funding-they-get.
9. Cassie Werber, "In the United States Gender Equality Is 208 Years Away from Being Recognised," World Economic Forum, August 21, 2019, https://www.weforum.org/agenda/2019/08/women-walk-bar-208-years-later-paid-same-men/.
10. "Watching Gender: How Stereotypes in Movies and on TV Impact Kids' Development," Common Sense Media, accessed November 22, 2019, https://www.commonsensemedia.org/research/watching-gender.
11. Heidi Stevens, "Boys Are Wearing U.S. Women's National Team Jerseys and That Feels like Progress," *Chicago Tribune*, accessed July 13, 2019, https://www.chicagotribune.com/columns/heidi-stevens/ct-heidi-stevens-thursday-boys-wearing-womens-soccer-jerseys-0620-20190620-7qgm7t2j2rgonkosjfjwm4digq-story.html.
12. "The Toy Association | Inspiring Generations of Play," The Toy Association, accessed October 10, 2019, https://www.toyassociation.org.
13. McKenna Pope, "Petition - Hasbro: Feature Boys in the Packaging of the Easy-Bake Oven," Change.org, 2012, https://www.change.org/p/hasbro-feature-boys-in-the-packaging-of-the-easy-bake-oven.
14. Tanya Edwards, "Store Removes Boys and Girls Labels from Kids Clothes," September 3, 2017, https://www.yahoo.com/lifestyle/uk-retailer-john-lewis-removes-boys-girls-labels-kids-clothes-155813055.html.
15. "Team-Style Graphic Flutter-Sleeve Tee for Girls," Old Navy, accessed November 22, 2019, https://oldnavy.gap.com/browse/product.do?pid=449844.
16. Siri Hedreen, "The Dangers of Gendered Jobs," *Business News Daily*, August 14, 2019, https://www.businessnewsdaily.com/10085-male-female-dominated-jobs.html.
17. Kim Parker, Nikki Graf, and Ruth Ig-

ielnik, "Generation Z Looks a Lot Like Millennials on Key Social and Political Issues," Pew Research Center's Social & Demographic Trends Project (blog), January 17, 2019, https://www.pewsocialtrends.org/2019/01/17/generation-z-looks-a-lot-like-millennials-on-key-social-and-political-issues/.

18. "Half of Young People Believe Gender Isn't Limited to Male and Female," accessed November 26, 2019, https://splinternews.com/half-of-young-people-believe-gender-isnt-limited-to-mal-1793844971.

19. Filip Van Droogenbroeck, Bram Spruyt, and Gil Keppens, "Gender Differences in Mental Health Problems Among Adolescents and the Role of Social Support: Results from the Belgian Health Interview Surveys 2008 and 2013," *BMC Psychiatry* 18 (January 10, 2018), https://doi.org/10.1186/s12888-018-1591-4.

20. Paul L. Vasey and Nancy H. Bartlett, "What Can the Samoan 'Fa'afafine' Teach Us About the Western Concept of Gender Identity Disorder in Childhood?," *Perspectives in Biology and Medicine* 50, no. 4 (2007): 481-90, https://doi.org/10.1353/pbm.2007.0056.

21. Shepherd Laughlin, "Gen Z Goes Beyond Gender Binaries in New Innovation Group Data," JWT Intelligence, March 11, 2016, https://www.jwtintelligence.com/2016/03/gen-z-goes-beyond-gender-binaries-in-new-innovation-group-data/.

# 参考文献


Abate, Michelle Ann. *Tomboys: A Literary and Cultural History*. Philadelphia, PA: Temple University Press, 2008. https://www.jstor.org/stable/j.ctt14bt346.

Abrahams, Mitra. "Gender Stereotypes in Kids Clothing--A Data Blog," July 5, 2019. http://mitraabrahams.co.uk/gender-stereotypes?fbclid=IwAR3Q2JRo7_HTkHFHZWk7VyiIoGvtWh5X1EkL84-t_Q6ofX92QdsEyAO1Le8AAPF. "Black Girls Matter: Pushed Out, Overpoliced and Underprotected," December 30, 2014. http://aapf.org/recent/2014/12/coming-soon-blackgirlsmatter-pushed-out-overpoliced-and-underprotected.

Abrams, Mere. "Mere-Their." Accessed October 25, 2019. https://www.meretheir.com/.

Acker, Lizzy. "*Lady Things: The Plight of the Modern Tomboy.*" Willamette Week, January 26, 2016. https://www.wweek.com/arts/2016/01/26/lady-things-the-plight-of-the-modern-tomboy/.

Ahlqvist, Sheana, May Ling Halim, Faith K. Greulich, Leah E. Lurye, and Diane Ruble. "The Potential Benefits and Risks of Identifying as a Tomboy: A Social Identity Perspective." *Self and Identity* 12, no. 5 (September 1, 2013): 563-81. https://doi.org/10.1080/15298868.2012.717709.

Alan, Sule, Seda Ertac, and Ipek Mumcu. "Gender Stereotypes in the Classroom and Effects on Achievement." *Review of Economics and Statistics* 100, no. 5 (July 16, 2018): 876-90. https://doi.org/10.1162/rest_a_00756.

Alcott, Louisa May. Little Women. Penguin, 1989.（ルイーザ・メイ・オルコット『若草物語』講談社、古田勝江訳、2008年、その他多数）

Alexander, Gerianne M. "An Evolutionary Perspective of Sex-Typed Toy Preferences: Pink, Blue, and the Brain." *Archives of Sexual Behavior* 32, no. 1 (February 2003): 7-14.

American Civil Liberties Union. "R.G. & G.R. Harris Funeral Homes v EEOC & Aimee Stephens." Accessed October 25, 2019. https://www.aclu.org/cases/rg-gr-harris-funeral-homes-v-eeoc-aimee-stephens.

"The American Tomboy: She Often Becomes a Woman That Men Admire and Worship." *San Francisco Call*, August 2, 1891.

APA. "What Is Gender Dysphoria?" Accessed August 6, 2019. https://www.psychiatry.org/patients-families/gender-dysphoria/what-is-gender-dysphoria.

Bainbridge, Jason. "Beyond Pink and Blue: The Quiet Rise of Gender-Neutral Toys." The Conversation, June 5, 2018. http://theconversation.com/beyond-pink-and-blue-the-quiet-rise-of-gender-neutral-toys-95147.

Baron-Cohen, Simon. "The Essential Difference: The Truth About the Male and Female Brain," 2003. https://www.researchgate.net/publication/232430614_The_Essential_Difference_The_Truth_About_The_Male_And_Female_Brain.

Bartlett, Nancy H. "A Retrospective Study of Childhood Gender-Atypical Behavior in Samoan Fa'afafine." *Archives of Sexual Behavior* 35, no. 6 (December 2006): 659-666. https://doi.org/10.1007/s10508-006-9055-1

BBC News. "Kim Jong-Un's Sister: 'Sweet but with a Tomboy Streak.' " BBC.com, February 7, 2018. https://www.bbc.com/news/world-asia-36210695.

Bem, Sandra L. "Beyond Androgyny: Some Presumptuous Prescriptions for a Liberated Sexual Identity." In *The Psychology of Women: Future Directions in Research*, 1-23. New York: Psychological

Dimensions, 1978. https://scholar.google.com/scholar_lookup?title=Beyond%20androgyny%3A%20Some%20presumptuous%20prescriptions%20for%20a%20liberated%20sexual%20identity&author=S.%20L..%20Bem&publication_year=1978.

Berenbaum, Sheri A., and J. Michael Bailey. "Effects on Gender Identity of Prenatal Androgens and Genital Appearance: Evidence from Girls with Congenital Adrenal Hyperplasia." *Journal of Clinical Endocrinology & Metabolism* 88, no. 3 (March 1, 2003): 1102-6. https://doi.org/10.1210/jc.2002-020782.

Berenbaum, Sheri A., Kristina L. Korman Bryk, and Adriene M. Beltz. "Early Androgen Effects on Spatial and Mechanical Abilities: Evidence from Congenital Adrenal Hyperplasia." *Behavioral Neuroscience, Hormones and Cognition: Perspectives, Controversies, and Challenges for Future Research* 126, no. 1 (February 2012): 86-96. https://doi.org/10.1037/a0026652.

Blakemore, Judith E. Owen, and Renee E. Centers. "Characteristics of Boys' and Girls' Toys." *Sex Roles* 53, no. 9 (November 1, 2005): 619-33. https://doi.org/10.1007/s11199-005-7729-0.

Blaszczyk, Regina Lee, and Uwe Spiekermann. *Bright Modernity--Color, Commerce, and Consumer Culture*. Accessed October 17, 2019. https://www.google.com/books/edition/_/-qUyDwAAQBAJ?hl=en.

Blum, Robert Wm., MD, MPH, PhD. "Achieving Gender Equality by 2030: Putting Adolescents at the Center of the Agenda--Global Early Adolescent Study," June 2019. https://static1.squarespace.com/static/54431bbee4b0ba652295db6e/t/5c87bd9ea4222fba7f4f2444/1552399776334/Bellagio_Report_030419.pdf.

Blum, Robert W., Kristin Mmari, and Caroline Moreau. "It Begins at 10: How Gender Expectations Shape Early Adolescence Around the World." *Journal of Adolescent Health* 61, no. 4 (October 1, 2017): S3-4. https://doi.org/10.1016/j.jadohealth.2017.07.009.

Blyton, Enid. *Third Year*. New York: Hachette Children's, 2016.

Boag, Peter. *Re-Dressing America's Frontier Past*. Berkeley: University of California Press, 2012.

Bureau of Labor Statistics. "Employment Characteristics of Families--2018," April 18, 2019. https://www.bls.gov/news.release/pdf/famee.pdf.

Byand, Penn Bullock, and Brandon K. Thorp. "Reporters Find Tragic Story amid Embarrassing Scandal." CNN.com, June 10, 2011. http://webcache.googleusercontent.com/search?q=cache:JPo3F35KLLYJ:www.cnn.com/2011/US/06/08/rekers.sissy.boy.experiment/index.html+&cd=1&hl=en&ct=clnk&gl=us.

Carr, C. Lynn. "Tomboy Resistance and Conformity: Agency in Social Psychological Gender Theory." *Gender and Society* 12, no. 5 (1998): 528-53.

Carr, C. Lynn. "Where Have All the Tomboys Gone? Women's Accounts of Gender in Adolescence." *Sex Roles* 56 (April 5, 2007): 439-48. https://doi.org/10.1007/s11199-007-9183-7.

Chalabi, Mona. "How Many Parents-to-Be Want to Know the Baby's Sex?" FiveThirtyEight, July 22, 2015. https://fivethirtyeight.com/features/how-many-parents-to-be-want-to-know-the-babys-sex/.

Chandler, Charlotte. *I Know Where I'm Going: Katharine Hepburn, A Personal Biography*. Simon and Schuster, 2010.

Clemence, Sara. "The Gender Divide in Preschoolers' Closets." *New York Times*, August 28, 2018. https://www.nytimes.

com/2018/08/28/well /family/the gender divide-in-preschoolers-closets.html.

Connors, Catharine. "I Refuse to Call My Daughter a 'Tomboy.' " *Babble*. Accessed October 20, 2019. https://www.babble.com/parenting/i-refuse-to-call-my-daughter-a-tomboy/.

Culp-Ressler, Tara. "Forcing Kids to Stick to Gender Roles Can Actually Be Harmful to Their Health." ThinkProgress, August 7, 2014. https:// thinkprogress.org/forcing-kids-to-stick-to-gender-roles-can-actually-be-harmful-to-their- health-34aef42199f2/.

de Beauvoir, Simone. *The Second Sex*. New York: Vintage Books, 1952. https://www.google.com/books/edition/The_Second_Sex/OgMbKqJMzxcC?hl=en&gbpv=1&dq=%E2%80%9CTo+be+feminine+is+to+show+oneself+as+weak,+futile,+passive,+and+docile.%E2%80%9D&pg=PA335&printsec=frontcover.（シモーヌ・ド・ボーヴォワール『第二の性』新潮文庫、「第二の性」を原文で読み直す会訳、2001年）

Drescher, Jack. "Out of DSM: Depathologizing Homosexuality." *Behavioral Sciences* 5, no. 4 (December 4, 2015): 565-75. https://doi.org/10.3390 / bs5040565.

Duffey, Eliza Bisbee. *What Women Should Know: A Woman's Book About Women, Containing Practical Information for Wives and Mothers*. J.M. Stoddart & Company, 1873.

Eckert, Penelope, and Sally McConnell-Ginet. *Language and Gender*. Cambridge University Press, 2013.

Edwards, Tanya. "Store Removes Boys and Girls Labels from Kids Clothes." September 3, 2017. https://www.yahoo.com/lifestyle/uk-retailer-john-lewis-removes-boys-girls-labels-kids-clothes-155813055.html.

Endendijk, Joyce J., Marleen G. Groeneveld, Marian J. Bakermans-Kranenburg, and Judi Mesman. "Gender-Differentiated Parenting Revisited: Meta-Analysis Reveals Very Few Differences in Parental Control of Boys and Girls." *PLOS ONE* 11, no. 7 (July 14, 2016): e0159193. https://doi.org/10.1371/journal.pone.0159193.

Ettner, Randi, Frederic Ettner, Loren Schechter, Tanya Friese, and Tonya White. "Tomboys Revisited: A Retrospective Comparison of Childhood Behavioral Patterns in Lesbians and Transmen." *Journal of Child and Adolescent Psychiatry* 1, no. 1 (May 30, 2018): 1. https://doi.org/10.14302/issn .2643-6655.jcap-18-2086.

Flores, Andrew R, Jody L Herman, Gary J Gates, and Taylor N T Brown. "HOW MANY ADULTS IDENTIFY AS TRANSGENDER IN THE UNITED STATES?" The Williams Institute, June 2016. https://williamsinstitute.law.ucla.edu/wp-content/uploads/How-Many-Adults-Identify-as-Transgender-in-the-United-States.pdf.

Formanek-Brunell, Miriam. *Made to Play House: Dolls and the Commercialization of American Girlhood, 1830-1930*. Baltimore, MD: JHU Press, 1998.

Fox, Florence Cornelia. *The Indian Primer*. American Book Company, 1906.

Freud, Sigmund. "The Psychogenesis of a Case of Homosexuality in a Woman." 1920. Accessed October 26, 2019. https://psycnet.apa.org/record /1999-04164-001.

Good, Jessica J., Julie A. Woodzicka, and Lylan C. Wingfield. "The Effects of Gender Stereotypic and Counter-Stereotypic Textbook Images on Science Performance." *Journal of Social Psychology* 150, no. 2 (April 2010): 132-47. https://doi.org/10.1080/00224540903366552.

"Googles-Ideological-Echo-Chamber.Pdf." Accessed October 30, 2019. https://web.archive.org/web/20170809220001if_/

https://diversitymemo-static.s3-us-west-2.amazonaws.com/Googles-Ideological-Echo-Chamber.pdf.

"Google Trends." Accessed October 10, 2019. https://trends.google.com /trends/explore?date=all&geo=US&q=non-binary.

Halberstam, Jack. "Toward a Trans* Feminism." *Boston Review*, January 18, 2018. http://bostonreview.net/gender-sexuality/jack-halberstam-towards-trans-feminism.

Hale, Meredith. "Don't Call My Daughter a Tomboy." HuffPost, January 11, 2016. https://www.huffpost.com/entry/dont-call-my-daughter-a-tomboy_b_8950530.

Hale, Shannon. "What Are We Teaching Boys When We Discourage Them from Reading Books About Girls?" *Washington Post*, October 10, 2018. https://www.washingtonpost.com/entertainment/books/parents-and-teachers-please-stop-discouraging-boys-from-reading-books-about-girls/2018/10/09/f3eaaca6-c820-11e8-b1ed-1d2d65b86d0c_story.html.

Halim, May Ling, Diane N. Ruble, and David M. Amodio. "From Pink Frilly Dresses to 'One of the Boys': A Social-Cognitive Analysis of Gender Identity Development and Gender Bias: Changes in Gender Identity and Gender Bias." *Social and Personality Psychology Compass* 5, no. 11 (November 2011): 933-49. https://doi.org/10.1111/j.1751-9004.2011.00399.x.

Hedreen, Siri. "The Dangers of Gendered Jobs." *Business News Daily*, August 14, 2019. https://www.businessnewsdaily.com/10085-male-female-dominated-jobs.html.

Henry, Lacey. "Change Cumberland Polytechnic High School Graduation Dress Code c/o 2019 and After." Change.org, 2019. https://www.change.org/p/daniel-krumanocker-change-cumberland-polytechnic-high-school-graduation-dress-code-c-o-2019-and-after.

Hicks, David. *Ritual and Belief: Readings in the Anthropology of Religion*. Lanham, MD: Rowman Altamira, 2010. https://books.google.com/books?id=hdW-AAAAQBAJ&pg=PA319&lpg=PA319&dq=Hijra+roughly+translates+to+eunuch+in+Urdu&source=bl&ots=G7Z4fn-caq&sig=ACfU3U2Oe8aURRIsxjo_YPwpFQf kGdR1fQ&hl=en&sa=X&ved=2ahUKEwjvheyHlbrlAhWpiOAKHUHUAaQQ6AEwCXoECAcQAQ#v=onepage&q=Hijra%20roughly%20translates%20to%20eunuch%20in%20Urdu&f=false.

Hiestand, Katherine, and Heidi Levitt. "Butch Identity Development: The Formation of an Authentic Gender." *Feminism & Psychology* 15 (February 1, 2005): 61. https://doi.org/10.1177/0959353505049709.

Higham, Charles. *Kate: The Life of Katharine Hepburn*. New York: W. W. Norton & Company, 2004.

Hilgenkamp, Kathryn D., and Mary Margaret Livingston. "Tomboys, Masculine Characteristics, and Self-Ratings of Confidence in Career Success." *Psychological Reports* 90, no. 3, Part 1 (June 2002): 743-49. https://doi.org/10.2466/pr0.2002.90.3.743.

"Homogenizing Fashion." Accessed October 17, 2019. http://users.rowan.edu/~mcinneshin/5120/wk13/fashion5.htm.

Houlihan, Jane, Sonya Lunder, and Anila Jacob. "Timeline: BPA from Invention to Phase-Out." EWG, April 22, 2008. https://www.ewg.org/research/timeline-bpa-invention-phase-out.

Hughes, Kathryn. "Gender Roles in the 19th Century." The British Library, May 15, 2014. https://www.bl.uk/romantics-and-victorians/articles/gender-roles-in-the-19th-century.

Hughes, Sarah Anne. "Family of Kirk Murphy Says 'Sissy Boy' Experiment Led to His

Suicide." *Washington Post*, June 10, 2011. https://www.washingtonpost.com/blogs/blogpost/post/family-of-kirk-murphy-says-sissy-boy-experiment-led-to-his-suicide/2011/06/10/AGYfgvOH_blog.html.

Hyde, Janet S., B. G. Rosenberg, and Jo Ann Behrman. "Tomboyism." *Psychology of Women Quarterly* 2, no. 1 (September 1, 1977): 73-75. https://doi.org/10.1111/j.1471-6402.1977.tb00574.x.

INSA. "How Common Is Intersex? | Intersex Society of North America." Accessed October 31, 2019. https://isna.org/faq/frequency/.

Johnson, Richard. "Iowa's Pink Visiting Locker Room: 6 Things to Know." SBNation.com, September 23, 2017. https://www.sbnation.com/college-football/2017/9/23/16320460/iowa-hawkeyes-pink-locker-rooms.

Kanze, Dana, Laura Huang, Mark A. Conley, and E. Tory Higgins. "Male and Female Entrepreneurs Get Asked Different Questions by VCs--and It Affects How Much Funding They Get." *Harvard Business Review*, June 27, 2017. https://hbr.org/2017/06/male-and-female-entrepreneurs-get-asked-different-questions-by-vcs-and-it-affects-how-much-funding-they-get.

Kinsey.org. "Prevalence of Homosexuality Study." Accessed October 25, 2019. https://kinseyinstitute.org/research/publications/kinsey-scale.php.

Koss, Maddie. "Madison Girls Soccer Team Bristles at Critics Who Say Players Are Boys." *Milwaukee Journal Sentinel*. Accessed October 25, 2019. https://www.jsonline.com/story/news/2017/08/05/madison-girls-soccer-team-bristles-critics-who-say-players-boys/459741001/.

Kotila, Letitia E., Sarah J. Schoppe-Sullivan, and Claire M. Kamp Dush. "Boy or Girl? Maternal Psychological Correlates of Knowing Fetal Sex." *Personality and Individual Differences* 68 (October 1, 2014): 195-98. https://doi.org/10.1016/j.paid.2014.04.009.

Laughlin, Shepherd. "Gen Z Goes Beyond Gender Binaries in New Innovation Group Data." JWT Intelligence, March 11, 2016. https://www.jwtintelligence.com/2016/03/gen-z-goes-beyond-gender-binaries-in-new-innovation-group-data/.

Lawson, Katie M., Ann C. Crouter, and Susan M. McHale. "Links Between Family Gender Socialization Experiences in Childhood and Gendered Occupational Attainment in Young Adulthood." *Journal of Vocational Behavior* 90 (October 1, 2015): 26-35. https://doi.org/10.1016/j.jvb.2015.07.003.

Lee, Joseph. *The Playground*. Executive Committee of the Playground Association of America, 1919.

Lee, Nancy. "Focusing on Diversity." Google, June 30, 2016. https://blog.google/topics/diversity/focusing-on-diversity30/.

Lemish, Dr. Dafna, and Dr. Colleen Russo Johnson. "The Landscape of Children's Television in the US & Canada." The Center for Scholars & Storytellers, April 2019. https://static1.squarespace.com/static/5c0da585d a02bc56793a0b31 /t/5cb8ce1b15fcc0e19f3e16b9/1555615269351/The+Landscape+of+Children%27s+TV.pdf.

Ling Halim, May, Elizabeth Dalmut, Faith K Greulich, Sheana Ahlqvist, Leah E Lurye, and Diane N Ruble. "The Role of Athletics in the Self-Esteem of Tomboys." *Child Development Research* 830345 (September 19, 2011). https://doi.org/10.1155/2011/830345.

Linton, E. Lynn (Elizabeth Lynn), Sallie Bingham Center for Women's History and Culture, NcD, and Leona Bowman Carpenter Collection of English and American Literatur,. NcD. *The Girl of the*

*Period: And Other Social Essays*. London: Richard Bentley & Son, 1883. http://archive.org/details/girlofperiodothe01lint.

Marcus, Sharon. *Between Women: Friendship, Desire, and Marriage in Victorian England*. Princeton University Press, 2007. https://press.princeton.edu/titles/8259.html.

Martin, Carol Lynn, and Lisa M. Dinella. "Congruence Between Gender Stereotypes and Activity Preference in Self-Identified Tomboys and Non-Tomboys." *Archives of Sexual Behavior* 41, no. 3 (June 2012): 599-610. https://doi.org/10.1007/s10508-011-9786-5.

McKenney, Sarah J., and Rebecca S. Bigler. "Internalized Sexualization and Its Relation to Sexualized Appearance, Body Surveillance, and Body Shame Among Early Adolescent Girls." *Journal of Early Adolescence* 36, no. 2 (November 3, 2014): 171-97. https://doi.org/10.1177/0272431614556889.

McNamara, Mary. "It Was Her Defining Role: Life." *Los Angeles Times*, July 1, 2003, sec. A.

Miller, Allison. *Boyhood for Girls: American Tomboys and the Transformation of Eroticism, 1900-1940*. New Brunswick, NJ: Rutgers University, 2012.

Mondschein, Elaine, Karen E. Adolph, and Catherine S. Tamis-LeMonda. "Gender Bias in Mothers' Expectations About Infant Crawling." *Journal of Experimental Child Psychology* 77, no. 4 (2000): 304-16. https://doi.org/10.1006/jecp.2000.2597.

Money, John, and Anke A. Ehrhardt. *Man and Woman, Boy and Girl: Differentiation and Dimorphism of Gender Identity from Conception to Maturity*. Oxford, England: Johns Hopkins University Press, 1972.

Morgan, Betsy Levonian. "A Three Generational Study of Tomboy Behavior." *Sex Roles* 39, no. 9 (November 1, 1998): 787-800. https://doi.org/10.1023/A:1018816319376.

Muskus, Jeff. "George Rekers, Anti-Gay Activist, Caught With Male Escort 'Rentboy' [UPDATE: Escort Says Rekers Is Gay]." *HuffPost*, July 5, 2010. https://www.huffpost.com/entry/george-rekers-anti-gay-ac_n_565142.

National Eating Disorders Association. "Statistics & Research on Eating Disorders." February 19, 2018. https://www.nationaleatingdisorders.org/statistics-research-eating-disorders.

Newspapers.com. "Newspapers.Com Search." Accessed October 30, 2019. http://www.newspapers.com/search/.

Newton, Esther. *My Butch Career*. Durham, NC: Duke University Press, 2018. https://www.dukeupress.edu/my-butch-career.

Nordberg, Jenny. *The Underground Girls of Kabul*. New York: Crown Publishers, 2014. https://www.penguinrandomhouse.com/books/213715/the-underground-girls-of-kabul-by-jenny-nordberg/9780307952509/readers-guide/.

O'Dell, Larry. "Christian School Pressured 'Tomboy' Not to Come Back The Spokesman-Review." Spokesman.com, March 30, 2014. https://www.spokesman.com/stories/2014/mar/30/christian-school-pressured-tomboy-not-to-come-back/.

Okahana, Hironao, and Enyu Zhou. "Graduate Enrollment and Degrees: 2006 to 2016." September 28, 2017. https://cgsnet.org/ckfinder/userfiles/files/CGS_GED16_Report_Final.pdf.

O'Neil, A. Kathleen. "Childhood Tomboyism and Adult Androgyny." *Sex Roles* 34, no. 5 (n.d.): 419-28.

Orenstein, Peggy. "What's Wrong With Cinderella?" *New York Times*, December 24, 2006. https://www.nytimes.com/2006/12/24/magazine/24princess.t.html.

Ostertag, Bob. *Sex Science Self: A Social History of Estrogen, Testosterone, and Identity*. Amherst: University of

Massachusetts Press, 2017. https://www.amazon.com/Sex-Science-Self-Estrogen-Testosterone-ebook/dp/B07CHB9B7Y.

"Our Daughters--Tom-Boys." *Lancaster Examiner*, March 16, 1859.

Paoletti, Jo Barraclough. *Pink and Blue: Telling the Boys from the Girls in America*. Bloomington: Indiana University Press, 2012.

Parachini, Allan. "Tomboy Label Wears Out." *Berkshire Eagle*, May 1, 1988. "Passing of the Tomboy." *Evening Star*, August 27, 1898.

"The Passing of Tomboys." *Wilkes-Barre Times Leader, The Evening News*, July 20, 1926. http://www.newspapers.com/clip/31372987/wilkesbarre_times_leader_the_evening/.

Perlman, Merrill. "Stylebooks Finally Embrace the Single 'They.' " *Columbia Journalism Review*, March 27, 2017. https://www.cjr.org/language_corner/stylebooks-single-they-ap-chicago-gender-neutral.php.

"Pocahontas | Biography, History, & Cultural Legacy." Britannica.com. Accessed October 21, 2019. https://www.britannica.com/biography/Pocahontas-Powhatan-princess.

Pollard, Josephine. *Freaks and Frolics of Little Girls & Boys*. New York: McLoughlin Bros, 1887. https://ufdc.ufl.edu/UF00055359/00001/6j.

Pope, McKenna. "Petition · Hasbro: Feature Boys in the Packaging of the Easy-Bake Oven." Change.org, 2012. https://www.change.org/p/hasbro-feature-boys-in-the-packaging-of-the-easy-bake-oven.

Prather, Jane E. "When the Girls Move in: A Sociological Analysis of the Feminization of the Bank Teller's Job." *Journal of Marriage and Family* 33, no. 4 (1971): 777-82. https://doi.org/10.2307/349451.

Ragoonanan, Simon. "Star Wars: Where Is Princess Leia?" Let Toys Be Toys, May 4, 2015. http://lettoysbetoys.org.uk/star-wars-leia-toy-marketing/.

Reby, David, Florence Levrero, Erik Gustafsson, and Nicolas Mathevon. "Sex Stereotypes Influence Adults' Perception of Babies' Cries." *BMC Psychology* 4 (April 14, 2016). https://doi.org/10.1186/s40359-016-0123-6.

Reitman, Erica. "10 Gender-Neutral Nursery Decorating Ideas." HGTV's Decorating & Design Blog. HGTV.com. Accessed October 25, 2019. https://www.hgtv.com/design-blog/design/10-gender-neutral-nursery-decorating-ideas.

Rekers, George. "Treatment of Gender Identity Confusion in Children: Research Findings and Theoretical Implications for Preventing Sexual Identity Confusion and Unwanted Homosexual Attractions in Teenagers and Adults." University of South Carolina School of Medicine, 2009. https://www.genesisce.org/docs/IdentityConfusion.pdf.

"Researching for LGBTQ Health." Accessed October 25, 2019. https://lgbtqhealth.ca/community/two-spirit.php.

Rowland, Carolyn (Caz). "What Is the Netflix Special Everyone Is Talking About?" CAZINC. Accessed October 27, 2019. https://www.cazinc.com.au/home/2018/7/20/what-is-the-netflix-special-everyone-is-talking-about.

Ruble, Diane N., Leah E Lurye, and Kristina M Zosuls. "Pink Frilly Dresses (PFD) and Early Gender Identity," 5, 2011.

Rush University Medical Center. "How Gender Affects Health." Accessed October 10, 2019. https://www.rush.edu/health-wellness/discover-health/how-gender-affects-health.

Sanbonmatsu, Karissa. *The Biology of Gender, from DNA to the Brain*. TED Talk. Accessed October 25, 2019. https://www.ted.com/talks/karissa_sanbonmatsu_the_biology_of_gender_from_dna_to_the_brain/transcript?language=en.

Sax, Leonard. *Why Gender Matters, Second Edition: What Parents and Teachers Need to Know About the Emerging Science of Sex Differences*. New York: Doubleday, 2005. https://www.amazon.com/dp/B01N1OOJ0L /ref=dp-kindle-redirect?encoding=UTF8&btkr=1.

Schilken, Chuck. "Girl with Short Hair Kicked Out of Soccer Tournament: 'They Only Did It Because I Look like a Boy.' " *Los Angeles Times*, June 6, 2017. https://www.latimes.com/sports/sportsnow/la-sp-girl-disqualified-soccer-20170606-story.html.

Seavey, Carol A., Katz, Phyllis A., and Zalk, Sue Rosenberg. "Baby X: The Effect of Gender Labels on Adult Responses to Infants." *Sex Roles* 1, no. 2 (n.d.): 103-9.

Sentilles, Renee M. *American Tomboys, 1850-1915*. Amherst and Boston: University of Massachusetts Press, 2018. https://muse.jhu.edu/chapter/2242189.

"Shortchanging Girls, Shortchanging America: Executive Summary: A Nationwide Poll That Assesses Self-Esteem, Educational Experiences, Interest in Math and Science, and Career Aspirations of Girls and Boys Ages 9-15." Washington, DC: American Association of University Women, 1994.

Sidorowicz, Laura S., and G. Sparks Lunney. "Baby X Revisited." *Sex Roles* 6, no. 1 (February 1980): 67-73. https://doi.org/10.1007/BF00288362.

Silverman, Hollie. "2 More States Will Offer a 3rd Gender Option on Driver's Licenses." CNN, August 1, 2019. https://www.cnn.com/2019/08/01/health/washington-pennsylvania-gender-x-id/index.html.

Singh, Anita. "New Staging of Enid Blyton's Malory Towers Story Suggests 'Tomboy' Bill Is Really Transgender." *Telegraph*, June 25, 2019. https://www.telegraph.co.uk/news/2019/06/25/malory-towers-enid-blytons-tomboy-bill-actually-transgender/.

*Sioux City Journal*. May 13, 1917.

Stevens, Heidi. "Boys Are Wearing U.S. Women's National Team Jerseys and That Feels like Progress." *Chicago Tribune*. Accessed July 13, 2019. https://www.chicagotribune.com/columns/heidi-stevens/ct-heidi-stevens-thursday- boys-wearing-womens-soccer-jerseys-0620-20190620-7qgm7t2j2rgonkosjfjwm4digq-story.html.

Strangio, Chase. "An Open Letter to Those Praising the New York Times 'Tomboy' Piece." Medium.com, April 20, 2017. https://medium.com/the-establishment/an-open-letter-to-those-praising-the-new-york-times-tomboy-piece-755e655ce31c.

Stryker, Susan. *Transgender History*. Cambridge, MA: Da Capo Press, 2009. https://www.google.com/books/edition/Transgender_History/kEfZ1knAguMC?hl=en&gbpv=1&bsq=(trans-).

Sweet, Elizabeth. "Guys and Dolls No More?" *New York Times*, December 21, 2012. https://www.nytimes.com/2012/12/23/opinion/sunday/gender-based-toy-marketing-returns.html.

Sweet, Elizabeth. "Toys Are More Divided by Gender Now Than They Were 50 Years Ago." *Atlantic*, December 9, 2014. https://www.theatlantic.com/business/archive/2014/12/toys-are-more-divided-by-gender-now-than-they-were-50-years-ago/383556/.

Thomson Reuters Foundation. "The World's Five Most Dangerous Countries for Women 2018." poll2018.trust.org. Accessed October 27, 2019. http://poll2018.trust.org/stories/item/?id=${mainContent.identifier}.

Thorne, Barrie. *Gender Play: Girls and Boys in School*. New Brunswick, NJ: Rutgers University Press, 1993.

Thorpe, JR. "Why We Need to Stop Calling Girls 'Tomboys.' " Bustle.com, August 24, 2016. https://www.bustle.com/articles/180131-why-we-need-to-stop-

calling-girls-tomboys.
Tolley, Kimberley. *The Science Education of American Girls: A Historical Perspective*. Abingdon, UK: Psychology Press, 2003.
The Toy Association. "The Toy Association | Insipiring Generations of Play." Accessed October 10, 2019. https://www.toyassociation.org.
Treaster, Joseph B.. "Little League Baseball Yields to 'Social Climate' and Accepts Girls." *New York Times*. June 13, 1974.
Trebay, Guy. "For Capitalism, Every Social Leap Forward Is a Marketing Opportunity." *New York Times*, September 18, 2018, sec. Style. https://www.nytimes.com/2018/09/18/style/gender-nonbinary-brand-marketing.html.
Ulrichs, Karl Heinrich. *The Riddle of "Man-Manly Love": The Pioneering Work on Male Homosexuality*. University of Michigan: Prometheus Books. Accessed October 26, 2019. https://books.google.com/books/about/The_Riddle_of_man_manly_Love.html?id=iOrtAAAAMAAJ.
"U.S. Transgender Survey." National Center for Transgender Equality, 2016. https://transequality.org/issues/us-trans-survey.
Van Droogenbroeck, Filip, Bram Spruyt, and Gil Keppens. "Gender Differences in Mental Health Problems Among Adolescents and the Role of Social Support: Results from the Belgian Health Interview Surveys 2008 and 2013." *BMC Psychiatry* 18 (January 10, 2018). https://doi.org/10.1186/s12888-018-1591-4.
Vasey, Paul L., and Nancy H. Bartlett. "What Can the Samoan 'Fa'afafine' Teach Us About the Western Concept of Gender Identity Disorder in Childhood?" *Perspectives in Biology and Medicine* 50, no. 4 (2007): 481-90. https://doi.org/10.1353/pbm.2007.0056.
Vincent, Alice. "Here's the Story from A to Z: How the Spice Girls Made Wannabe." *Telegraph*, July 8, 2016. https://www.telegraph.co.uk/music/artists/heres-the-story-from-a-to-z-how-the-spice-girls-made-wannabe/.
"Virginia Woolf and Her Sister, Vanessa Bell." Accessed October 30, 2019. https://www.smith.edu/woolf/vanessawithtranscript.php.
Walker, Peter. "Popularity of Tomboys Is Encouraging Girls to Swap Gender, Says NHS Psychologist." *Telegraph*, May 8, 2017. https://www.telegraph.co.uk/science/2017/05/08/popularity-tomboys-encouraging-girls-swap-gender-says-nhs-psychologist/.
Weeks, Linton. "Baseball in Skirts, 19th-Century Style." NPR History Dept., NPR.org, July 12, 2015. https://www.npr.org/sections/npr-history-dept/2015/07/12/421818565/women-s-baseball-in-the-1800s.
Werber, Cassie. "In the United States Gender Equality Is 208 Years Away from Being Recognised." World Economic Forum, August 21, 2019. https://www.weforum.org/agenda/2019/08/women-walk-bar-208-years-later-paid-same-men/.
West, Candace, and Don H. Zimmerman. "Doing Gender." *Gender and Society* 1, no. 2 (1987): 125-151.
"Where We Are on TV." Accessed October 30, 2019. https://glaad.org/files/WWAT/WWAT_GLAAD_2017-2018.pdf. Wilder, Laura Ingalls, and Pamela Smith Hill. *Pioneer Girl: The Annotated Autobiography*. South Dakota Historical Society Press, 2014. https://www.amazon.com/Pioneer-Girl-Laura-Ingalls-Wilder/dp/0984504176.
Wilder, Laura Ingalls. *Pioneer Girl: The Annotated Autobiography*. Pamela Smith Hill, ed. Pierre, SD: South Dakota Historical Society Press, 2014. https://www.amazon.com/Pioneer-Girl-Laura-Ingalls-Wilder/dp/0984504176. （ローラ・インガルス・ワイルダー『大草原

のローラ物語――パイオニア・ガール』大修館書店、谷口由美子訳、2017年）
Williams, Katherine, Marilyn Goodman, and Richard Green. "Parent-Child Factors in Gender Role Socialization in Girls." *Journal of the American Academy of Child Psychiatry* 24, no. 6 (November 1985): 720-31. https://doi.org/10.1016/S0002-7138(10)60115-X.
Women You Should Know. "Little Girl from 1981 Gender Neutral Lego Ad Tells the Story in Her Own Words." Bustle.com, February 12, 2014. https://www.bustle.com/articles/15378-little-girl-from-1981-gender-neutral-lego-ad-tells-the-story-in-her-own-words.
"Women and Hollywood, 2018 Statistics." Accessed October 10, 2019. https://womenandhollywood.com/resources/statistics/2018-statistics/.
Woods, Rebecca. "The Life and Loves of Anne Lister." BBC.com, May 3, 2019. https://www.bbc.co.uk/news/resources/idt-sh/the_life_and_loves_of_anne_lister. Smith.edu. "Virginia Woolf and Her Sister", Worldbank.org. "Women, Business and the Law - Gender Equality, Women Economic Empowerment - World Bank Group." Accessed October 10, 2019. https://wbl.worldbank.org/.
Woolf, Virginia. *The Selected Works of Virginia Woolf.* Wordsworth Editions, 2007.
WPATH World Professional Association for Transgender Health. "Standards of Care." Accessed August 9, 2019. https://www.wpath.org/publications/soc.
Zajonc, Robert B. "Attitudinal Effects of Mere Exposure."*Journal of Personality and Social Psychology* 9, no. 2, Part.2 (1968): 1-27. https://doi.org/10.1037/h0025848.
Zucker, Kenneth J. "The DSM Diagnostic Criteria for Gender Identity Disorder in Children."*Archives of Sexual Behavior* 39, no. 2 (April 2010): 477-98. https://doi.org/10.1007/s10508-009-9540-4.
Zucker, Kenneth J., and Robert L. Spitzer. "Was the Gender Identity Disorder of Childhood Diagnosis Introduced into DSM-III as a Backdoor Maneuver to Replace Homosexuality? A Historical Note."*Journal of Sex & Marital Therapy* 31, no. 1 (February 2005): 31-42. https://doi.org/10 .1080/00926230590475251.

◆著者
**リサ・セリン・デイヴィス**（Lisa Selin Davis）
ジャーナリスト、エッセイスト、作家。〈ニューヨーク・タイムズ〉〈ウォールストリート・ジャーナル〉〈TIME〉〈Yahoo!〉を始めとする著名な媒体に寄稿。夫とふたりの娘とともにブルックリン在住。
www.lisaselindavis

◆訳者
**上京恵**（かみぎょう めぐみ）
英米文学翻訳家。2004 年より書籍翻訳に携わり、小説、ノンフィクションなど訳書多数。訳書に『最期の言葉の村へ』、『インド神話物語　ラーマーヤナ』『学名の秘密　生き物はどのように名付けられるか』（原書房）ほか。

男《おとこ》の子《こ》みたいな女《おんな》の子《こ》じゃいけないの？
トムボーイの過去《かこ》、現在《げんざい》、未来《みらい》

●

2021 年 10 月 14 日　第 1 刷

著者……………リサ・セリン・デイヴィス
訳者……………上京　恵《かみぎょうめぐみ》
装幀……………村松道代
発行者……………成瀬雅人
発行所……………株式会社原書房
〒 160-0022 東京都新宿区新宿 1-25-13
電話・代表　03(3354)0685
http://www.harashobo.co.jp/
振替・00150-6-151594
印刷……………新灯印刷株式会社
製本……………東京美術紙工協業組合

ISBN978-4-562-05961-4, printed in Japan